KB212826

잘못된 마지막 신호

666 베리칩의 허구성

잘못된 마지막 신호

666 베리칩의 **허구성**

초판 1쇄 : 2015년 4월 15일

지은이 : 이주만
펴낸이 : 채주희
펴낸곳 : 엘맨

등 록 : 제10-1562호(1985.10.29)
주 소 : 서울특별시 마포구 신수동 448-6
전 화 : 02-323-4060, 6401-7004
팩 스 : 02-323-6416
메 일 : elman1985@hanmail.net
홈페이지 : www.elman.kr

마게팅 : 김연범(010-3767-5616)
마케팅지원 : 정수복

ISBN_ 978-89-5515-553-2

정가: 13,800

잘못된 마지막 신호

666 베리칩의
허구성

이 주 만 지음

해피&북스

글을 쓰는 일이 결코 쉬운 일은 아닐 터인데 그것도 세간에 관심이 집중되었던 666 짐승의 표를 베리칩이라고 하는 종말론에 관한 글을 썼다는 것은 더욱 쉬운 일이 아니었다고 봅니다. 본서의 핵심은 베리칩은 666표가 아니라는 것과 베리칩은 잘못된 종말론이라는 것입니다. 그래서 본서는 이 두 가지 명제에 대해 이주만 선교사님의 해박한 성경적 • 신학적 안목으로 종말론에 관한 변증서 형식으로 답하고 있습니다.

작금에 문제가 되고 있는 666표인 베리칩은 성경적인 종말론도 아니며 전 세계 교회의 종말론도 아닌 유달리 한국 교회에서만 대두된 종말론입니다. 이런 의미에서 그동안 말도 많고 탈도 많았던 베리칩 종말론에 관한 논쟁에서 본서는 한국 교회사에 또 하나의 큰 획을 그을 수 있다고 봅니다.

한국 교회 안에 알게 모르게 베리칩에 대한 불안과 공포 속에서 신앙의 평정심마저 잃어버리고 방황하는 수많은 영혼들에게 본서는 좋은 안내서가 될 것이며, 아울러 목회자들에게는 가르치는 지침서가 될 것으로 사료되어 감히 한국 교회에 추천하는 바입니다.

장로교출판사 이사장 **임훈식** 목사

(행복한교회 담임목사)

이 책이 나오기까지는 쉽지 않았을 것으로 보여집니다. 더구나 가장 민감한 종말을 다루고 있는 책이기 때문에 더욱 그런 생각이 듭니다. 현재 한국 교회에는 666 베리칩 종말론이 바코드에 이어 유행하고 있습니다. 보편적으로 베리칩이 666표가 아니라는 것은 알지만 왜 베리칩이 666표가 아닌가를 설명하려면 쉽지 않습니다. 그러나 이주만 선교사님이 쓴 책은 베리칩이 666표가 아니라는 것을 분명하게 제시해 주고 있습니다. 한마디로 아주 시원하게 모든 것을 성경말씀을 기준으로 잘 써 놓았기 때문에 보는 사람들로 하여금 잘못된 사상에 빠지지 않게 해 줍니다. 반면에 베리칩 종말론에 이미 빠져 있는 사람들에게는 돌이킬 수 있는 계기가 될 것이며, 저와 같이 이단사이비 문제를 다루고 있는 사람들에게는 좋은 지침서가 될 것으로 사료됩니다. 이런 점에서 이주만 선교사님께 감사의 말을 전합니다.

이단들이 교회 안으로 들어오거나 잘못된 종말의 소문으로 인해 걷잡을 수 없이 휘말리고 있는 이때에 복음 전파의 방어적인 글이 나온 것은 다소 늦은 감은 있지만 다행한 일이며, 특별히 요즈음 베리칩에 대하여 많은 논란이 되고 있는데 본서는 목회자뿐만 아니라 평신도들이 이 책만 보아도 쉽게 이해할 수 있습니다. 잘못된 종말이 난무한 시대에 꼭 필요한 책이라고 생각이 들어 추천을 합니다.

대한예수교 장로회 백석총회 이단사이비대책 위원장
청산(靑山) 김진신 목사

복음에는 크게 두 가지 요소가 있다. 하나는 전파적 요소이며, 다른 하나는 방어적 요소이다. 교회는 대체적으로 전파적 요소는 잘 인식하며 감당하고 있다. 그러나 방어적 요소는 아주 취약한 편이다. 그래서 이단이나 잘못된 종말의 소문이 교회에 들어오면 걷잡을 수 없이 휘말리고 있는 것은 복음의 방어적 요소가 그만큼 취약하다는 것을 단면적으로 보여 준다. 따라서 복음은 전파만큼이나 방어도 중요하다.

"1999년과 2012년 멸망, 마야의 달력, 노스트라다무스의 4행시, 유럽의 10개국 연합설, 프리메이슨, 666 베리칩" 등은 모두 예언과 종말에 관련된 것들이다. 종말은 기독교에만 있는 것이 아니다. 점술가들이나 예언가들에 의해 종말은 끊임없이 역사적으로 제기되어 왔다. 그러나 종말의 중심은 성경이다. 왜냐하면 성경은 예수님과 사도들에 의해 종말이 계시(예언)되어 있기 때문이다.

작금의 기독교의 종말론의 대세는 프리메이슨(Freemason)과 666 베리칩이다. 그래서 기독교인이라면 세계를 통합할 그림자 정부에 관한 이야기와 마지막 종말의 징조라고 하는 666 베리칩에 대한 이야기를 알아야 한다.

성경의 종말이 패션처럼 유행을 타고 있다. 공중 재림설은 안식교에서 유행시킨 종말이며, 유럽(EU) 십 개국 연합설은 세대주의자들이 유행시킨 종말이다. 1992년 10월 28일 재림설은 그 유명한 다미선교회 사건으로 알려진 종말이며, 바코드로부터 시작한 프리메이슨과 666 베리칩은 지금 현재 진행 중에 있는 종말의 유행어이다. 이렇듯 세상의 종말론만이 아니라 성경의 종말도 시대를 넘어 유행을 타고 있다. 이러한 종말의 유행은 종말론자들이 사라지지 않는 한, 앞으로 멈추지 않고 계속될 것이다.

필자가 프리메이슨과 666 베리칩에 관심을 갖고 연구하게 된 동기가 있다. 조국 한국 교회가 잘못된 종말론에 빠져 있음에도 불구하고 별로 대처를 하지 못하고 있었기 때문이다. 그래서 한없이 부족한 사람이지만 성경적인 종말론을 방어하며, 변증하는 의미에서 본서를 집필하게 되었다. 베리칩 종말론이 지금은 주춤하고 있지만 언젠가 지상으로 다시 올라오면 교회를 혼란하게 할 수 있기 때문에 본서는 베리칩 종말론에 대한 방어적 역할을 충분히 할 수 있을 것이다.

본서는 두 종말론을 핵심적으로 다루고 있다. 제1부에서는 세상의 예언가들이 예언하여 유행을 탔던 '세상의 종말론'을 다루며, 제2부에서는 성경에서 예언하고 있는 기독교(성경)의 종말론이다. 전자는 본 논제의 중심이 아니기 때문에 구체적으로 다루지 않고 소개하는 정도이며, 후자는 성경적인 종말론이기는 하지만 잘못된 종말론이기 때문에 중점적으로 다루고 있다.

두 종말론은 다음 일곱 가지 주제로 세분화 하였다. 첫째는 프리메이슨의 정체로서 조직과 활동에 관한 것이며, 둘째는 프리메이슨과 베리칩을 연구하고 있는 종말론자들의 문제점이다. 셋째는 베리칩의 진실성과 허구성에 대해 다루고 있으며, 넷째는 현재 미국에서 개발되었다는 베리칩이 성경에서 말하는 666표인가? 다섯째는 기독교 종말론자들과 사이트와 666 베리칩을 유행시키는데 가장 모티브(motive)라고 할 수 있는 책 「마지막 신호」에 대한 문제점을 다루었다. 여섯째는 성경적인 종말과 앞으로 다가올 종말을 어떻게 대비할 것인가? 마지막으로 일곱째는 종말론의 종합적인 평가로 끝을 맺고 있다.

프리메이슨과 666 베리칩에 관한 자료나 정보는 전문도서나 종말론 전문 사이트에서 참고하였으며, 계시록 부분은 한국 목회자들이 가장 많이 활용하는 호크마 주석과 그밖에 다양한 주석과 계시록의 전문 서적들과 연구 논문을 참고하였다.

본서가 나오기까지 수고해 주신 모든 분들에게 지면을 통해 감사를 드린다. 특별히 추천사를 써 주신 장로교출판사 이사장이시며 행복한교회 담임 목사이신 임훈식 목사님과 대한예수교장로회 백석총회 이단사이비대책 위원장으로 수고하시는 김진신 목사님께 감사를 드리며, 본서가 세상에 나올 수 있도록 출판에 협력해 주신 해피&북스 출판사 채주희 대표님과 관계자 여러분에게 심심한 감사의 뜻을 전한다.

선교지를 떠날 때 중학생이던 둘째 아들 종훈이가 이제는 정보통신을 전공한 석사가 되어 특히 전자칩 분야에 멘토가 되어 준 것에 대해 감사하며, 아들의 석사 학위 취득과 요즘 전쟁과 같은 경쟁 속에서 취직한 것을 이 지면을 통해 진심으로 축하하고 싶다. 무엇보다도 필자가 글을 쓰는데 옆에서 직간접적으로 협력하고 기도해 주신 아내 변정화 씨와 제자교회 성도 여러분들께 감사와 사랑의 보답으로 이 책을 드린다.

2014년 크리스마스이브날

이주만 선교사

●●● 차 례

제 1 부

세상의 종말과 예언

.
.
.

제1장
1999년 종말론: 노스트라다무스의 예언록

종말은 기독교에만 있는 것이 아니다. 예언가들에 의해 예언된 세상의 종말도 있다. 근간에 많이 알려진 세상의 종말은 '1999년 종말론'과 '2012년 종말론'이다. 양자는 다음과 같은 특징을 지니고 있다. 첫째, 전자가 20세기를 마감하는 종말론이라면 후자는 21세기에 들어서면서 처음으로 여는 종말론이다. 둘째는 전자가 (AD 시대의 사람으로) 16세기 프랑스의 예언가 노스트라다무스의 4행시로 예언된 것이라면, 후자는 (BC 시대의 사람들로) 5000년 전에 마야 문명을 일으켰던 고대 마야인의 예언이다. 셋째는 전자는 예언록이 세계어로 번역되면서 예언의 이슈가 되어 세상에 널리 알려진 것이라면, 후자는 고대 마야인의 문명으로 남아 있던 것을 영화로 만들어 극장가의 스크린을 통해 세계적인 종말의 이슈로 알려졌다.

이 외에도 세상의 종말은 다른 예언가들의 의해 다양하게 예언되었으나 흐지부지하게 지난 것들이 대부분이다. 물론 수많은 점술가들에 의해서도 예언은 제기되어 왔다. 노스트라다무스

(Nostradamus, 1503.12-1566.7)는 16세기 사람으로서 프랑스의 예언가로 유명하다. 노스트라다무스는 라틴어 이름이며, 본명은 프랑스어로 미셸 드 노스트르담(Michel de Nostredame)이다.[1] 노스트라다무스는 실상은 프랑스계 유태인이다. 그래서 그는 프랑스어와 라틴어 두 이름을 가지고 있으며, 프랑스어 이름보다 라틴어 이름으로 널리 알려져 있다. 노스트라다무스는 유태인(유태인의 가문에서 태어났지만 그는 로마 가톨릭 신자로 살았다)이었기 때문에 예언에 관한 기본 지식은 있었을 것이다. 노스트라다무스는 예언가일 뿐만 아니라 천문학자요 의사이기도 했다.

1. 의사로서의 노스트라다무스

노스트라다무스는 당시 프랑스의 명문대학인 몽펠리에 의대를 졸업하고 의사가 되었다. 노스트라다무스가 의대를 지망하게 된 것은 할아버지가 의사였기 때문에 그 영향을 받았을 것이다.

노스트라다무스를 유명한 의사로 만든 것은 그의 모교인 몽펠리에 의대보다는 페스트라는 유행성 질병 때문이었다. 페스트는 페스트균에 의한 급성 전염병을 말한 것으로서, 야생 설치류에 의하여 전염되는 병이다. 페스트의 주요 증세는 오한, 고열, 두통, 권태, 현기증이 나며, 피부가 흑자색으로 변하는 것이 특징이나 당시에 가장 사망(死亡)율이 높은 전염병이었다. 페스트는 14세기 중엽에 시작하여 전(全) 유럽으로 확산되어 많은 인명 피해를 냈다. 그러나 의학

---

1) 프랑스 프로방스 지방에 있는 상레미에서 1503.12.14 태어났다. 할아버지는 의사였으며, 아버지는 세무공무원으로 그의 가문은 유태인의 집안이다.

이 차츰 차츰 발전하면서 이제 페스트는 지구상에서 사라지고 없다.

14세기 중엽 이후로부터 유럽 지역에 유행했던 페스트는 노스트라다무스가 의사가 되었던 16세기까지 계속 이어졌다. 갓 의대를 졸업한 젊은 노스트라다무스는 죽어가는 환자들을 위해 최선으로 치료하여 사람들을 살려냈으며, 특히 프랑스 남부 지역인 살옹 지역을 페스트로부터 구해냈다. 그 후 노스트라다무스는 조국 프랑스를 위해 페스트 퇴치 운동에 적극적으로 힘썼다. 그래서 그의 명성이 유럽에 널리 알려지게 되었고, 나중에는 프랑스 황실에서 점성술에 관한 자문위원과 주치의로도 활약했다.

2. 예언가로서의 노스트라다무스

노스트라다무스는 의사로서 일차적으로 유명세를 타기 시작했다. 그러나 그의 명성은 조국 프랑스와 유럽에만 국한되었다. 노스트라다무스가 세계적으로 유명세를 타게 된 것은 의사 때문이 아니라 예언가였기 때문이다. 르네상스 시대 때부터 예언하던 노스트라다무스는 처음에는 조국 프랑스에 관한 예언들이 주를 이루었다. 앙리 2세의 사망, 프랑스 대혁명과 나폴레옹의 권세 등이 대표적인 예이다. 특히 프랑스 왕 앙리 2세가 마상 경기 도중에 사고로 사망할 것을 예언한 것이 적중하여 예언가로서 유명세를 타기 시작했다. 그 이후로 노스트라다무스는 프랑스뿐만 아니라 전 세계적으로 일어날 미래의 일까지 예언을 했다. 세계 대전, 독일의 히틀러, 미국

의 암스트롱의 달 착
륙, 환경오염과 재앙,
9·11 테러까지 예언
한 걸로 알려져 있다.

노스트라다무스의
예언에는 일화가 많
다. 노스트라다무스
는 젊은 청년시절에
이탈리아를 여행하
던 중에 길에서 만난
로마 가톨릭 교회 수
도사인 '펠리체 베리

▲ 노스트라다무스 초상화

티'라는 사제에게 갑자기 무릎을 꿇으면서 "교황 성하께 무릎을 꿇
나이다."라며 경의를 표했다고 한다. 그런데 그 수도사는 1585년에
교황의 자리에 오르게 되었는데 이 예언은 노스트라다무스가 죽은
후에 성취되었다.

노스트라다무스의 예언집에서 쉽게 알 수 있는 유명한 예언 몇 가
지만 소개하려고 한다.[2] '앙리 2세의 죽음', '프랑스 대혁명', '마
르크스주의의 출현과 러시아 혁명', '제2차 세계대전과 핵폭탄 발
발', 존 F. 케네디 암살, 독일의 히틀러 등장, 혼혈 시대와 동성애

---

2) 「2012 지구종말」, p. 24, 이경기 저, 2010. 2.1 인쇄, 펴낸곳, 김&정. 16세기 중반 목판으로 인쇄된 후 1672년
과 1891년에 영문으로 복원되었으며, 1947년에 미국 고서 연구가 헨리 C. 로버트에 의해 다시 영어판으로 출
간되어, 세계 각국 언어로 보급되었다.

시대, 독일의 통일, 걸프 전쟁, 9 • 11 테러, 인류 멸망에 대한 징조 등이다. 이러한 사건들은 우리가 익히 잘 알고 있는 것들이나 이러한 재앙들이 노스트라다무스의 예언대로 이루어졌다는 확실한 증거는 아주 미비하다. 노스트라다무스의 예언 중에 특히 1999년 지구의 멸망이 올 것이라는 예언(‘1999년 종말론’)에 대해 많은 자료들이 난무하며, 당시 세계적으로 떠들썩했다. 그러나 노스트라다무스의 예언대로 세계의 멸망, 인류의 종말은 오지 않았다.

3. 노스트라다무스의 예언들

노스트라다무스가 남긴 예언들은 많은 특징들이 있지만 크게 두 가지로 요약할 수 있다. 첫째는 난해한 예언들이 많지만 동시에 다양한 해석도 가능하다는 점이다. 해석자의 관념에 따라 다양하고 애매한 해석을 할 수 있다. 그래서 1,000여 편의 4행시로 예언되어 있는 모음집은 그를 전설로 남기기에 충분하다. 둘째는 종말에 관한 예언이다. 그러나 종말의 예언에는 정확한 날짜나 어떤 사건을 명시하는 경우가 거의 없는 것이 또 다른 특징이다. 종말의 예언치고는 어설픈데도 불구하고 많은 사람들은 노스트라다무스의 예언에 푹 빠져 있다. 이것은 아마 예언의 정확성보다는 흥미 때문이다. 다시 말해서 노스트라다무스의 예언록은 흥미 진지한 것들이 많이 들어 있다. 그래서 노스트라다무스의 4행시인 예언록이 1955년 출간된 이후로 이 책은 성경 그리고 셰익스피어 작품과 함께 독자들에게

호기심을 일으키면서 계속 재출판이 이어져 오고 있다.[3]

 "1999년 7월에 하늘에서 공포의 대왕이 내려온다."는 예언이 소위 '1999년 종말론'에 근본이 되었다. 1999년 종말론은 2012년 종말론만큼이나 당시 지구촌을 뒤흔들었다. 그런데 종말은 오지 않고 조용하게 지나갔다.

 노스트라다무스가 예언한 "1999년 7월에 지구에 종말"이 온다는 원본에는 "1900, 90의 9년, 7의 달"이라고 모호하게 표현되어 있다. 이것은 해석자에 따라 1999년과 3997년 혹은 7000년 세 가지로 볼 수 있다. 이처럼 4행시 예언록은 모호하게 표현되어 있어 해석자의 관념에 따라 종말의 시기를 각각 다르게 해석할 수 있다. 그리고 율력으로 당시 7월은 지금의 9월이어서 1999년 9월을 지구의 종말의 날로 주장한 것이다. 그리고 종말론자들은 1999년 9월에 예언이 빗나가자 같은 예언을 가지고 9·11 테러와 연관시켰다. 1999년도 순서를 바꾸면 9-11-1이 되기 때문에 9·11테러로 해석할 수 있다. 공포의 대왕은 빈 라덴이다. 이것은 노스트라다무스의 예언은 해석의 애매성을 그대로 보여 주는 좋은 실례이다.

 노스트라다무스는 지구의 종말을 종교적으로도 직접 예언을 했다. "혜성이 떨어질 때, 마부스(Mabus)가 나타난다." 여기 '마부스'는 적그리스도로서 히틀러나 나폴레옹보다 더한 끔찍한 사람이

---

3) 노스트라다무스의 예언록은 현재, 1568년 그의 사망 이후에 출판된 옴니버스판만 남아있다. 이 버전은 하나의 서술과 941개의 4행시로 구성되어 있다. 100개씩 9개로 나뉘었고 하나만 42개의 시가 담겨있다. 반면에 현대판으로 번역된 그와 관련된 서적들이 있다 〔 '21세기 대예언 노스트라다무스'(마리오 리딩 저, 다리미디어), '노스트라다무스 새로운 예언'(장샤를 드 퐁브륀 저, 정신세계사), '노스트라다무스의 비밀'(데이비드 오베이슨 저, 해냄), '노스트라다무스 세기말 대 예언'(에티엔느 메조 저, 넥서스)

나타나 지구를 멸망시킬 지도자를 말한다.

노스트라다무스의 예언은 정확성보다는 애매하고 흥미 위주이기 때문에 사람들의 이목을 끈다. 예컨대, 9 • 11테러 당시 인터넷 검색 사이트에 주인공인 빈 라덴보다 그를 예언한 노스트라다무스를 검색하는 사람이 더 많았다고 한다. 이런 희귀한 현상은 노스트라다무스의 예언에 대한 사람들의 관심이 얼마나 큰가를 보여 준다. 그래서 많은 사람들은 이러한 일이 생길 때마다 정확성은 없지만 노스트라다무스는 과연 어떻게 예언을 했는지 알아보기 위해서이다.

4. 노스트라다무스 예언의 비평

「베일에 숨겨진 노스트라다무스」의 저자 '피터 르미서리어'도 노스트라다무스의 예언에 대해 회의적인 입장을 취하고 있다.[4] 그는 "노스트라다무스의 4행시는 어떤 의미로든 해석이 가능하다는 것이다. 피터는 노스트라다무스의 4행시를 해석해보려 했지만 "미래의 사건을 제대로 해석한 경우는 없었다."며 해석이 결코 쉽지 않았음을 말한다. 여기 '해석이 결코 쉽지 않았다'는 것은 예언의 무게보다는 현실성이 많지 않아서이다. 그래서 노스트라다무스의 예언에 대해 피터뿐만 아니라 많은 사람들은 회의적인 입장을 취하고 있다.

과학은 19세기와 20세기에 기하급수적으로 발전하였다. 관찰(천

---

4) 위키백과 사전(daum), 노스트라다무스 예언에 대한 분석과 논란

문학), 측정(시간), 데이터(정보) 등 과학으로 거의 안 되는 것이 없을 정도로 첨단화 되었다. 과거의 시간들, 다양한 지질들 모두 측정할 수 있는 과학시대이다. 그래서 이제는 어떤 예언도 과학적으로 검증할 수 있어 그의 예언들을 검증하기 시작했다. 하지만 전혀 신빙성이 없다는 것이 밝혀졌다. 그래서인지 모르지만 예언가들은 설 자리가 없어져 사라져가고 있다. 그래서 예언가들은 거의 찾아 볼 수 없고 그 대신에 앞날의 운세를 내다보는 점술가들이 판을 치고 있다. 종로나 명동 등에 화려하게 점치는 집을 차려놓고 손님들을 기다리는 장면은 새로운 현대판 점성술의 문화로 자리 잡아가고 있다.

　노스트라다무스의 예언은 대부분이 모호하여 살짝 빗나가거나 완전히 틀렸음에도 불구하고 사람들은 이러한 예언을 믿고 싶어 한다. 그리고 지나간 예언이 한두 개 정도 적중될 때에는 뜨거운 이슈가 된다. 어쩌면 한 가지 예언이 적중되었을 때, 사람들의 마음을 사로잡는다. 예언가(점성가)들의 예언 10개 중에 9개가 틀리고 하나만 맞아도 인기몰이가 되며, 다들 감탄하는 것도 바로 이 때문이다.

　그동안 노스트라다무스의 몇 가지 적중한 예언이 1999년 9월 종말에도 당연히 적중할 것으로 믿었던 노스트라다무스의 종말론자들은 대대적으로 1999년 종말론을 주창해 왔다. 그리고 지구촌 많은 사람들은 여기에 미혹되어 1999년 종말을 준비했다. 그렇지만 그들의 기대처럼 지구의 종말은 오지 않았다. 1999년 세상의 종말론은 패션처럼 유행을 탔지만 역시 유행은 유행으로 끝나고 말았다.

제2장
2012년 종말론: 마야인의 달력

"2012년 12월 21일 지구의 종말, 지구의 종말일, 지구 멸망(종말)이 정말 올까?" 이 말은 2012년 12월 21일 이전에 인터넷을 뜨겁게 달구었던 종말론에 관한 질문들이다. 그래서 '2012년 12월 21일 종말론'은 1999년 종말론보다 대세였다. '2012 종말론'의 본거지는 두 가지이다. 하나는 약 5000년 전으로 거슬러 올라가 마야인의 달력으로부터 시작하고 있으며, 다른 하나는 마야의 달력을 근거로 한 '2012'이라는 한 편의 영화였다.[5] 마야인의 달력을 소재로 한 종말의 영화가 세계의 이목을 끌면서 '2012 종말론'의 비밀은 마야의 달력에 달려 있었다.

1. 마야의 문명

마야(Maya)의 문명은 마야족이 세운 고대 문명으로서 지금의 중

---

5) '2012'는 2009년 8월 개봉되었으며, 그리고 당시 단기간 내에 최대의 관람객이 동원된 영화이다.

앙아메리카의 멕시코 남동부, 과테말라, 유카탄 반도를 중심으로 번성했던 찬란한 인류 문명 중의 하나이다. 그러나 마야 문명의 시작은 지금으로부터 약 5000년 전으로 거슬러 올라간다.[6] 마야인들은 원래 북아메리카 원주민들이었다. 그러다가 기원전(BC) 3000년경에 남쪽 과테말라 지역으로 계속 남하하며 살았다. 따라서 문명이 차차 발전해 가면서 대규모의 도시형 국가가 세워지기 시작한 것은 형성기[7]가 훨씬 지난 후였을 것으로 추측된다.

마야인들은 기원후에 더 번성하였다(고전기, AD 300-900년). 이때는 과테말라와 멕시코 지역인 티칼(Tikal)과 칼라크물(Calakmul)[8] 등의 대도시 국가가 이미 형성되어 이때부터 군주는 패권주의 정책을 폈다. 그리고 각 도시마다 이집트의 피라미드를 본 따서 웅장하고 거대한 신전을 건축하여 태양신과 달을 숭배했다. 당시 도시마다 세워진 피라미드 신전들은 마야인들의 점성술과 종교와 깊은 연관성이 있다. 마야인의 문명 5000년 역사에서 기원후 300년~900년까지가 가장 황금기였다. 그러나 9세기 중반기부터 중부 지역 여러 도시국가들은 연쇄적으로 쇠퇴하기 시작하다가 결국 10세기에 들어와서 완전히 멸망하였다.

5000년의 역사를 가졌던 남아 있는 일부 마야인들이 유족민을 형성하여 유카탄 반도로 이동하여 신마야 문명을 세웠다. 그래서 과테말라의 밀림 속에는 아직도 마야의 후예(원주민)들이 남아있으며 이곳은 마야의 유적지로 보존되고 있다.

---

6) 「2012 지구종말」, pp. 12-13, 이경기 저, 2010.2.1 인쇄, 펴낸 곳, 김&정.
7) 형성기는 마야인들이 썼던 역사로서, 형성기, 고전기(기원후) 등으로 마야인들은 역사를 구분했다.
8) 티칼은 과테말라 정글속에 가려진 위대한 마야의 유적지이며, 칼라크물은 멕시코에 있는 유적이다.

2. 마야의 달력

마야의 달력이 갑자기 세계적으로 이목을 끌었던 것은 종말과 관련된 예언 때문이다. 이것을 일명 '마야 장기 달력(Maya Long Calendar)' 이라고도 한다. 마야는 과학과 문명 그리고 신전까지 고도로 발달했다. 특히 마야는 숫자 체계와 천체 관측법이 매우 발달했다.

▲ 현대 과학으로도 예측하기 힘든 태양계의 운영을
정확하게 계산할 수 있는 마야의 달력

그래서 마야 숫자가 유명하다. 마야 숫자는 0을 사용한 것과 20진법을 사용한 것이 특징이다. 이뿐만 아니라 마야의 유적지에는 거대한 돌로 만든 유적과 뛰어난 예술 작품이 오늘날까지 전해지고 있다. 마야인들은 발달시킨 과학과 문명을 바탕으로 자기들이 달력을 직접 만들어 사용했다. 마야의 달력은 형태로만 본다면 실상은 달력이라기보다는 톱니바퀴형 시계로 보는 것이 더 쉽게 이해될 정도로 특이하게 만들어졌다.

고대 마야 문명은 뛰어난 수학을 바탕으로 오늘날에도 거의 완벽한 기능적인 달력 체계를 갖춘 것으로 알려져 있다. 마야인들은 지구가 5,125년 주기로 운행되고 있다고 믿었다. 그래서 그 주기에 따라 달력을 만들었다. 그리고 마야인들에게 '박툰'이라는 것이 있는데 박툰은 394년을 주기로 측정한 시간을 말

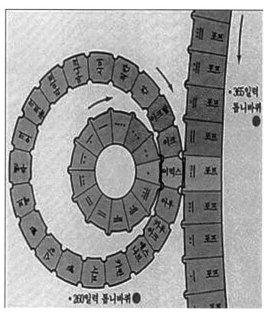

▲ 톱니바퀴형의 원리로 운영되는 마야의 달력

한다. 박툰은 기원전 3114년 8월 13일을 원년으로 시작해서 13번째까지만 있다. 그런데 13번째 박툰이 끝나는 날이 2012년 12월 21일이다.[9] 문제는 박툰이 14번째로 이어지지 않고 2012년 12월 21일로 끝을 맺고 있다는 데 있다. 실상은 여기에 마야의 달력의 비밀이 존재하게 된 것이다.

3. 마야인의 예언과 종말

고대 마야인들의 예언은 그들이 사용했던 달력의 비밀로부터 시작하고 있지만 실상은 종말의 내막(內幕)이다. 마야의 달력의 내막

---

9) Ibid, p.14

은 이렇게 시작되고 있다. 마야의 달력은 기원전 3114년 8월 13일을 원년으로 해서 13번째 박툰은 2012년 12월 21일 이후에는 어떠한 일자의 표기가 없다. 그래서 마야의 달력은 2012년 12월 21일로 마지막 주기로 끝나고 다음 주기로 넘어가지 않고 멈추어져 있어서 더 이상의 시간이 없다. 이러한 마야의 달력을 근거로 지구의 멸망을 예언한 것이다.

▲ 노스트라다무스의 예언과 싸이의 말춤. 그러나 예언하고도 아무런 관련이 없는 종말론자들이 합성한 조작품이다.

심지어는 싸이의 강남스타일과 노스트라다무스의 예언과도 연관시켜 2012년 12월 21일에 종말이 온다는 소위 싸이 종말론이 한 때 인터넷을 도배했다. 한국의 가수 싸이는 2012년에 '강남 스타일'과 '말춤'으로 세계적으로 유명세를 탔다. 그런데 싸이의 출현은 노스트라다무스가 예언한 것으로 알려지면서 급속히 퍼져 나갔다. 노스트라다무스의 예언 중에는 "춤추는 말의 숫자의 원이 9개가 되는 때에 고요한 아침으로부터 종말이 온다."는 것이 있다. 여기 춤추는 말은 싸이의 '말 춤'을 의미하며, 숫자를 의미하는 원 9개는 강남스타일 뮤직비디오의 유튜브 조회수 10억을 의미한다. 10억은 영(0)이 9개가 되므로 '숫자의 원이 9개'가 들어 있어 맞으며, 고요한 아침은 백의민족 대한민국을 말하고 있기 때문에 그럴싸하다.

싸이의 강남스타일은 2012년 12월 21일에 10억 뷰를 돌파할 것으로 예상하고 12월 21일을 종말의 날로 주장했던 것이다. 싸이 종말론의 소식을 접했던 논객들은 "정말 싸이가 유튜브 10억 뷰를 넘어서면 지구 종말이 오는 거야", "가도 너무 갔어", "끼워 맞추기도 유분수지" 등의 반응을 보였다. 반면에 어떤 네티즌들은 "터무니없는 소리지만 노스트라다무스의 예언처럼 12월 21일에 정말 지구의 종말이 온다면 어떻게 해야 할까? 한 그루 사과나무 대신 싸이의 말춤을 추며 남은 인생을 화끈하게 즐기며 종말을 맞이하는 것이 정답이 아닐까?"라는 반응을 보였다. 이것은 아마 싸이 종말론자[10]들에게 너무한다는 것을 꼬집어 성토한 것이다.

싸이의 종말론은 한국의 속담처럼 "코에 걸면 코걸이 귀에 걸면 귀걸이인 꼴이다." 이런 의미에서 12월 21일 이전에 10억 뷰를 돌파한다면 종말이 앞당겨지며, 12월 이후에 돌파되면 종말이 연기될 것이며, 아예 10억 뷰가 되지 않으면 종말은 취소된다는 말인가? 싸이의 종말론은 한 마디로 끼워 맞추는 퍼즐게임에 불과했다. 그러나 싸이의 종말론은 유튜브 조회수와 관계없이 2012년 12월 21일 해프닝으로 끝나고 말았다.

---

10) 여기 싸이 종말론이라는 말은 싸이가 종말론자라는 말이 아니라 싸이의 말춤을 가지고 2012년 종말론을 만든 사람들을 말하고 있으니 오해 없기를 바란다.

마야의 종말에 대해 아주 흥미로웠던 것은 마야의 달력이 2012년 12월 21일에 끝나는 것은 사실이나 이 달력에는 종말(멸망)이나 예언이라는 어떠한 글자도 새겨져 있지 않으며 또한 그와 유사한 글자 하나라도 표기된 것이 없다. 그럼에도 불구하고 마야의 종말론자들은 '2012년 12월 21일'에 우주의 종말이 올 것이라고 소문을 내며 세상을 떠들썩하게 했다.

4. 마야의 예언에 대한 비평

'지금 지구가 수상하다.', '2012년 12월 21일에 지구의 멸망', '종말이 정말로 오나', '2012년 12월 21일에 지구가 멸망하나요?', '1221 종말론을 외치는 사람들', '일본의 명치천왕의 손녀 지구 종말론 예언 제기', '러시아 정부, 12월 21일 종말론에 결국 대국민 사재기 설득 나서', '2012년 12월 21일 지구 종말의 불편한 진실', 등등은 당시에 인터넷 검색 창에 떴던 수식어들이다. 이 정도면 '2012년 종말론'은 많은 사람들의 관심 속에 있었다는 것과 어느 정도 심각한 상황이었다는 것을 짐작할 수 있다.

2012년 12월 21일에 멈추어버린 마야의 달력에는 어떤 비밀이 숨어 있을까? 인류의 종말은 올 것인가? 인류의 멸망이 온다면 어떤 형태로 올 것인가? 그리고 인류의 멸망 앞에 나는 어떻게 준비할 것인가? 그리고 각 시대를 막론하고 많은 사람들이 종말론에 빠져드는 이유는 무엇일까?

종말에 빠져드는 사람들은 대부분이 지식이 없는 사람보다 지식이 있는 사람들이 더 빠져들고 있는데 왜 이런 현상이 지구 곳곳에서 일어나고 있을까?

　당시 이런 종말의 수식어 앞에서 필자만이 아니라 많은 사람들도 궁금증을 가졌을 것이다. 그래서 인류 종말의 문제는 어제 오늘의 이야기만이 아니라 인류의 기원과 함께해 오고 있다. 그런데 2012년 종말론은 아주 특이한 종말론이다. 왜냐하면 그동안 제시되었던 종말론은 대부분이 신의 계시나 종교적인 것이었다. 그런데 '2012년 종말론' 은 과학적 근거를 제시하고 있다는 점에서 확실히 다르다.

　마야의 달력과 예언, 일부 과학자들의 종말론적인 견해와 근거, 종말을 준비하기 위한 벙커와 사재기 현상들, 타임 웨이브, 웹봇, 그랜드 크로스 등 과학적 근거, 심지어는 싸이의 말춤과 세상의 완전수를 상징하는 6분 전 시간까지 동원된 모

▲ 지구 최후의 날 시계. 1분이 늦어진 6분전

든 종말의 징조는 2012년 12월 21일로 포커스(focus)가 맞추어졌지만 지구의 종말은 오지 않았다.

이 정도로 종말의 소문이 지구촌을 흔들고 있다면 그냥 있어서는 안 되는 곳은 미국항공우주국(NASA, 나사)이다. 나사는 세계 최고의 과학자들이 모여 우주(천문)를 연구하는 곳이다. 그래서 나사의 과학자들은 개인적인 명예만이 아니라 자기 국가의 명예이기도 하다. 그만큼 나사의 과학자들은 인정을 받고 있으며, 명예도 안고 있다. 그렇다면 나사는 '2012년 12월 21일 지구 종말'에 대해 "어떤 견해를 갖고 있었을까? 그리고 나사는 어떻게 2012년 종말론을 대처했을까?" 이것은 당시에 크나큰 관심사가 아닐 수 없었다. 왜냐하면 나사의 관심은 2012년 12월 21일 지구의 종말이 온다는 예언보다 훨씬 중요한 과학적 증거가 될 수 있기 때문이다. 그러나 나사는 당시에 떠돌고 있는 '2012년 12월 21일 지구 종말론'은 과학적 근거가 전혀 없는 낭설이라고 발표했다.[11]

여기에는 과학자들뿐만 세계 천문학자들과 고고학자들도 적극적으로 가담을 하면서 잘못된 종말론이라며 반론을 제기했다.[12] 그러나 가장 인상 깊고 의미심장한 반론은 종말의 주체로 떠올랐던 마야인들의 반론이다. 종말을 누구보다 심각하게 생각하며 가장 잘 준비해야 할 사람들은 실상은 마야의 후손인들이다. 그러나 아이러니하게 이들은 2012년 12월 21일에 있을 종말에 대해 역으로 반론을 제기하는 어처구니없는 일이 일어났다.[13]

마야의 달력은 세상의 끝을 알리는 어떤 종말의 비밀이 숨어 있다거나 역사를 바꿀 만한 어떤 마력이 있었던 것이 아니라 마야의 달

---

11) 나사는 2012.12.4일 브리핑을 통해 '2012년 12월 21일 종말론'에 대한 나사의 공식 입장을 발표했다.
12) 「2012 지구종말」, pp. 15~17, 이경기 저, 2010.2.1 인쇄, 펴낸 곳. 김&정.
13) Ibid, pp. 16~17

력 그 자체, 마야의 문명(유적)으로만 남아 있다. 그래서 2012년 12월 21일 지구의 종말, 지구의 최후의 날을 알리는 운명의 시계는 결코 멈추지 않았다.

2012년 12월 21일 종말을 11일 정도 앞두고 12월 10일에 중국 상하이(上海)에서 태양의 희귀한 현상이 포착되어 종말의 징조라는 소문이 급속하게 전해지면서 순간적으로 중국은 물론 세계를 다시 한 번 놀라게 했다. 전문가들에 따르면 '환일현상'은 최근에 기온이 급격히 떨어져서 발생한 태양빛 굴절현상이라고 한다. 3개 태양이 뜬 것처럼 보이는 희귀현상은 대기에 떠있는 미세한 얼음 조각에 태양빛이 굴절돼 반사되면서 나타나는 현상이다. 그래서 태양의 희귀

▲ 2012년 12월 10일 중국 상해 상공에 태양이 3개 떴던 환일현상

현상은 종말의 징조와 관련이 없음에도 종말론자들은 종말의 징조라고 단언하면서 속전속결로 전송했으나 몇 시간도 안 되어 두 개의 태양은 순식간에 사라져 해프닝으로 끝나고 말았다.

지금까지 알려진 마야의 달력이나 노스트라다무스를 비롯한 예언가들이 예언했던 천문학적인 현상들에 대해 과학적으로 분석해 왔으나 그 근거는 찾을 수 없었다. 오히려 허무맹랑한 말장난에 불과한 것으로 판명되었다. 그동안 과학은 무수히 발전해 왔기 때문에 이러한 검증이 가능하다. 그럼에도 불구하고 사람들이 종말론에 빠진 이유는 무엇일까? 우리는 흔히들 사람은 만물의 영장(靈長)이라고 말한다. 그런데 요즘 젊은이들이 많이 모이는 대학가[14]나 사람들이 밀집한 곳에 점술집들이 화려하게 자리 잡고 있다. 마치 옛날에 다방이 줄줄이 생기듯 점술집들이 늘어나고 있는 추세다. 이것은 미래와 운명이라는 함수관계에서 오는 현상이다. 세상의 종말론에는 정답이 없다. 종말에 관한 답은 오직 '성경'에서만 찾을 수 있다. 왜냐하면 예수님과 사도들이 진정으로 종말에 대해 계시(예언)하고 있기 때문이다. 그러므로 종말론자들의 말에 유혹되어 벙커를 판다거나 사재기를 하는 일은 이제는 없어야 하겠다.

이쯤에서 철학자 스피노자의 말을 한 번 되새기지 않을 수 없다. "비록 내일 지구의 멸망이 온다 해도 나는 오늘 한 그루의 사과나무를 심겠다." 이 말은 성경의 말씀은 아니지만 성경적이라고 할 수 있다. 왜냐하면 12월 20일에 한 그루의 사과나무를 심은 사람은 심

---

14) 홍대, 신촌 대학가 일대, 종로, 청담동, 압구정동, 영등포 지역에 유달리 점술집이 많다.

는 그대로 결실을 볼 수 있기 때문이다. 사도 바울은 우리에게 이렇게 권면하고 있다.

"스스로 속이지 말라 하나님은 만홀히 여김을 받지 아니하시나니 사람이 무엇으로 심든지 그대로 거두리라." (갈 6:7)

제 2 부
성경의 종말과 예언

종말론은 서두에서 말한 것처럼 세상의 종말론과 성경의 종말론 크게 두 가지이다. 지금까지 세상의 예언자들이 말한 예언과 관련된 종말에 대해서 살펴보았다. 이번 단락부터는 주제를 완전히 바꾸어 성경의 종말과 예언에 대해 다룬다.

세상의 종말론은 20세기 말(1999년)부터 근간(2012년)에 이르기까지 지구촌을 흔들 정도로 다양하게 제시되어 왔으나 2012년 12월 21일로 일단락 되었다. 그러나 종말은 앞으로 어떤 이슈로 재현되어 우리에게 다시 나타날지 예측할 수 없다. 마야의 종말론은 한마디로 억지를 부리다가 결국은 해프닝으로 끝나고 말았다. 그러나 세상의 종말론이 해프닝으로 끝나기까지는 10년이 넘도록 소문의 소문이 꼬리를 달고 돌아다녔다. 이렇듯 성경의 종말론도 세상의 종말론 못지않게 이천 년 기독교 역사에서 꾸준히 등장했다. 성경의 종말론마저도 패션의 유행처럼 잠깐 동안 등장했다가 사라지곤 했다.

성경(기독교)의 종말은 언제 어떻게 우리 곁으로 다가올까? 이 물음은 필자에게 있어서 최대의 관심사였으며, 주제들을 선정하는 근간이 되었으며, 또한 이 글을 쓰게 된 동기와 목적이기도 하다. 반면에 이 물음이 없었다면 필자는 '666 베리칩'이 진실이든 거짓이든 상관할 바가 아니며, 소문의 진원지가 어디며, 또한 어떤 형태로 소문이 퍼져나가든 간에 관심할 바 아니다. 그래서 필자는 베리칩에 관심을 갖게 되어 진실 공방에 끼어들었다.

2012년 마야의 종말론이 전혀 근거가 없었는데도 불구하고 종말론자들에 의해 만들어 졌듯이 메이슨과 베리칩 종말론 역시 전혀 근거가 없는데도 만들어졌다. 이러한 의미에서 지금 유행하는 종말론은 다음과 같은 세 가지의 문제점을 안고 있다.

첫째는 성경의 종말은 하나님이 준비하셔야 하는데, 종말론자들에 의해 준비되고 있다. 둘째는 성경의 종말이 세상의 종말처럼 소문으로 유행을 타고 있다. 셋째는 성경의 종말론이 말씀이나 교회보다는 인터넷에서 온갖 잡다한 글이나 동영상으로 유포되고 있다.

'베리칩'의 발원지는 미국이다. 그렇다면 미국에서 한국으로 와서 '메이슨과 베리칩'에 관한 강의나 세미나를 해야 한다. 그러나 역으로 한국에서 미국으로 가서 하고 있다. 집회의 주 대상은 미국 현지인 교회가 아니라 한인 교회이다. 물론 모든 한인 교회들이 그렇다는 말은 아니다. 이것은 한국 사람들이 아주 유별나다는 것을 단면적으로 보여 준 하나의 사건으로 필자는 보고 싶다.

본 단락에서 다루는 핵심 주제는 '프리메이슨'과 '666 베리칩'이다. 종말론자들에 의하면 메이슨은 성경의 종말을 준비하는 집단으로서 이들에 의해 종말은 은밀하게 준비되고 있으며, 반면에 베리칩은 666표를 말한 것으로서 프리메이슨들에 의해 '베리칩'이라는 이름으로 이미 준비되었다는 것이다. 그래서 666표인 베리칩을 사람의 몸에 주입하는 것은 시간 문제라며 소문내고 있다.

제1장
프리메이슨과 종말론

　'프리메이슨'이라는 말은 종말론자들이 등장하여 새롭게 부각시킨 신조어다. 그래서 보편적인 사람들에게는 프리메이슨은 생소하게 들릴 것이다. 그러나 그리스도인이라면 알아야 할 이야기다. 왜냐하면 세상의 종말론이 아닌 성경의 종말론에 관한 것이기 때문이다. 다시 말해서 프리메이슨이 화두가 된 것은 성경의 종말과 연관되어 있기 때문이다. 그렇다면 프리메이슨이 어떻게 역사 속에 실존하게 되었으며 성경의 종말론까지 어떤 방식으로 깊숙하게 들어오게 되었을까?

　여기서 다루고 있는 잘못된 프리메이슨의 정체와 역사는 필자가 연구한 것이 아니라 프리메이슨을 전문적으로 다루는 서적이나 인터넷에서 참고한 것이다. 반면에 전통적인 프리메이슨은 연구 논문이나 사전 등을 참고 하였다. 이들이 다루고 있는 프리메이슨은 '역사 속에 존재한 프리메이슨', '음모론자들이 만든 프리메이슨', '종말론자들이 만든 프리메이슨' 주로 세 가지이다.

1. 역사 속에 존재한 프리메이슨

배제대학교 안신 교수는 신종교연구 논문인 '한국 프리메이슨의 역사와 특징'에서 프리메이슨에 대해 다음과 같이 피력하고 있다. "기독교가 프리메이슨을 반대하고 거부하는 주요 이유들 가운데 먼저 프리메이슨의 기원에 대해 살펴보려고 한다. 미국에서는 공식적으로 가입금지 입장을 밝히는 가톨릭을 제외하고 거의 모든 개신교 교파에서 프리메이슨 회원을 찾아볼 수 있지만, 한국에서는 프리메이슨을 한국 사회와 교회를 전복시키려는 음모를 지닌 부정적인 신종교 비밀결사대로 파악하여 그 의미와 가치를 지나치게 왜곡하여 무차별적으로 공격하는 사례들이 적지 않다. 이는 비밀결사대에 대한 대중들이 지닌 인식의 차이에서 비롯된 것이다."[15]

안신 교수는 미국과 한국에서 피부로 느끼는 프리메이슨의 온도 차이를 말하고 있다. 필자 역시 프리메이슨과 종말론에 관한 주제는 바로 이런 온도 차이를 염두하며 전개해 나갈 것이다.

1) 프리메이슨의 태동과 명칭

현대의 프리메이슨(Freemason)은 18세기에 발생한 인도주의적 박애주의를 지향하는 우애단체(fraternity) 혹은 취미 클럽이다. '프리메이슨(freemason)'이라는 낱말은 엄밀하게는 각 회원들을 가리키는 말이며, 정확한 단체명은 프리메이슨리(Freemasonry)이다.

프리메이슨은 프리(Free, 자유로운, 무료)와 메이슨(Mason, 석

---

15) 안신, '한국프리메이슨의 역사와 특징', 배제대학교(신종교연구논문. 23집, 2010년), p. 125

공, 혹은 비밀 조합원)의 합성어로서 직역하면 '자유로운 석공'이지만 근대 박애주의를 지향하는 조합원을 의미한다. 프리메이슨은 건축을 할 때 돌을 다루었던 석공들의 조직이었다는 사실에서 이러한 명칭이 유래된 것이다. 그래서 그들의 심볼(symbol)의 대부분이 석공의 공구들로 되어 있다. 프리메이슨이라는 용어를 처음으로 사용한 것은 14세기 때부터이다. 그 이전에도 석공들이 모임을 갖는 조직은 있었지만 큰 의미가 있었던 것은 아니었다. 프리메이슨은 엄밀히 말해서 각 조합원을 가리키는 말이며, 프리메이슨은 단순히 그들의 일반적인 호칭이며, 프리메이슨리가 그들의 단체명이다.

2) 프리메이슨의 역사

프리메이슨리는 분명히게 존재하는 단체이기 때문에 나름대로 역사를 가지고 있다. 그러나 메이슨의 역사는 쉽게 설명할 수 없다. 왜냐하면 뚜렷하게 지상에 나타난 조직이 아니기 때문에 각자의 역사성과 사상에 따라 달리 보기 때문이다. 그러나 진실한 역사는 하나이다. 프리메이슨의 기원을 다룰 때 단골 메뉴처럼 빠지지 않고 나오는 설화가 있는데 그것은 역대기상 3장에 나오는 솔로몬의 성전건축과 관련된 히람 아비프에 관한 이야기다. 메이슨과 베리칩 종말론의 도화선이 되었던 「마지막 신호」에도 여지없이 히람 아비프의 설화가 등장한다.[16] 그러나 히람의 이야기는 역사적인 사실이 아니라 설화적인 이야기 수준인데도 불구하고 데이비드 차 형제는 메이슨의 원류로 본다.

---

16) 「마지막 신호」, 데이비드 차 저, pp. 185–186 (예영, 2012.3.15, 3판 13쇄)

16세기 이전의 프리메이슨은 신비주의적인 성향을 띠고 있었으며, 조직은 희미한 그림자 정도였지 어떤 구심점을 지니고 있는 실제적인 단체는 아니었다. 지금 활약하고 있는 프리메이슨의 시조라고 할 수 있는 단체는 1717년 영국에서 처음으로 시작되었다. 영국에서 공적인 프리메이슨이 처음에 창설될 때에도 역시 인도주의적이고 박애주의를 지향하는 우애단체로서 자유, 평등의 실현을 목표로 하고 있다. 뿐만 아니라 이때는 이미 철학적 사색의 성격을 띠고 있었다. 1799년에는 영국 의회가 프리메이슨을 공식적이고 합법적인 단체로 승인함으로써 유일하게 비밀결사단체가 된다.[17] 그렇다고 정치적 야망을 가진 단체나 종교성(기독교나 가톨릭)을 지향한 비밀 조직은 아니었다.

영국에서 시작된 프리메이슨은 프랑스로 건너간다. 영국보다 프랑스가 메이슨의 시발점은 늦지만 실상은 영국보다 프랑스에서 그들의 활동은 더 활발했다. 그래서 프랑스 혁명도 메이슨이 주도한 것으로 알려진 것이다. 메이슨이 독일로 건너가면서 유럽 전 지역으로 확장하는 계기가 되었다.

유럽에서 미국으로 건너간 프리메이슨은 최고도에 이르게 된다. 메이슨 역사상 미국에서 지금까지 가장 왕성한 활동을 보이고 있다. 종말론자들에 의하면 미국의 건국에서부터 정치, 경제, 사회 등 미국의 전반적으로 영향을 미치지 않는 곳이 없다. 심지어는 록펠러의 개인적인 가문, 유엔까지 메이슨으로 연관시키고 있다. 그래서 가장

---

17) 프리메이슨 비밀의 역사, 진형준 저, p. 120 (살림출판사, 2013,3,19)

말도 많고 탈도 많은 프리메이슨으로 자리 잡고 있는 곳이 미국이다. 지금 세계적으로 일어나는 모든 사건은 프리메이슨의 주도하에 미국에서 일어나고 있다. 일본이나 한국과 같은 동양에도 프리메이슨의 지부가 있기는 하지만 종말론자들이 말하고 있는 메이슨도 아니며, 설사 그러하더라도 영향을 줄 만한 조직은 아니다.

3) 프리메이슨의 입단식과 조직

메이슨의 자격의 가장 큰 특징은 18세 이상으로(계급·위치 면에서) 건전하고 능력 있는(신비주의적 남성 운동으로 시작된) 남성들의 모임이다. 그러나 최고의 메이슨의 정식 회원이 되려면 회원 입단식을 반드시 거쳐야 한다. 회원 입단식은 두 눈을 가리고 밧줄을 목에 매고 어느 독방으로 옮겨져서 칼을 가슴에 댄 뒤에 비밀을 폭로하지 않는다는 선서를 한다. 이러한 프리메이슨의 회원 입단은 누구에 의해 누구 앞에서 하는 것조차 모를 정도로 비밀리에 진행된다. 이런 의미에서 비밀 결사대라고도 말하나 암살하는 악의 축을 의미하는 비밀 결사대는 아니다.

프리메이슨의 조직에 대해서도 정확하게 알려진 바는 없다. 그러나 프리메이슨의 가장 기본적인 단위는 '롯지'(lodge, 지부)이다. 프리메이슨은 상위 그룹인 그랜드 롯지와 하위 롯지인 단위 롯지로 편성돼 독자적 관할권을 가지고 자체적으로 운영하는 것을 가장 기본 조직으로 한다. 그랜드 롯지란 '커다란 집 또는 집회소'로서 '본부'를 뜻하는 말이다. 그러나 프리메이슨을 총괄하는 본부는 발원지인 영국이나 지금 가장 활발하게 활동하고 있는 미국에도 없다.

뿐만 아니라 프리메이슨은 최고의 등급으로 33급은 지정해 놓았어
도 프리메이슨을 총괄할 지도자급은 없다. 혹자는 로마교황이나 미
국 대통령으로 지목하고 있지만 한 마디로 자의적 판단이다. 반면에
혹자는 메이슨의 본부나 지도자급이 보이지 않기 때문에 그림자 정
부라고 말하지만 실상은 실체는 없다.

　프리메이슨은 오늘날 전 세계 곳곳에 가지각색의 형태로 존재하
고 있으며, 영국에는 480,000명이 있고 미국에 2백만 명이 있는 등
세계적으로 약 500만 명의 회원이 있다는 설도 종말론자들에 의해
추측된 수치일 뿐이다. 한국에도 정확한 통계는 아니지만 어느 정도
있으나 종말론자들이 말한 그런 메이슨은 아니다. 특히 인터넷에 나
온 한국 프리메이슨 명단에는 우리가 알고 있는 사람들의 이름이 많
이 나오고 있다. 심지어는 한국의 프리메이슨 중에는 33도까지 올
라간 사람들도 있지만 거의 조작된 것이다.

　여기서 간과해서는 안 되는 것은 세계에 흩어진 프리메이슨은 영
국에서 순수하게 출발한 정통 프리메이슨과 종말론자들이 만든 짝
퉁 프리메이슨 간에 구별이 없다는 것이다. 종말론자들은 모든 메이
슨을 싸잡아 악의 축으로 간주하기에 혼동이 가중되고 있다.

4) 프리메이슨의 상징물

　프리메이슨은 채석공의 연장과 용구인 직각자와 컴퍼스, 도끼와
나무망치 등 8가지를 대단히 중요시 한다. 컴퍼스와 나무망치, 수
직기와 자 이 네 가지는 능동적인 역할을 하며, 가위, 수평기, 지렛

대, 직각자 이 네 가지는 수동적인 역할을 상징하나 두 가지로 집약된다. 직각자는 땅(육체)을, 컴퍼스는 정신을, 그리고 법전은 하늘로부터 오는 빛(영혼)을 상징한다.[18] 이것은 프리메이슨의 인간관을 반영하는 것으로서 컴퍼스는 남성(태양신)을, 삼각자는 여성(이시스)을 나타낸다.

5) 격변기를 맞이한 프리메이슨

프리메이슨이 당시 최상의 지식의 전당인 유럽에서 시작하여 번창하고 있었지만 순풍의 돛을 달고 질주했던 것만은 아니었다. 프리메이슨도 격변기 역사를 가지고 있다. 유럽 전 지역에 합리주의적 사고가 모든 분야에서 대풍(大風)처럼 몰아쳤을 때 프리메이슨은 위축할 수밖에 없었다. 그래서 프리메이슨들은 더 은밀하게 비밀을 전수하며 공유할 수밖에 없었다. 프랑스의 대혁명과 관련된 프리메이슨, 나치의 탄압, 이탈리아를 중심으로 하는 유럽 전 지역에 몰아친 탄압의 열풍은 프리메이슨이 역사적으로 격변기를 받았다는 것을 말해준다. 뿐만 아니라 더 나아가 음모론까지 겹쳐 프리메이슨은 역사적으로 최대의 격변기를 맞게 되었다.[19]

6) 현대의 프리메이슨

전통적인 프리메이슨은 역사 속에 존재하고 있다. 여기 프리메이슨은 오리지널(original)을 말한다. 그리고 지금까지 살펴본 것처럼 전통적인 프리메이슨은 몇 가지 특징을 지니고 있다.

---

18) 안신, '한국프리메이슨의 역사와 특징', 배재대학교(신종교연구, 23집, 2010년), p. 130
19) Ibid, '역사적 격변기의 프리메이슨', pp. 119-135

첫째는 프리메이슨의 발원지라고 할 수 있는 영국이나 프리메이슨이 가장 성행하고 있는 미국에 프리메이슨을 총괄하는 지휘 본부가 없다. 물론 그밖에 어느 나라에도 없을 뿐만 아니라 역사적으로도 없었다. 그리고 앞으로도 없을 것이다. 둘째는 오리지널 프리메이슨의 회원들을 총괄적으로 리드할 수 있는 지도급 인사 역시 어디에도 없으며, 현재뿐만 아니라 역사적으로도 준비된 일이 없었다. 셋째는 오리지널 프리메이슨에는 악의 축으로 볼 수 있는 어떤 모양도 없다. 프리메이슨이 18세기에 태동에서부터 오늘날까지 세계를 주무를 수 있는 프리메이슨은 없었으며, 그 어떤 지하 조직이나 활동할 수 있는 기반마저도 역사적으로 없었을 뿐만 아니라 둘 수도 없었다. 넷째는 오리지널 프리메이슨은 20세기에 접어들면서는 철학적 사색을 넘어 정치, 경제, 사회 등에 직간접적으로 관여는 하게 되지만 세계통일공화국, 즉 그림자 정부를 건설한다는 그런 야망은 아니었다. 다섯 번째는 메이슨은 격변기를 거치면서 단체가 해체되거나 와해 혹은 약화되었다. 메이슨이 세계를 움직일 수 있는 정치적인 권력이나 인물 그리고 그런 정치적 마력이 전혀 없다. 마지막 여섯 번째는 전통적인 방법으로 입단식을 하며 프리메이슨을 이어가는 오리지널 프리메이슨이 현재는 없다. 이러한 특징들을 고려해 볼 때 오늘날에는 프리메이슨은 존재하지 않는다고 볼 수 있다. 왜냐하면 오늘날 우리가 말하는 프리메이슨은 오리지널 프리메이슨이 아니라 그 맥을 이어가고 있는 프리메이슨이라고 할 수 있기 때문이다.

7) 프리메이슨의 종교성

프리메이슨은 정치적, 사회적인 단체에 앞서 종교적 단체이기도 하다. 윤석환은 그의 석사논문 '프리메이슨 종교와 기독교 칼빈주의의 수호'[20]에서 "프리메이슨은 구약의 하나님을 믿는 종교이다. 이슬람교와 유대교와 같이 창조주 하나님만 믿는 종교"[21]라고 전제하면서, "프리메이슨은 외관상 침목단체와 구호단체를 표방하고 있으면서도 정작 조직 안에서 발견되는 종교적 상징들과 의례들은 전통적으로 유대교와 기독교를 중심으로 하는 서양 종교의 세계관에 깊이 뿌리를 내리고 있다."[22]고 말한다. 그럼에도 불구하고 프리메이슨의 종교성은 모든 종교인이 회원으로 가입할 수 있어 신비주의에 기인된 '혼합종교'이다. 그리고 종교적 회심도 권유하지 않는다.

프리메이슨은 신(神)보다는 조직에 충성하며, 지나칠 정도로 인본주의적 형제애를 강조한다. 엄밀한 의미에서 조직에 충성하는 것과 형제를 사랑하는 행위가 이들에게 있어서 (빛은 그리스도가 아니라 도덕적 개선을 의미한 선행) 종교이다. 그래서 이들을 기독교와 혼동해서는 안 된다. 혹자는 프리메이슨을 가톨릭과 일루미나티 등과 같은 비밀 조직과 연관시키면서 이단시 하는 경향이 있는데 실상은 프리메이슨은 이단도 아니며, 기독교처럼 볼 수 있지만 기독교가 아니다. 프리메이슨의 이러한 애매한 성향 때문에 역사 신학에도 없는 '종교'라는 것이 특징이다.

---

20) 윤석환, '프리메이슨종교와 기독교 칼빈주의의 수호', 광신대학교(석사학위), pp. 1~46, 2010년 2월.
21) 위 윤석환 논문, p.3
22) 안신, '한국프리메이슨의 역사와 특징', 배재대학교(신종교연구논문, 23집, 2010년), p. 138

2. 음모론자들이 만든 프리메이슨

프리메이슨은 역사 속에 존재하고 있다는 말은 두 가지 의미를 담고 있다. 하나는 18세기 영국에서 시작한 현대의 프리메이슨은 300년이 지나 오늘날까지 어떤 형태로 존속하고 있다는 것을 뜻하며, 다른 하나는 음모론자들이 만든 또 다른 메이슨의 굴곡된 역사이다. 그렇다면 프리메이슨은 두 역사를 가지고 있는 셈이다. 전자는 오리지널 프리메이슨을 말하며, 후자는 음모론자들이 만든 짝퉁 프리메이슨을 말한다. 전통적인 프리메이슨은 앞 단락에서 이미 다루었기 때문에 이번 단락에서는 짝퉁 프리메이슨에 대해 다룬다.

1) 프리메이슨과 음모론

종말론자들에 의하면 프리메이슨의 상층부는 그림자 정부를 만들고 있는 주요 멤버들이며, 신세계질서 곧 세계통일공화국을 주도할 핵심 인물이다. 그러나 지금까지 살펴본 것처럼 전통적인 오리지널 프리메이슨의 단체에는 이러한 정치적인 조직이나 인물이나 야망이 없다. 그리고 역사적으로도 어떠한 준비가 된 바 없다. 그럼에도 불구하고 프리메이슨이 세계통일공화국을 건설하는 그림자 정부의 역할을 하고 있다면 이것은 음모론에서 나온 무서운 이야기일 수밖에 없다. 프리메이슨과 관련된 음모설은 한두 가지가 아닌 헤아릴 수 없이 많다. 필자도 한두 가지 정도였다면 음모론이라고 까지 말하지 않을 것이다. 심지어는 역 음모론까지 판을 치고 있으며, 성경의 종말론까지 음모론이 깊숙이 들어와 있기 때문에 문제를 삼고 있다.

2) 음모론의 배경

음모론(陰謀論, conspiracy theory)의 사전적 의미는 '사회에 큰 반향을 일으킨 사건의 원인을 명확히 설명할 수 없을 때 그 배후에 거대한 권력이나 비밀스러운 조직이 있다고 여기며 유포되는 소문'을 말한다. 음모론은 세계적인 유명한 사건이나 정치적 비화가 주를 이루고 있지만 꼭 그렇지만은 않다. 생활사에도 크고 작은 음모론은 얼마든지 있을 수 있다. 자기의 유익을 위해 음모론을 퍼뜨리는 경우도 있으며, 반면에 남을 비방하기 위한 음모론도 있다. 이처럼 음모론은 다양하게 나타나고 있지만 대부분이 모든 상상력을 최대한 동원하여 마치 퍼즐게임처럼 맞추어 간다. 그리고 비밀을 당사자가 아닌 다른 사람들이 풀면서 온갖 상상력을 동원한다. 여기 대표적인 예가 지금 다루는 프리메이슨과 베리칩의 종말론이다.

프리메이슨은 비밀주의가 원칙이다. 실상은 누구도 알 수 없다는 것 때문에 비밀주의를 빙자한 음모론이 싹 트기 시작한다. 그래서 음모론의 가장 중심은 상상력에 의존한 근거 없는 이야기가 대부분이다. 물론 실제적인 이야기에 살과 뼈를 덧붙여 뻥튀기한 과장된 음모론도 있다. 그런데 가장 큰 문제는 음모론을 전문적으로 만드는 꾼들이다. 이들이 소위 '음모론자'인데 음모론을 그럴싸하게 퍼뜨려 놓고 많은 사람들이 거기에 빨려 들어가는 것을 보면서 즐기는 자들이다. 마치 해커들처럼 남의 컴퓨터에 무단으로 침입하여 정보를 파괴해 놓고 좋아하는 것처럼 말이다. 여기에 대표적인 사람이 「그림자 정부」라는 시리즈로 책을 써 한국에 널리 알려진 이리유카바 최이다.

3) 그림자 정부와 음모론

그림자는 원래 실체가 아니라 뒤에 나타나는 검은 현상을 말한다. 그러나 여기서 말하는 '그림자 정부'란 세상의 뒤에서 보이지 않게 실존하는 검은 정부를 그림자로 비유한 말이다. 과연 이러한 정부가 21세기에 실제적으로 실존하고 있을까? 이러한 물음으로부터 그림자 정부의 음모론은 밝혀질 수밖에 없다.

그림자 정부는 세상 뒤에 실존하고 있어야 한다. 그런데 애석하게도 세상 뒤에 실존하고 있는 것이 아니라 「그림자 정부」라는 책 속에 실존하고 있다.[23] 그래서 그림자 정부는 실존하고 있는 정부의 이야기가 아닌 만화와 같은 이야기 수준이다. 여기서부터 그림자 정부는 시작되고 있다는 것을 독자들은 알아야 한다.

「그림자 정부」 저자 이리유카바 최는 중국 장춘에서 출생하여 성장했으며, 그러다가 한국을 거쳐 캐나다로 이민을 가서 지금은 집필에 전념하며 사회 운동가로 활동하고 있다. 저자는 서두에서 "이 책에 기록된 사실들에 대한 판단은 전적으로 독자의 몫이다. 그러나 이면사 역사가들의 층이 두터워지고 그 사실들이 하나하나 검증되고 있는 상황에 비추어볼 때, 그것들이 결코 허무맹랑한 이야기만은 아닌 것이 분명하다."고 자기의 합리화 내지는 변명 형식으로 그림자 정부의 이야기를 시작하고 있다. 여기서 필자는 저자가 말하고 있는 것처럼 독자의 한 사람으로서 판단할 것이며, 「그림자 정부」의 허무맹랑한 이야기를 들춰 내려고 한다.

---

23) 「그림자 정부 • 정치편」 이리유카바 최 저, 해냄 출판사(3판 12쇄, 2013.7.30)

(1) 6 · 25 한국전쟁과 이면사

「그림자 정부」는 6 · 25 한국전쟁으로부터 시작하고 있다. 그리고 '한국전쟁의 기막힌 내막' 이라는 주제를 별로도 다루면서 소위 6 · 25 한국전쟁의 이면사를 논하고 있다. 그러나 여기에는 허무맹랑한 음모론뿐만 아니라 역 음모론을 포함한 이야기들이 수다하다.

첫째, '이 책에 기록된 사실들에 대한 판단은 전적으로 독자의 몫' 이라는 저자의 말은 얼핏 듣기에는 겸손이 묻어 있는 것처럼 보인다. 그러나 아주 중대한 역사의 이면사(裏面史)를 논하면서 이런 말을 하는 것은 책임성을 회피하겠다는 것이며, 자기의 변명일 뿐이다. 이처럼 독자들은 믿거나 말거나 식으로 표현한 「그림자 정부」는 여기서부터 허무맹랑한 이야기가 시작된다.

둘째, 머리말 격인 '저자의 말' 은 한국의 6 · 25 한국전쟁으로부터 시작하고 있다. 이유는 6 · 25 한국전쟁에 이면사 때문이다. 그러나 여기에 나온 이야기는 70%도 아닌 99% 이상이 허무맹랑한 이야기들이다. 우선은 이면사라고 지목하는 내용 자체부터가 자기 상상력에서 나온 것들이지 결코 이면사라고도 볼 수 없다.

셋째, 'UN군 파병에 거부권을 행사하지 않은 구 소련', '중공 참전을 부추긴 미국', '중공에 작전 정보를 넘긴 미국 수뇌부', '중공군의 보급로를 폭격하지 말라', '미국은 2차 세계대전 직후 한국전쟁을 계획했다.' [24] 이 생각들은 결코 이면사라고 할 수 없는 자기 상상력에서 나온 허무맹랑한 이야기들이다.

---

24) Ibid, pp.73-82

6·25 한국전쟁은 미국이 계획한 것이 아니라 구 소련이 계획한 것이다. 미국은 1947년 제2차 미소공동위원회에서 당시 구 소련에게 한반도를 통째로 넘겨주지 않기 위해 남북 분단에 동조는 했지만, 남한(한국)을 속국으로 생각하며 정치에 관여하지 않았다. 그 결정적인 증거는 미군을 남한에 주둔시키지 않았기 때문이다. 미국이 남한의 통치에 관여하려면 제일 먼저 해야 할일은 군사를 주둔시키는 일이다. 그런데 한국에 6·25 전쟁에 참여한 미군이 있었기 때문에 주둔시키는 일은 마음먹기에 달려 있었다.

미국은 한국에 군사를 주둔시키지 않았다. 실상은 여기서부터 6·25 한국전쟁이 일어나게 되는 계기가 된다. 만약 미군이 한국에 주둔하였으면 6·25 전쟁은 일어날 수 없다. 미국은 30~40년 동안 한 번도 실패하지 않고 제국주의를 꿈꾸며 국토(나라)를 넓혀 오던 일본을 원자탄 두 개로 날려버렸다. 이런 미국의 군사력을 알고 있었던 구 소련이 한국에 미군이 주둔하고 있었다면 전쟁을 일으킬 수 없다. 이런 상황에서 구 소련이 북한을 앞세워 전쟁을 한다면 한국과 전쟁하는 것이 아니라 미국과 전쟁을 선포하는 것과 마찬가지였기 때문에 구 소련은 감히 6·25 한국전쟁에 가담할 수 없었다.

이처럼 6·25 한국전쟁은 미국에서 계획한 것이 아니라 오히려 구 소련에서 계획한 전쟁이라는 것을 역사가 증명해 준다. 실상은 미군이 한국에 주둔하게 된 배경은 6·25 한국전쟁 때문이었다. 6·25 한국전쟁이 없었더라면 인천상륙작전도 없었을 것이며, 미군도 주둔하지 않았다. 구 소련이 계획한 6·25 한국전쟁을 미국에서 계획했다는 것은 음모론이 분명하다.

「그림자 정부」는 머리말부터 '한국전쟁의 기막힌 내막'이라는 주제로 시작하면서 온갖 음모론으로 도배하고 있다. 6·25와 관련된 음모론은 여기서 끝나지 않는다. 「그림자 정부」는 6·25 한국전쟁에 중공(중국)이 참전한 것도 마치 미국이 부추긴 것처럼 말하고 있는데 이것마저도 서글픈 음모론이다.

중국(중화인민공화국)은 1949년 10월 1일 건국되었고, 6·25 한국전쟁은 1950년 6월에 일어났기 때문에 건국 1년이 안 된 상태였다. 이때 중공은 전쟁에 동참할 여력이 없었다. 설사 구 소련이 협력을 요청해 왔어도 중공은 거부할 공산(公算)이 크다. 왜냐하면 중공 입장에서 볼 때 남북한 전쟁은 곧 미국의 개입으로 볼 수 있으며, 개입으로 볼 수 있으며, 미국의 개입은 백두산에 미군의 기지가 들어오기 때문이다.

인천상륙작전에 성공한 유엔군은 9월 28일 서울을 수복하고 삽시간에 북한 지역을 거의 장악했다. 병력을 거의 상실한 북한은 병력을 더 징집할 상황이 아니었다. 이제 북한은 자력으로 남한을 삼키기는커녕 자국의 영토를 방어할 능력마저도 없어졌다. 미군이 남한에 주둔하지 않아 승산이 커서 일으킨 전쟁은 미군을 한국으로 들어오게 하여 오히려 역전되어 폐하게 될 상황이 되었다. 그래서 외부의 결정적인 도움이 없으면 북한은 마치 일제시대 때에 대한민국 정부가 중국 상해로 망명을 했듯이 북한 정부도 국경을 넘어 중국이나 소련으로 망명할 수밖에 없는 상황이었다.

그래서 북한은 전쟁의 지원국인 구 소련에 마지막으로 추가로 병력과 무기를 긴급하게 요청했다. 그동안 구 소련은 군사는 직접 개입시키지 않았고 무기와 물자만을 지원해 왔다. 그런데 궁지에 몰린 북한은 구 소련에 군사를 직접 개입해 줄 것을 요청한 것이다. 북한이 아주 절박한 상황에서 병력을 요청했으나 구 소련은 거부했다. 그 이유는 북한이 다 이긴 전쟁을 역전 당해 미워서가 아니라 미국과 군사적으로 직접 맞붙게 되면 제3차 세계대전으로 확전될 것을 우려한 구 소련은 단호하게 거부한 것이다.

구 소련이 거부한 전쟁을 중국이 갑자기 참전한 것에 대해 필자는 군사 전문가는 아니지만 다음 두 가지 이유 때문으로 본다. 하나는 북한이 무너지면 중국의 국경지역인 백두산까지 미국의 군사 기지가 불가피하게 들어올 것으로 판단했기 때문이다. 출판사와 원고를 마지막으로 정리하기 직전에 이명박 전 대통령의 회고록「대통령의 시간」이 출간되었다. 이 책에 2012년 1월에 이명박 전 대통령과 후진타오(胡錦濤) 전 중국 국가주석과 한・중 정상회담 중에 다음과 같은 담화 내용이 소개되고 있다. "한반도 통일 후 미군은 현재 주둔하고 있는 위치에서 더 북쪽으로 올라가지는 않을 것이다"[25] 이명박 전 대통령이 말한 '북쪽'의 끝은 백두산이다. 당시 중국은 6・25 전쟁이 유엔군의 승리로 끝나면 미군이 한반도에서 북상할 것을 염려했다는 것이 분명하다. 중국의 이러한 염려는 당시에만 했던 것이 아니라 6.25 전쟁이 60년이 지났어도 여전하다는 것을 이명박 전 대통령의 회고록이 말해주고 있다. 초전에 참여하지 않았던 중국이 중간에 참전한 것은 미군의 북진을 맡기 위해서라는 필자의

---

25) 대통령의 시간, 이명박 저, p. 295(알에이치코리아, 2015.1.26)

생각이 맞으며, 중국은 북한을 도우기보다는 자국의 보호가 우선이었기 참전한 것이다. 보편적으로 이런 사실을 한국에서도 잘 모르고 있는데 당시 중국 조선족 사회에서는 알리가 만무했다. 그리고 지금 백두산 반쪽이 중국의 장백산으로 되어 있는 것은 이런 군사적인 상황과 결코 무관하지 않다는 것을 그림자정부의 저자 이리유카바 최에게 전해주고 싶다. 다른 하나는 막 공산화가 된 중국으로서는 나름대로 입지를 알릴 수 있는 기회가 될 것이며, 무엇보다도 구 소련의 경제적인 원조를 얻기 위해서였다. 당시 모택동 주석은 그동안 국민당(蔣介石)과 싸우면서 피폐해진 국가를 재건하는 길은 구 소련의 경제적 원조를 받는 것만을 대안으로 생각했다. 중국은 열악한 군사력과 무기로는 미국과 전쟁을 도저히 할 수 없었다(그래서 소위 인해전술을 쓸 정도로 많은 군대가 참전했다). 대신에 많은 희생을 치르고 그 대가로 중국이 원하는 것 두 가지를 모두 안겨다 주었다. 중국은 이때부터 국제무대에 설 수 있는 계기가 되었고, 구 소련으로부터 원조를 받아 국가 재건이 이루어졌을 뿐만 아니라 백두산에 있어야 할 미군 기지를 의정부까지 내려가도록 했다. 그런데 이리유카바 최는 6·25 한국전쟁에 중공이 참전한 것도 마치 미국이 부추긴 것처럼 말하고 있는데 이는 음모론이 아닐 수 없다. 그런데 더 황당한 것은 「마지막 신호」의 저자 데이비드 차 형제는 성경의 종말론을 주제로 쓰면서 음모론으로도 부족하여 역 음모론까지 동원된 「그림자 정부」를 원천 자료로 활용하고 있다.

넷째, '해방 후 한국을 실질적인 속국으로 다스리고 있던 미국 의회는 남한이 독립국으로 성장할 수 있도록 1천만 달러의 지원금을 전달하기로 결정했다.' [26] 여기 '속국'이라는 말은 정치적으로 국민의 주권을 빼앗긴 상태를 말한다. 그러나 이것은 음모론 치고는 너무나 서글프며 쉽게 탄로날 일이다. 역사적으로 한국은 미국에 속국이된 일이 없다. 그리고 6·25는 미국이 북한을 먼저 공격하지 않았다. 그런데 중국에 있는 교포(조선족)들은 먼저 공격한 것으로 알고있다. 필자가 1994년, 중국에 처음 들어갔을 때 조선족 교포에게 이런 말을 쉽게 들을 수 있었다. 역사 교육을 이런 식으로 받았기 때문에 필자도 처음에 충분히 이해할 수 있었다.

「그림자 정부」저자인 이리유카바 최는 공교롭게도 중국 장춘에서 출생한 조선족 교포이기 때문에 어려서부터 이런 생각에 젖어 있었을 것이다. 그래서 2013년에 책을 재판하면서까지 '6·25는 북침', 한국은 '미국의 속국'이라고 생각하는 것은 외면적으로는 중국에서 배운 거짓 역사를 가지고 한 말이지만 내면적으로는 「그림자 정부」를 집필하면서 모은 음모론이다. 1992년 한중 수교한 후에조선족 교포들이 자유롭게 한국을 왕래하면서 바른 역사에 대해 인식하게 되어 6·25 한국전쟁을 미국이 계획하고 남한이 북한을 먼저 공격했다는 삐뚤어진 역사는 이제 교포사회에서는 거의 사라졌다. 그런데 이리유카바 최는 한국에서 대학공부도 했으며 지금은 외국에서 생활하고 있으면서도 삐뚤어진 역사관을 가지고 책을 쓴 것은 아예 작정하고 음모론으로 몰아가기 위해서이다. 한국이 미국에속국이 된 일이 없는데 '해방 후 한국을 실질적인 속국으로 다스리고 있던 미국 의회는 남한이 독립국으로 성장할 수 있도록 1천만 달

---

26) Ibid, pp.73-74

러의 지원금을 전달하기로 결정했다.'고 말한 것은 「그림자 정부」
는 허무맹랑한 음모론이라는 확실한 증거이다.

　다섯째, 유엔안전보장이사회에서 한국전쟁에 유엔군 파병을 결정
할 때 소련이 퇴장한 것은 미국이 한국전쟁에 개입하도록 하기 위
해 소련 대표가 의도적으로 퇴장을 했다는 것은 정신병자 수준이 아
니면 이런 말을 함부로 할 수 없다. 우리가 잘 알고 있듯이 6·25
는 북한과 소련의 합작품이다. 유엔군이 파병되지 않으면 소련의 목
표대로 한반도의 적화통일은 시간문제이다. 이런 상황에 있는데 소
련이 UN군 파병에 찬성할 이유도 없지만 퇴장할 이유는 더더욱 없
다. 그런데 퇴장한 이유는 더 황당하다. 당시 소련 대표가 퇴장한 것
은 중공을 유엔안전보장이사회에 참석시키자며 억지를 부리다가 이
런 실수를 했다는 것이다. 당시 중공은 유엔안전보장이사회 상임이
사국은커녕 유엔에 가입도 하지 못해 일반 회원국도 아니었다. 이런
억지를 부리다가 소련 대표가 퇴장하여 유엔군 파병이 결정됐다는
이유치고는 너무 유치하며 서글픈 변명이다.
　이처럼 「그림자 정부」에서 말하고 있는 6·25 한국전쟁과 이면사
는 속된 말로 구역질 날 정도로 비린내 나는 내용들로 가득 차 있다.
역사의 이면사를 말하면서 아무런 근거를 제시하지 않고 마치 이솝
우화에 나온 이야기처럼 서슴없이 말하고 있다. 그런데 더 한심한
것은 이런 조잡한 내용들을 근간으로 하여 성경의 종말론에 관한 책
을 쓰며 교회까지 끌고 들어오는 종말론자들이 있다는 것이다.

(2) 프리메이슨과 이면사

프리메이슨이 문제가 되는 것은 그림자 정부가 성경의 종말론과 관련되어 있기 때문이다. 성경의 종말을 전문적으로 다루고 있는 카페나 사이트 그리고 책들에서 이런 내용들은 쉽게 볼 수 있다.[27]

역사 속에 존재한 프리메이슨에서 살펴본 것같이 프리메이슨은 세계를 움직일 만한 본부나 조직은 물론 어떤 인물도 역사적으로 없었다. 그럼에도 불구하고 「그림자 정부」의 제1장은 '프리메이슨이 세상을 움직인다.'라는 주제로 시작하면서 '숨은 정부의 거대한 힘' 혹은 '승자와 패자의 등 뒤에 공존하는 숨은 정부', '세상의 모든 비밀과 관련된 프리메이슨' 등을 운운하고 있다.

여기 숨은 정부의 거대한 힘의 주체가 바로 메이슨이며, 정부는 아이들의 소꿉장난할 때처럼 나는 대통령이며 너희들은 장관, 시장, 도지사라고 하는 그런 정부가 아니며, 그렇다고 공상 만화나 로봇을 움직이는 영화에 나온 정부도 아니며 쾌쾌묵은 호랑이 담배피던 시절도 아닌 21세기 현재에 실존하는 정부라는 이 말을 어디까지 진실로 받아들여야 할까? 그리고 '세상에 모든 비밀은 메이슨'이 손에 쥐고 흔든다는 자체가 조잡한 음모론이다. 이래서 「그림자 정부」에 나온 내용들은 90% 이상이 허무맹랑한 이야기로 채워져 있다.

프리메이슨과 관련된 이면사는 사람의 상상 속에서 만들어진 음모론이다. 프리메이슨은 정부의 조직은 고사하고 단체를 운영하는 본부의 건물은 물론 지도자급 인물도 없는데 정부, 비밀, 역사 등을 운운하는 것은 상상의 세계에서 만들어진 음모론이 아니면 불가능

---

27) 종말 전문 카페나 사이트는 2002년 이후에 생기기 시작했으며, 메이슨 이나 베리칩 종말론 책들은 2010년 이후에 출판하기 시작했다. 그래서 그림자 정부는 원천적 자료이다.

하다. 그러므로 지금 떠돌고 있는 프리메이슨과 관련된 이면사는 거의 실체가 없는 조작된 것이며 인위적으로 만들어진 음모론이다.

(3) 「그림자 정부」의 허구성

다음은 「그림자 정부」에 나온 프리메이슨과 관련된 다양한 소주제들이다. '세상의 모든 비밀과 연관된 프리메이슨', '비밀 조직의 기원은 석공', '메이슨의 원조 히람 아이프', '프리메이슨과 유대인', '돌 대신 사람을 다듬는 메이슨', '프리메이슨의 입단식', '최고의 지도자는 신비의 존재', '신세계 질서의 최종 목표', '프리메이슨 만든 나라 미국', '조지 워싱턴은 프리메이슨', '마약 장사꾼 빌 클린턴', '세계단일정부', '하느님은 유대인에게 세계 통치권을 주셨다', '300위원회', '일루미나티', '해골종단', '국제연합(UN)', '유럽연합', '프리메이슨의 상징물들', '케네디 암살', '바티칸과 프리메이슨', '미국 대통령들은 천부적인 사기꾼' 등등이다.

이 예외도 '정치판'과 '미래사회편' 두 권이 더 있다. 이러한 주제만 보더라도 숨이 막힐 정도이다. 그러나 문제는 주제를 설명하고 있는 내용들은 더욱 가관이 아니다. 저자는 허무맹랑한 이야기는 아니라고 애써 부인하지만 가상적인 허무맹랑한 이야기들로 가득차 있다. 또 다른 증거랍시고 자기의 견해에 동조하는 역사가를 들먹이고 있는데 진정한 역사가는 이면사를 가지고 함부로 역사를 논하지 않는다. 어설픈 역사가들이 자기 상상 속에서 이면사를 논한다.

3. 종말론자들이 만든 프리메이슨

음모론자들은 비기독교인들을 말하며, 종말론자들은 기독교인들이나 혹은 숨은 정부를 뜻하는 안티기독교인들까지 포함하고 있으니 양자 혼동이 없기를 바란다. 필자가 프리메이슨을 나름대로 연구하면서 '숨은 정부'는 아직까지 발견할 수 없었지만 '숨어 있는 안티 기독교인'들이 많다는 것을 알게 되었다. 마치 마귀는 눈으로 볼수 없지만 마귀가 하는 행동을 보고 알 수 있듯이 말이다. 음모론자들이 만든 프리메이슨은 성경의 종말과는 어느 정도의 거리를 두고있다. 그 이유는 두 가지이다. 하나는 메이슨으로 주목한 세계적인사건들은 거의 정치적인 관점에서 투영하고 있다. 다른 하나는 프리메이슨의 원조라고 할 수 있는「그림자 정부」에는 성경 구절 하나찾아볼 수 없다. 그러나 기독교 종말론자들의 손에 넘어와서는 성경 구절들을 애써 인용하는데 이것은 세상에 떠돌아다닐 소문을 끌어다가 종말론으로 접목시키기 위해서다. 그래서 본 주제는 '종말론자들이 만든 프리메이슨'이지만, 실상은 '짝퉁 프리메이슨' 혹은'둔갑한 프리메이슨'이라는 말이 오히려 본 주제와 부합하다.

1) 프리메이슨과 신세계 질서

음모자들은 메이슨이 세계를 정치, 경제, 군사적으로 장악한 집단으로 보는 반면에 종말론자들은 메이슨을 성경의 종말론을 준비하는 그림자 정부의 핵심 멤버로 규정한다. 그래서 프리메이슨은 종말에 대한 무서운 이야기가 아닐 수 없다. 지금까지 살펴본 것처럼 프리메이슨의 존재나 활동 등의 역사는 쉽게 설명할 수 없다. 그럴 것은 프리메이슨은 진정한 역사가들이 다루고 있는 것이 아니라 대부분이 비역사가들이 다루기 때문이다.

프리메이슨과 유대인은 기차 레일과 같이 깊이 관련되어 있다. 종말론자들에 따르면 메이슨이라는 가면을 쓴 유대인들이 '세계통합공화국건설'을 목표로 하고 있다는 것이다. 명칭도 아주 다양하게 열거하고 있는데 외적으로는 '신세계 질서 혹은 세계통합공화국'이며, 음성적으로는 '그림자 정부'이다. 표면적으로는 세계 공화국 건설이지만 실상은 적그리스도를 탄생시킬 나라를 말한다.

종말론자들은 보편적으로 적그리스도가 나타날 곳을 유럽과 미국을 주목하고 있다. 유럽은 로마 교황청이 있으며, 미국은 베리칩과 오늘날 미국의 정치, 경제와 금융을 장악하고 있는 그룹이 흩어진 유대인(프리메이슨)들이 있기 때문이다.

그러나 베리칩은 2013년 3월부로 거짓으로 판명되었으며, 디아스포라 메이슨(유대인)은 낭설이다. 반면에 로마 교황청과 EU는 세계의 정치, 경제, 종교를 통합할 의사나 준비된 바가 없다. 그렇다면 필자가 보기에는 앞으로 반세기 동안 예수님이 재림하지 않는다면 미국과 로마 교황청과 EU 보다는 오히려 중국과 같은 신흥국가나 군사적으로 새롭게 변신하는 일본이 더 유력할 수 있다. 그럼에도 불구하고 사단의 나라를 함부로 지목할 수 없다. 왜냐하면 종말은 하나님의 때가 와야 비로소 알 수 있기 때문이다. 이런 의미에서 적그리스도를 먼저 지목하는 것은 종말론에 빠진 자기 망상이다.

자유, 평등의 실현을 목표로 출발했던 (역사적)프리메이슨이 언제, 어디서, 무엇 때문에 세계통합공화국을 건설하는 단체로 변질되었는지는 그 누구도 정확하게 알 수 없다. 그러나 필자가 보기에는 '유대 민족은 속고 있다'는 것과 '하느님은 유대인에게 세계 통치권을 주셨다'고 말하고 있는 「그림자 정부」에서 영향을 받은 종말론자들에 의해서 변질된 것 같다. 그러나 성경 어디에도 하나님께서 이스라엘 백성에게 마지막 때 정치(경제)적으로 세계 통합공화국을 건설하여 통치하라는 사명이나 특권을 주시지 않았다.

2) 프리메이슨의 단계와 계급

프리메이슨의 단계나 계급(등급은 1-33도까지)은 다양하다. 그러나 33도는 프리메이슨의 최고봉으로서 여기에 도달한 사람만이 세계 공화국의 왕권이 주어진다. 그래서 33도는 아무나 되는 것은 아니다. 정치적 능력, 리더십, 통치 경험, 대중들의 호감도 등을 갖춘

▲ 프리메이슨 등급별 모형도

사람이 33도까지 올라갈 수 있다. 그래서 한국은 김대중, 노무현, 이명박 전직 대통령, 심지어는 조용기 목사와 반기문 사무총장 등이 33도까지 올라간 것은 바로 이런 조건이 갖추어졌기 때문이다. 그러나 그 누구도 그림자 정부로부터 33도 임명장을 받은 사람은 없다. 위 사진에 나온 프리메이슨 등급별 모형도는 음모론자들의 손에서 만들어진 작품이다.

3) 프리메이슨의 활동

그림자 정부는 중요한 몇 가지 활동을 하는 것으로 알려져 있다.

첫째, 조직의 관리이다. 회원 입단식에서 말한 것처럼 눈을 가리고 선서를 할 정도로 아주 비밀스럽게 조직을 관리한다. 세계적으로 정치, 사회, 기업적으로 유명 인사들을 프리메이슨이라고 하지만 정확하게 알 수 없는 것도 바로 이 때문이다.

둘째, 세계경제통합 일원화 정책으로서 FTA을 통한 세계 경제를 통합하는 일이다. 세계 정상들이 모이면 통화 정책을 심도 있게 다루는 것은 대외적으로는 정상들이 하는 것이지만 실상은 프리메이슨이 주도한다는 것이다.

셋째, 비밀 결사대 운영이다. 비밀 결사대는 조직을 배반하거나 회원들을 비방했을 때 암살하는 그야말로 비밀 조직이다. 가장 대표적인 사례는, 미국의 케네디 대통령은 프리메이슨의 정책을 반대하여 암살당했다.

넷째, 프리메이슨의 가장 중심적인 활동이며 최종적인 목표는 세계 공화국 건설이다. 세계 공화국 건설이 완성되면 세계의 정치, 경제, 금융을 장악할 수 있는 왕이 도래하게 되는데, 이 왕이 성경에서 말하는 적그리스도이다.

다섯째, 미국의 정치, CIA, 법률계, 금융계, 언론계, 마약 등은 처음부터 프리메이슨이 장악하여 손안에서 가지고 놀고 있으며, 유엔도 프리메이슨이 장악하여 좌지우지하고 있다.

여섯 번째, 세계 각국에서 일어난 크고 작은 모든 사건은 프리메이슨에서 조정하여 일어난 일이라고 말한다. 심지어는 1-2차 세계대전, 9 • 11테러도 프리메이슨이 주도한 사건이다.

이처럼 프리메이슨은 적그리스도가 이 세상에 도래할 나라, "세계 공화국건설"을 목표로 활동하고 있다. 그리고 이 정부의 핵심 인물은 유태인들이며, 유태인은 미국을 장악하여 세계를 움직이고 있다. 그러나 이러한 흔적은 전혀 찾아볼 수 없다. 21세기에 실현될 나라치고는 허무맹랑한 이야기이다. 그러므로 종말론자들이 말하는 프리메이슨의 활동은 실체가 아니라 말 그대로 순수한 그림자로 이해하면 될 것이다. 그러므로 그림자 정부나 그들의 활동에 대해 겁먹을 것이 하나도 없다.

4) 프리메이슨의 7대 목표

종말론자들이 제시하고 있는 프리메이슨의 궁극적인 7대 목표는 다음과 같다. ① 모든 개별국가의 파괴, ② 사유재산제도 폐지, ③ 개개인의 상속권 폐지, ④ 애국주의 파괴, ⑤ 모든 종교의 파괴, ⑥ 결혼제도를 금기한 가족제도의 폐지, ⑦ 세계 단일정부 수립 등이다. 이것도 어이없는 말장난이다. 음모론자들도 실상은 이 정도까지는 말하지 않는다. 그러나 종말론자들은 성경의 종말론을 현실화시키기 위해서 이렇게 조잡한 이야기를 서슴없이 하고 있다. 그래서 '짝퉁 프리메이슨'이다.

5) 프리메이슨과 종말의 현상들

종말론자들이 말하고 있는 프리메이슨과 종말에 관한 현상들이다. 이러한 주장은 처음에는 정치적인 비화에서 시작되었으나 근래에는 종말론자들이 여과 없이 받아들여서 성경의 종말론까지 연관시키고 있다. 종말론자들은 메이슨에 관한 정보를 다양하게 제공하나 대부분이 신뢰성이 없다. 특히 종말론의 증거라고 말하고 있는 것들은 신뢰성이 떨어질 정도가 아니라 황당한 이야기 거리가 많다. 힌 마디로 말하면 마야의 달력을 해석하며 2012년 종말을 주장했던 것처럼 뜬구름 잡기 식이다.

(1) 세계적인 FTA 체결

종말론자들은 미국이 세계적으로 체결하고 있는 FTA를 세계경제 통합의 일환으로 본다. 그 와중에 한국도 미국과 FTA 체결을 했다. "한국을 어떻게 먹을 것인가? 프리메이슨이 가장 중점을 두고 FTA를 밀어붙이는 항목이다. 한국의 주요 언론이 미국 손에 좌지우지되면 그때부터는 우둔한 들쥐, 한민족을 가지고 노는 건 시간문제인 것이다."[28]

---

28) [자료출처] 2004 한국무역장벽보고서. 인터넷에서 검색한 자료이다. 프리메이슨의 정체성을 체계적으로 밝히는 논문이나 글들이 거의 없다. 그래서 이러한 자료들은 인터넷 검색에서 나온 글들이기 때문에 성경적이지 못할뿐만 아니라 객관적이지는 못하다. 그러나 종말론자들은 서슴없이 말하고 있는 것은 부인할 수 없는 사실이다.

이 말은 한미 FTA 체결에 대해 종말론자들이 하는 농간이다. 한미 FTA가 한국에는 유익이 없는 것은 아니다. 한미 FTA 체결의 가장 기본적인 원칙은 쌍방이 서로 동일한 입장에서 공정하게 체결하는 것이다. 물론 국가 간에 손익의 차이는 있을 수 있다. 그렇다고 미국이 일방적으로 체결한 것은 아니며, 한국은 통째로 미국의 손에 넘겨주어 좌지우지 당하기 위해 FTA를 체결한 것도 아니다. 종말론자들은 한미 FTA 체결을 너무 극단적으로 프리메이슨과 연관시키고 있다. 한미 FTA 체결한지가 5년이 지났지만 미국이 한국을 손에 쥐고 좌지우지 하는 일이 없다. 이것은 성경의 종말론을 만들기 위한 극단적인 처방으로서 음모론이 아닐 수 없다.

(2) 미국과 관련된 프리메이슨

미국의 프리메이슨은 정치인들과 깊이 관련되어 있다. 그래서 미국의 주요 정치인들은 거의 프리메이슨이다. 초대 대통령인 조지 워싱턴으로부터 시작하여 전직 대통령이었던 빌 클린턴, 지금 현직에 있는 버락 오바마 대통령까지 거의 안 들어간 사람이 없을 정도이다.

미국의 정치인들이 이 정도로 프리메이슨에 연루되어 있었다면 지금쯤은 미국에는 프리메이슨의 실체가 드러나 있어야 한다. 그리고 18세기에 시작한 프리메이슨이 그림자 정부를 목표로 21세기까지 진행해 왔다면 구체적인 자기 실체나 행동은 아니라 하더라도, 종말론자만이 특별히 아는 그런 실체(징조)가 아니라 모든 사람들이 알 수 있는 최소한 흔적은 있어야 한다. 그러나 말만 무성하지 아무 것도 보이지 않고 있다. 2016년 종말이 온다는 종말론자 장죠셉에 의하면 지금쯤은 프리메이슨이 주도하는 미국에서부터 종말의 징조들이 보여야 한다. 그리고 미국의 CIA는 미국 정보기관이 아니라 마치 프리메이슨의 파수꾼처럼 말한다.

미국의 교계도 마찬가지일 것이다. 프리메이슨이 세계통합공화국 곧 성경적인 종말을 준비하는 집단이라면 미국의 교계나 신학계는 그냥 손 놓고 바라보고만 있지 않을 것이다. 실상은 종말론자들보다도 더 깊이 연구가 있었을 것이며, 무엇보다도 복음주의(개혁주의) 입장에서 성경적인 종말론을 제시했을 것이다. 특히 프리메이슨이 미국에서 주 무대로 활동하고 있다면 교회적으로든 신학적으로든 많은 저항을 받았을 것이다.

「그림자 정부」나 「마지막 신호」에 미국의 건국, UN과 교황, 단일화폐, G8회의와 G20회의 등등 프리메이슨에 관한 많은 활동들이 소개되고 있으나 대부분이 이런 조잡한 이야기들이다.

4. 프리메이슨의 진실과 왜곡

필자도 메이슨이 역사적으로 존재한 것에 대해서는 부인하지 않는다. 그러함에도 불구하고 '메이슨의 진실과 왜곡' 을 다루지 않을 수 없다. 왜냐하면 지금까지 살펴본 것 같이 프리메이슨은 황당하기 그지없을 정도로 허무맹랑한 이야기에 음모론까지 겹쳐져 종말론에 접목되어 있기 때문이다. 메이슨과 관련된 종말론은 성경을 중심으로 교회나 신학적으로 다루어지기 보다는 인터넷에서 더 많이 다루어지고 있으며, 심지어는 신학을 하지 않은 사람들이 쓴 책에서 다루어져서 소문의 꼬리를 달고 펴져 나가고 있다. 이런 현실 앞에서 필자는 메이슨의 진실과 왜곡이라는 주제를 생각하지 않을 수 없었다. 종말론자들이 말한 것처럼 종말을 준비하기 위해 메이슨이 태동하여 활동해 오고 있다면 역사 신학과도 깊은 연관성이 있어야 한다. 그래서 본 논제는 역사(신학)적인 관점에서 살펴보려고 한다.

1) 바른 역사의 진실성

역사는 오직 하나만 존재한다. 이것이 바른 역사 혹은 진실한 역사이다. 그래서 역사는 둘이나 셋이 될 수 없다. 그런데 안타깝게도 우리의 현실 속에는 두 개의 역사가 있다. 한 테두리 안에서 두 개의 역사가 존재하고 있다면 둘 중에 하나는 왜곡된 역사이다. 역사가 둔갑했을 때만이 두세 개의 역사가 만들어진다. 이런 의미에서 필자는 세 가지(역사적, 음모론적, 종말론적) 프리메이슨의 역사에 대해 논한 바 있다. 그러므로 바른 역사의 의식이 전제되지 않고서는 메이슨 역사와 그들의 활동에 대해 논할 수 없다.

한미 FTA 체결 하나만 보아도 우리는 진실과 왜곡에 대해 가름할 수 있다. 종말론자들은 한미 FTA 체결로 "한국이 미국의 손아귀에 들어가 식민지로 전락될 것"으로 본다. 참으로 어처구니없는 말이다. 한국이 미국의 식민지가 되기 위해 한미 FTA 협상을 체결한 것이 아니다. 그런데 한미 FTA는 종말론자들의 손에 넘어 가서는 이처럼 다시 한 번 변신을 하게 된다. 종말론자들의 논리는 간단하다. FTA는 미국이 주도하는 것이 아니라 미국을 등에 업고 있는 유대인

(메이슨)들이 주도하여 '신세계질서'의 두 번째 목표인 '세계경제 통합'을 하기 위해서이다. 더 직설적으로 말하면 미국의 정치와 경제를 장악한 유태인들이 미국을 매개체로 '세계통합공화국' 즉 종말을 주도할 사단의 나라를 건설하기 위한 전략이다. 그리고 한미 FTA는 100년, 50년 전에 이야기도 아니다. 고작 10년 전에 우리가 보고 들었던 이야기임에도 불구하고 이런 수작을 부리고 있다. 한미 FTA 체결은 한국이 미국의 식민지로 가는 전초라고 말한다면 이것은 왜곡된 역사이며, 여기에다 유대인(메이슨)까지 합세시키면 한미 FTA는 두 개, 세 개의 역사가 된다.

2) 일루미나티와 예수회의 태동의 역사

종말론자들이 말하는 메이슨은 존재하는 이유나 목적이 모두 기독교를 표적으로 하는 반기독교적인 단체이다. 그러나 프리메이슨을 논할 때는 반드시 함께 다루어야 단체가 있는데, 일루미나티 (Illuminati)와 예수회(Jesuits)이다.[29]

일루미나티의 다른 명칭은 광명회(光明會)이며, 이 단체의 성격은 일반적으로 다음과 같이 알려져 있다. "세계적으로 주목받는 몇몇 집단 중에 하나이며, 라틴어로 '계몽하다(밝히다)' 라는 뜻을 가지고 있으며, 계몽주의 시대인 1776년경에 설립된 비밀 결사대이다.[30] 오늘날에도 일루미나티가 지속하여 권력 뒤에 숨은 그림자 세력으로서 세계를 지배하려는 음모 조직으로 일컬어지고 있다. 여기서 일

---

29) 종말론자들은 일루미나티와 예수회를 메이슨과 관련된 분파들이라고 한다.
30) 종말론자들은 광명회를 권력 뒤에 숨은 그림자 세력으로서 처음부터 끝까지 정부와 기업들의 정세를 살피며 세계를 지배하려 드는 음모 조직으로 말한다. 그래서 일루미나티는 종종 신세계 질서를 언급할 때 나온다.

루미나티는 신세계 질서와 연관된 것으로 본다. 그러나 많은 음모론자들은 일루미나티가 신세계 질서의 확립을 위해 뒤에서 활동하는 주모자들이라고 믿는다.

반면에 예수회는 정확하게 가톨릭의 남자 '수도회'(제수이트, Jesuit)를 말한다.[31] 예수회 회원들은 영신(영성)수련을 통해 겸손하신 그리스도를 인격적으로 체험하여 전적인 자기 헌신에서 나오는 영적인 삶을 사는 것이다. 예수회의 기본정신은 회원 각자의 인격과 종교와 교육 사업을 동참해야 한다. 교육을 통해서는 높은 도덕성과 경륜을 구비해야 하며, 종교는 자기 소명의식에 따라 이웃에게 봉사하는 것을 목표로 한다. 회원은 기도와 고행을 통하여 하느님의 능력을 받고 예수님처럼 봉사하며 살아가려고 노력해야 한다.

예수회는 수도사로도 유명하며 이곳 출신에 유명한 수도사들이 많다.[32] 예수회가 세계 곳곳에서 활력 있는 선교 활동을 했다고 해서 하느님의 해병대라는 별명이 붙기도 했다. 예수회는 역사적으로 로마 가톨릭 교회 내부 개혁에도 선두에 서 왔다. 반면에 예수회는 종교개혁 이후에 프로테스탄트(개신교)에 대항하기 위해 만들어진 로마 가톨릭 교회의 엘리트 조직이기도 하다."[33]

일루미나티와 예수회의 공통점은 첫째는 로마 가톨릭 교회와 관련되어 있으면서 기독교를 증오하며 타파하는 것을 목표로 하는 단체이며, 둘째는 두 단체 모두 종교개혁 이후에 조직되었다. 그러므

---

31) 예수회(예수회원)는 회원들의 인격 완성과 이웃 봉사, 그리고 하느님의 더 큰 영광을 식별하고 추구하기 위해 설립되었으며, 창립자인 성 이냐시오 데 로욜라의 영신수련(靈神修鍊)의 개념이 이러한 목표를 위한 예수회 원들의 수행의 지침이다.

32) 프란치스코(초대교황), 마테오 리치(중국선교), 박홍 신부(한국인) 등이다.

33) 일루미나티는 18세기 후반 경에 독일에 있는 가톨릭 예수회 대학에서 공부하다가 진보적 사상을 접하면서 만들어진 새로운 사상으로서, 대학교수 시절 사회 엘리트들에게 소개하여 많은 호응을 얻었다.

로 일루미나티나 예수회가 조직된 배경이나 중심에는 프로테스탄트[34] 즉 1517년에 있었던 종교개혁과 깊이 관련되어 있다.

16세기에 종교개혁을 일으켰던 인물은 우리가 잘 알고 있듯이 쯔빙글리(Ulrich Zwingli 1484-1531), 마틴 루터(Martin Luther 1483-1546), 존 칼빈(John Calvin, 1509-1564) 세 사람이다. 루터는 종교개혁의 시조로서 개혁을 최초로 시도하여 주도적으로 이끌어 도화선의 역할을 했으며, 쯔빙글리는 루터의 개혁의 도화선상에서 협력한 사람으로서 종교개혁에 가일층의 역할을 했다. 칼빈은 맨 마지막 주자로서 종교개혁을 완성시킨 인물로 평가되고 있다. 그래서 이들을 일명 종교개혁의 삼총사라고 부른다.

로마 가톨릭 교회로부터 종교개혁을 완성했다는 것은 두 가지 의미를 지닌다. 도덕적 타락으로부터의 개혁과 교리적인 타락으로부터의 개혁이다. 전자는 윤리적인 면이라면 후자는 신학적인 면이다. 이 두 가지 중에 하나라도 개혁이 제대로 안 되었거나 미진했다면 종교개혁의 완성이라고 할 수 없으며 실패작이다. 그러나 종교개혁은 이 두 가지를 충족시킴으로서 완성된 것이다. 그래서 교회사적으로 루터와 쯔빙글리는 윤리적인 면에서, 칼빈은 신학적인 면에서 종교개혁을 주도하여 완성시켰다.

종교개혁으로 로마 교회의 윤리적, 신앙(교리)적 치부가(약 1000년 동안 저질러 왔던 만행이) 세상에 처음으로 드러나게 된 것이다. 일명 천국 티켓마저도 거짓임이 드러났다. 사제들의 전용물이었던 성경은 이제는 평민들도 소유할 수 있게 되었으며, 루터는 로마 가톨

---

34) 프로테스탄트(Protestant)란, 16세기에 루터, 쯔빙글리, 칼빈 등에 의한 종교 개혁으로 로마 가톨릭에서 떨어져 나와 설립된 오늘날 기독교(개신교)이다. 개혁파, 루터파, 성공회 등이 대표적인 분파다.

릭 교회의 잘못된 항목들을 95개나 낱낱이 적어 공개할 정도였으니 500년의 세월이 지난 지금 보아도 로마 교회의 타락상을 가히 짐작할 수 있다.

문제는 종교개혁 이후부터 로마 가톨릭 교회의 보복의 역사는 움이 트기 시작했다. 여기서 배신과 보복의 역학 관계를 먼저 전제하지 않고서는 일루미나티와 예수회의 태동의 역사와 활동에 대해 제대로 알 수 없다. 실상은 배신과 보복의 역사는 인간사와 함께하고 있다. 아담이 죄를 범한 이후에 세상에는 배신과 보복의 관계는 하나의 철칙이 되었다. 가인이 아벨을 죽인 사건도 바로 보복과 관련되어 있다. 그래서 배신과 보복은 로마 교회만이 아니라 우리 주변에서도 흔히 볼 수 있는 일이다. 정치나 기업의 배신과 보복도 모름지기 만만치 않다. 중국의 전통 영화가 대부분이 보복을 주제로 하는 것으로 보아 중국도 보복의 실상에서 자유로울 수 없다.

로마 교회는 처음에는 개인적으로 보복을 단행했다. 루터나 칼빈의 재판은 이런 맥락에서 이해해야 한다. 그러나 개신교가 급속도로 확장되면서 로마 교회의 보복은 개인에서 공동체로 전환하게 된다. 이런 상황에서 로마 교회는 기존의 조직보다 더 큰 조직력과 더 은밀한 방법으로 보복을 수행해야만 했다. 개신교를 조직적으로 보복하기 위해서는 후방에서 지원하는 부대와 최전방에서 작전을 수행하는 행동대원들을 필요로 했다. 로마 교회 입장에서는 개신교의 부흥은 눈엣 가시였다. 이리하여 로마 교회에는 일루미나티와 예수회와 같은 조직은 절대적으로 필요로 했으며, 또한 이들이 존재하는 배경과 목적이며 지향하는 목표이다.

그런데 종말론자들의 손에 넘어간 일루미나티와 예수회는 프리메이슨으로 둔갑되어 종말을 주도하는 집단으로 자리 잡았다. 그들은 프리메이슨의 상층부 그룹이 '일루미나티'라면, 일루미나티의 상층부 그룹은 예수회라고 떠들어 댄다. 그러나 이것은 두 가지 오류 때문에 나온 발상이다. 하나는 지금까지 말한 메이슨과 일루미나티의 태동의 역사와 활약에 대해(교황의 예수회는 수백만 명이 되며, 이들은 세계 모든 주요 조직에 들어가 정부 조직을 장악한 것처럼) 혼동했기 때문이며, 다른 하나는 메이슨은 종말의 주체로 베리칩은 종말의 징조로 보기 때문이다.

3) 왜곡된 프리메이슨의 역사

프리메이슨에 대한 정보와 소문은 빠르게 유포되어 조금만 관심이 있는 사람이라면 이제는 다 알고 있을 정도이다. 그런데 메이슨에 대한 진실한 정보가 전해지고 있느냐는 것은 미지수이다.

(1) 메이슨의 태동의 역사가 왜곡되어 있다

메이슨의 태동의 역사를 멀게는 구약시대부터 시작하여 빠르게는 4세기부터 18세기까지 다양하게 본다.[35] 이렇듯 종말론자들 사이에도 메이슨의 태동의 역사와 조직 그리고 활동에 대해서 일치를 보지 못하고 제각각이다. 이처럼 일치를 보지 못하고 있는 것은 조작된 역사라는 것을 반증해 준다.

---

35) 안신, '한국프리메이슨의 역사와 특징', 배재대학교(신종교연구논문, 23집, 2010년), pp. 125-128

(2) 메이슨의 원류도 왜곡되어 있다

메이슨의 원류를 솔로몬이 건축한 예루살렘 성전으로 보는데 이를 주장하는 대표적인 사람은 「그림자 정부」의 이리유카바 최이며, 다음은 그대로 답습한 「마지막 신호」의 저자 데이비드 차이다. 이것은 한 마디로 신학의 부재에서 오는 단어의 도용(盜用)이다.

(3) 미국의 메이슨과 관련된 수많은 정보들도 왜곡되어 있다

메이슨이 미국의 전직 대통령, 미정보국(CIA), 그리고 미국의 정치와 경제, 언론까지 모두 장악했다는 것은 음모설이다. 특히 9·11테러와 미국 정부와 관련설은 퍼즐게임과 같은 것이다. 거두절미하고 테러범인 빈 라덴은 9·11 테러 이후에 거미줄 같은 레이더망을 피신해 가면서 은밀하게 녹음한 육성으로 미국에 제 2, 3의 테러를 가할 것을 발표한 바 있다. 만약에 종말론자들이 말한 것처럼 9·11 테러가 빈 라덴과 CIA와의 합작품이라면 미국은 빈 라덴의 은거지를 찾는 시늉은 했겠지만 10년 동안 추격하여 사살할 수는 없다.[36] 반면에 빈 라덴은 자기를 추격하는 미국에 대해 협박했을 때, CIA는 배신자라고 폭로했을 것이다. 원래 미국과 빈 라덴은 대단히 우호적인 관계였다. 1989년에 구 소련이 아프가니스탄을 침공했을 때 미국이 도와주었다. 빈 라덴은 제2의 조국이라고 할 수 있는 아프가니스탄을 도와준 미국에 대해 처음에는 우호적인 태도를 가졌다. 그러나 미국이 걸프전에 관여하면서 빈 라덴은 미국에 등을 돌리며, 이때부터 이슬람을 모독한 것으로 간주했다. 또한 이

---

36) 클린턴 전 국무장관은 2011년 5월 테러조직 알카에다의 지도자 오사마 빈 라덴을 제거하기 위한 군사작전 상황을 "지금까지 본 중에서 가장 단호하고 용기있는 리더십의 표현"이라고 평한 바 있다.

슬람의 최대의 적으로 규정했기 때문에 9·11테러까지 연결된 것이다. 그래서 9·11 테러가 빈 라덴과 CIA와의 합작품이라는 것은 음모설이다.

(4) WCC에 대해서도 왜곡되어 있다

그동안 WCC는 복음과 진보라는 신학적인 틀에서 논의되어 왔다. 그러나 요즘은 복음과 진보라는 말은 거의 없어지고 '세계종교통합'이라는 신종어로 통한다. 이것은 종말론자들이 WCC를 신세계질서와 연결시키며 일어난 현상이다. 종말론자들은 현재로는 세계종교를 통합할 기구는 WCC 밖에 없는 것으로 보기 때문에 이런 수작을 부리고 있다. 그렇다면 과연 WCC가 세계종교를 통합할 능력을 지니고 있는가? 어림도 없는 말로써 종말론자들의 상상에서 나온 일종의 세계종교통합기구이다. WCC는 예나 지금이나 복음과 진보(개혁)라는 신학의 영역에서 보아야 한다. 약 30년 이상 교단은 물론이거니와 강단까지 교류를 금했던 한국 장로교의 양대 교단인 예장 합동과 통합 총회장 출신 어른들이 1959년에 분열한 후 55년 만에 처음으로 만나 예배를 드리고 상호 협력과 교류 방안을 논의했다. 한 뿌리에서 출발한 합동과 통합은 세계교회협의회(WCC) 가입 등에 대한 견해 차이로 인해 갈라진 뒤 각자의 길을 걸었다. 이후 두 교단은 국내 1, 2 최고의 장로교단으로 성장했지만 그동안 서로는 만나지 못했다. 양 교단의 대표 원로회 목회자들이 한자리에 모인 것은 세계 종교를 통합하기 위한 것이 아니라 비록 늦었지만 나눠져 있던 마음을 하나로 모아 분열의 아픔을 치유하자는 열망에서였

▲ 55년 만에 만난 합동, 통합 증경총회장들

다.[37] 합동측 서기행 목사는 "기도회는 WCC나 한기총이나 NCCK 나 한교연이나 한장총이나 전혀 관계없이 열리는 것"이라며 "통합 과 합동은 정치적으로, 헌법상으로 약간의 차이는 있어도 거의 다 맞기 때문에 순수하게 기도회를 하는 것이 가능하다"고 말했다. 여 기 '통합과 합동은 정치적으로나 헌법상으로 약간의 차이'가 있다 는 말은 바로 복음과 진보라는 신학적 견해를 말하고 있다. 만약 여 기에 확대해석을 한다면 신학을 초월한 다른 의도가 있다.

(5) UN 대해서도 지나치게 왜곡되어 있다

유엔(UN)은 제2차 세계 대전이 종식한 1945년에 세계의 평화와 안전유지, 국제 우호 관계의 증진, 경제적, 사회적, 문화적, 인도적

---

37) 예장 합동–통합 증경총회장들이 한자리에 55년만에 모였다.(국민일보 '미션라이프', 2014.7.1, 25면)

문제에 관한 국제 협력을 목적으로 창설된 국제기구이다. 그런데 종말론자들은 유엔을 프리메이슨의 본부처럼 말하고 있으나 이것은 종말자들의 농락에 불과하다.

4) 조지 오웰의 소설 1984년

조지 오웰[38](George Orwell, 1903-1950년)의 「1984」는 빅 브라더로 대변되는 독재 권력의 억압과 횡포를 통해 전체주의의 위험성을 경고한 1949년에 쓴 미래 소설이었다. 1949년 이 소설이 출간될 당시는 전체주의에 대한 공포가 널리 퍼져 있었다. 독일의 나치즘이 어제 일처럼 생생한 데다 소련과 중국이라는 새로운 복병까지 등하자 전체주의는 서방 세계의 정치적 의식의 최대 관심사로 떠올랐다. 따라서 통치자 빅 브라더(소설 속에 감시자)에게 억압되는 암울한 현실, 전체주의 속에 국민을 가두기 위해 항상 전쟁 상태를 유지하는 빅 브라더, 개인적인 숭배, 그리고 철저한 개인 생활 감시, 사상 통제를 목적으로 한 언어의 간략화, 역사의 날조까지 모든 지배기구가 내포하는 위험성이 미래소설의 형태로 제시된 이 소설이 나왔을 때 독자들은 그저 상상만 했던 일들을 눈앞에서 목격하는 것 같아 섬뜩한 느낌을 지울 수 없었다.

이처럼 종말론자들은 조지 오웰의 '1984년'에서 세계단일정부를 꿈꾸었던 빅 브라더를 프리메이슨으로 착각한 것이다. 소설 같은 이야기를 현실로 등극시키고자 하는 또 다른 소설들이(조지 오웰의 '1984년' 후편 형식으로) 나오고 있는데, 그 첫 번째 소설이 이리유

---

38) 오웰은 필명이며, 본명은 에릭 블레어이다. 인도 벵골에서 영국인 하급 관리의 자녀로 태어났다. 오웰은 모국 영국으로 돌아와 명문 이튼 학교에서 교육을 받았다.

카바 최가 쓴 「그림자 정부」이며, 두 번째 작품은 종말론으로 전환하여 데이비드 차가 쓴 「마지막 신호」이다. 양자는 책 이름만 다를 뿐, 1달러 속에 세계 정복이 들어 있다는(성경의 종말이 아닌) 내용들로 가득찬 소설 같은 종말론 이야기들이다.

5. 프리메이슨과 종말론에 대한 비평

지금까지 살펴본 것 같이 프리메이슨의 역사와 조직 그리고 그들의 활동은 짙은 안개 속과 같았다. 그래서 종말론자들은 프리메이슨은 비밀 조직이며, 그림자 정부라고 당당하게 말한다. 그러나 종말론자들이 만든 메이슨에 대해 실제적으로 알아보려고 하면, 중세 석공들의 회합에서 비롯되어 비밀리에 발전했다는 식의 설명만 있을 뿐, 정작 실체를 알 수 있는 정보는 거의 없다. 그림자 정부의 실체뿐만 아니라 정부를 움직이고 있다는 멤버들도 마찬가지이다. 세계적으로 유명한 정치인들(특히 역대 미국 대통령)과 목사들(한국의 일부 목사들), 역사적으로 유명 인사들(교황이나 황제)들은 메이슨에 몇 위급(33도급) 회원이라는 식의 충격적 폭로가 난무할 뿐, 어떤 절차를 거쳐 그들이 프리메이슨의 회원이 되었는가? 그 사실을 입증할 만한 증거는 찾아볼 수 없다. 이렇다 보니 메이슨의 폭로는 막연한 모함처럼 보일 뿐이며, 메이슨은 점점 베일에 가려지면서 존재 자체가 더 궁금해지고 있다. 여기에 흥취를 느껴 동조하는 세력이 더해지면서 프리메이슨은 확고한 종말론에 이슈가 되어 교회까지 들어오게 되었다 그러나 이것은 비성경적이요 잘못된 종말론이다.

반면에 그 베일에 가려진 막연함이 싹이 나기 시작하여 음모론까지 발전하게 된 것이 오늘날 종말을 주도하는 메이슨이다. 필자는 메이슨이 종말을 주도할 능력과 성경적 근거를 가지고 있는가를 전제하면서 비평에 임하려고 한다.

종말론자들에 의하면 프리메이슨은 '신세계질서(New World Order)'라는 거대한 야망을 품고 세계정부, 곧 세계통합공화국을 실현하는 그림자 정부를 말한다. 신세계질서란 국가 사이에 국경이 사라져 관세와 비자가 면제되고, 경제 활동의 가장 근본이 되는 화폐는 하나로 통일이 된다. 뿐만 아니라 전쟁이나 분쟁도 없어져 천국 같은 세상이 되리라 기대하고 있지만, 실상은 경제주권을 국제기구에 넘기고 군사주권과 정부권력을 세계정부로 이양하게 된다. 곧바로 세계 모든 나라에 가혹한 폭정이 실시되어 사유재산은 몰수되고, 종교는 통제를 받으며, 몸에는 전자(베리)칩을 삽입하여 사생활은 물론 정신계까지 감시당하는 시대를 말한다. 이런 나라가 먼 훗날에 도래하는 것이 아니라 곧 우리 앞에 실현될 나라이다.

종말론자들이 말한 이런 세상이 현실 속에 곧 도래한다면, 하나님의 자녀로 일컬어진 천국의 백성들은 어떻게 대처해야 할까? 이 무서운 절망 앞에 우리는 어떤 신앙의 자세를 견지해야 하며, 그럼에도 불구하고 당당하게 살아갈 수 있는 길은 없을까? 참으로 많은 것을 생각하게 하는 무서운 종말론적인 이야기가 아닐 수 없다. 그럼에도 불구하고 분명한 것은 프리메이슨(그림자 정부)의 핵심 멤버로 알려진 일루미나티가 아무리 비밀조직이라고 해도 세계통합공화국을 주도할 정치적, 경제적, 종교적 능력이나 리더십을 가진 단체는 아니다.

종말론자들은 프리메이슨의 정체를 밝히고 있으나 오리무중이며 적잖은 문제점을 안고 있다. 마치 마야의 종말론자들처럼 베리칩 종말론자들도 자기 멋대로 해석하며, 세상의 모든 징조들을 성경의 종말론으로 몰아가고 있다.

1) 종말론의 연구 방법은 이단들과 흡사하다

종말 론자들도 이단들처럼 목표(주제)를 먼저 임의대로 설정해 놓고 연구에 몰두하고 있다는 점에서 양자는 흡사하다. 안식교는 구약 토요 안식일을 목표를 설정해 놓고 성경에 나온 토요 안식일로 성경을 풀어간다. 이단에 대해 잘 모르는 성도들은 성경에 나온 말씀이기 때문에 진리로 착각하여 넘어간다. 그러나 간혹 안식교 교인들을 만나 안식일을 잊어버리고 없애 버리겠다는 선지자들의 예언을 말하면 놀란 표정을 하며, 그런 말씀이 성경 어디에 있느냐고 반문한다.[39]

구원파는 무 회개라는 주제를 설정해 놓고 회개의 불필요성을 가르친다. 예수님이 우리의 과거와 현재와 미래의 죄를 십자가에서 도말하셨기 때문에 회개하지 않아도 된다는 것이다. 이것은 지극히 성경적인 것처럼 보이나 많은 문제점을 안고 있다. 왜냐하면 사람은 죄를 짓기만 하면 십자가는 죄를 자동적으로 척척 해결해 주기 때문

---

39) 예레미야 애가 2:6; 호세아 2:11 등은 다른 절기와 마찬가지로 안식일도 폐할 것을 예언하고 있다.

이다. 물론 예수님의 십자가는 인간의 죄를 시대와 장소를 초월해서 해결해 주신 것은 사실이나 구원파의 교리처럼 십자가 사건을 무회개로 보면 십자가의 보혈을 모독하는 것이다.

안식교와 구원파는 완전히 다른 복음이지만 한 가지 공통점이 있다. 양자는 자기들의 교리를 위해 성경을 도구화 하고 있다. 이와 마찬가지로 종말론자들도 '프리메이슨과 종말' 이라는 목표를 설정해 놓고 세계에서 일어나고 있는 사건들을 '프리메이슨' 으로 접목시킨다. 구원파의 무회개의 교리에서 보았듯이 한편으로는 성경적인 것 같지만 다른 한편으로 비성경적이듯 종말론자들의 연구 방법은 이처럼 이단들과 흡사하다.

2) 종말의 때는 모든 민족이 하나가 될 수 없다

종말론자들은 마지막 때에는 신세계질서가 확립되므로 세계통합공화국이 실현될 것으로 본다. 그러나 성경은 오히려 반대로 말한다. 예수님은 제자들에게 종말에 관한 질문을 받고 민족이 민족을, 나라가 나라를 대적할 것으로 답하셨다(마 24:7). 종말론자들이 말하는 신세계질서는 예수님의 예언의 말씀과도 불일치하는 허무맹랑한 헛소리에 불과하다. 그러므로 세계통합공화국을 만든다는 메이슨은 잘못된 종말론이다.

3) 프리메이슨은 성경의 종말을 혼동케 하고 있다

프리메이슨과 666 베리칩이 아무리 많은 사람들에게 설득력과 영향을 준다 하더라도 성경의 종말과 일치하지 않는다면 혼란이 올 수밖에 없다. 따라서 메이슨과 베리칩은 성경적인 종말의 징조가 아니어서 혼란을 초래하고 있다.

첫 번째는 소문으로 인한 혼란이다. 지금 유행하는 메이슨(베리칩)은 소문에서 소문으로 전해지고 있지만 성경의 근거는 물론 세상의 근거 역시 역부족이다. 종말의 소문은 근래에만 있었던 것이 아니라 초대교회 시대부터 있어 왔다. 그래서 예수님은 "난리와 난리 소문을 듣겠으나 너희는 삼가 두려워 말라 이런 일이 있어야 하되 끝은 아직 아니라"고 말씀하셨다(마 24:6). 여기서 주목할 것은 '듣겠으나'가 미래 시제이다. 소문은 제자들 당대에만 들리는 것이 아니라 후대(예수님의 재림)까지이다. 그래서 종말의 소문은 시대마다 들려왔으며, 지금도 들려오고 있다. 다음은 '이런 일이 있어야 하되 끝은 아직 아니라' 여기 '이런 일'은 종말의 (진짜)소문을 말하며, '끝이 아직 아니라'는 것은 마지막 종말의 때가 지금은 아니라는 것이다. 그렇다면 예수님이 말씀하신 의도는 '초림과 재림 사이에 잘못된 종말의 소문이 많기 때문에 주의하라'는 교훈이다.

두 번째는 교회적인 혼란이다. 성경의 종말은 반드시 교회에서 먼저 선포되어야 한다. 그런데 메이슨과 베리칩의 종말은 교회 밖에서 안으로 들어왔다. 그래서 메이슨의 종말론은 교회에서 일치를 보지 못하고 있어 혼란만 조성되고 있다. 그러므로 메이슨과 베리칩의 종말론은 교회적으로 일치를 볼 수도 없는 비성경적인 종말론이다.

세 번째는 종말의 시기에 대한 혼란이다. 종말은 아무 때나 준비한 것이 아니다. 왜냐하면 종말의 시기는 예수님의 재림과 연관성이 있기 때문이다. 종말의 시작은 정확하게 알 수 없지만 예수님의 재림과 그리 먼 날은 아니다. 그런데 지금 종말론자들은 애매한 태도를 취한다. 임박한 종말을 말하고 있는 것 같지만 아니며, 그렇다고 임박한 종말론 사상이 아니라고도 할 수 없다. 베리칩이 666표라면 예수님이 금세 재림(최소한 3년 이내)해야 하며, 반면에 예수님이 금세 재림하지 않으면 베리칩은 666표가 될 수 없기 때문에 이처럼 어정쩡한 태도를 보인다. 그러므로 메이슨과 베리칩 종말론은 사이비성이 농후한 유언비어이다. 따라서 메이슨과 베리칩은 잘못된 종말의 소문으로서 성경의 종말론을 혼동케 한다.

메이슨과 베리칩은 소문으로 교회를 혼동하게 할 뿐만 아니라 시기적으로도 혼란을 주는 종말론이다.

4) 최초로 종말을 주창한 사람들은 비신학자들이었다

여기 '비신학자'라는 것은 학위가 없는 신학자가 아니라 신학교에 입문하여 신학을 하지 않았다는 것을 말한다. 그 대표적인 사람이 「마지막 신호」의 저자인 데이비드 차이다. 종말은 성경과 신학에서 가장 민감하면서도 중요한 위치에 있다. 그래서 신학에 가장 중심인 교의신학은 '종말론'을 독립된 위치에 두고 있다.

제자들에게 마지막 징조에 대해 질문을 받은 예수님은 "그 날과 그 때는 아무도 모르나니 하늘의 천사들도, 아들도 모르고 오직 아버지만 아신다."고 대답하셨다. 종말은 오직 하나님만 알고 계실 만큼 아주 민감하다는 것을 교훈해 준 말씀이다. 이렇듯 민감한 성경의 종말을 신학을 하지 않은 비신학자들이 책까지 출판하고 있다.

우리가 살고 있는 21세기는 전문성을 요구하는 시대이다. 아무리 작은 기업체라도 전문성이 떨어지면 도태될 수밖에 없는 것이 오늘의 현실이다. 철학자는 인생에 대해 논할 수는 있으나 의사처럼 병은 고칠 수 없다. 심지어는 같은 의사라도 눈은 안과 의사가, 귀나 코는 이비인후과 의사가, 치아는 치과 의사가 치료한다. 눈, 귀, 코, 치아는 위치상으로 거기서 거기다. 그러나 치료하는 의사가 다른 것은 각자의 전문성 때문이다. 신학도 마찬가지로 전문성이 요구된다. 신학도 이제는 분야가 넓어져 100여 가지가 넘는 전문 과목이 있다. 사복음서 안에서도 마태복음을 전공한 학자가 있듯이 다른 성경도 각각 전공한 학자가 있다. 그래서 신학도 전문성이 절실히 요구되고 있는데 전문성이 없는 비신학자가 종말론을 논하는 것 자체부터가 문제이다.

5) 종말론자들은 사단의 장단에 춤을 춰주고 있다

한국 교계는 베리칩으로 인한 혼란에서 갈피를 못 잡고 있다. 하나님은 이스라엘 백성들이 불순종했을 때 징계는 하셨지만 혼란케 하지는 않으셨다. 우리는 하나님을 질서의 하나님이라고 말한다. 필자가 그동안 알고 믿었던 하나님, 선교지에서 창조주 되심부터 종말을 주도하실 분으로 가르쳤던 질서의 하나님은 자기 자녀들에게 베리칩으로 혼란을 주실 분이 아님을 확신한다. 반면에 혼란의 대명사 격은 사단이다. 실상은 사단도 하나님의 허락 없이 종말을 준비하여 진행할 권한이 없다. 예수님의 말씀처럼 사단이 종말을 아무 때나

무턱대고 준비하는 것이 아니다. 베리칩으로 사람을 죽이고 살리는 일을 하나님이 이미 허락했다고 생각한 사람은 아마 종말론자들 뿐이다. 이처럼 혼란스런 베리칩을 전하는 종말론자들은 사단의 장단에 춤을 춰주고 있다.

6) 프리메이슨의 종말론은 비현실적이다

가톨릭의 분파들이 존재하는 이유나 목표는 기독교를 타파하는 것이다. 결코 세계정부수립이 아니다. 설사 신세계질서가 저들의 목표라고 해도 실현 가능성은 0.01%도 안 되는 비현실적이다. 세계 정치는 하나로 가는 추세가 아니라 오히려 세분화되어 가는 추세이다. 공산권이 무너지면서 러시아는 중앙아시아 권역으로 넓혀졌다. 세계 각지에 흩어져 있는 소수 민족들의 독립 운동도 하나가 아니라 나누어지는 현상이다.

근대시대의 메이슨은 1700년대에 시작되었다. 그동안 독재자와 공산주의도 출현했으며, 제국주의를 꿈꾸는 제왕들도 나타나 1·2차 세계 전쟁도 치러야만 했다. 그러나 누구도 세계를 재패하지 못했다. 그동안 세계는 교육과 과학의 발달로 상상을 초월할 정도로 문명해 졌다. 반면에 군사적으로는 서로 균형을 이루어 가고 있다. 이제 독재자가 정치, 사상, 군사적으로 세계공화국을 건설한다는 것은 시기적으로도 불가능한 망상이다.

종말론자들이 말하는 세계통합공화국은 최소한 19세기 이전이나 늦어도 20세기에 이루어졌어야 한다. 시기적으로 21세기에는 이런 꿈을 펼치기에는 너무 늦었다. 역사적으로 바벨론, 앗수르, 로마 제국 등이 나타나 정치와 군사적으로 세계통합공화국을 건설하려고 했지만 머지 않아 역사 속으로 사라졌다. 20세기 현대판 악의 축이라고 불릴 수 있는 일본, 독일, 구 소련, 중국 등이 등장하여 전쟁과 사상으로 세계를 제패하려고 했지만 역시 다들 무너지고 말았다. 이런 맥락에서 세계통합공화국은 21세기 현 시점에서 보면 더욱 희박하다. 그러므로 종말론자들이 말하는 '신세계질서'는 짧게는 21세기 안에, 길게는 몇 세기 동안은 이루어질 수 없는 미지의 세계이다. 그런데 종말론자들은 메이슨과 베리칩을 성경의 종말과 연결시키려고 너무 집착한 나머지 오히려 잘못된 종말론을 생산하는 우스운 꼴이 되고 말았다.

배재대학교 안신 교수는 미국에서 유학할 때 프리메이슨의 체험담을 다음과 같이 소개하고 있다. "필자는 2003년부터 2004년까지 미국 코네티컷 주 웰링포드 시에 위치에 있는 프리메이슨 재단이 운영하는 병원(Masonicare Health Center)에서 상담과 호스피스로 1년간 임상목회(사목)교육 1단계 450시간 교육을 받았다. 당시 지도감독은 프리메이슨이며 남침례교 목사였던 클리(Ray Cooley)였고, 동료 학생들은 필자를 포함하여 가톨릭 평신도 백인여성, 자유교회 목사 백인 남성으로 구성되어 있었다."[40]

안신 교수가 체험한 프리메이슨은 결코 그림자 정부를 꿈꾸는 자들이 아니다. 이들이 종말론자들이 말하는 것처럼 종말을 주도할 세력이라면(1717년에 영국에 총지부가 설립된 기점으로) 약 300년이 지난 지금쯤은 실체가 있어야 한다. 그러나 메이슨은 오히려 300년

---

40) 안신, '한국프리메이슨의 역사와 특징', 배재대학교(신종교연구논문, 23집, 2010년), p. 118(각주 4번)

전보다는 지금이 더 쇠퇴하면 했지 더 진보된 것은 없다. 대신에 음모론은 더 난무하여 마치 실존하는 그림자 정부처럼 되어 있다. 이것이야말로 프리메이슨의 비현실적인 실체이다.

7) 프리메이슨은 역사 신학에도 없다

프리메이슨은 종교성은 지니고 있지만 기독교는 아니다. 물론 유대인이 주도하고 있다고 해서 유대교의 분파로 보는 사람도 있다. 그러나 메이슨이 마지막 종말을 주도하는 세력으로 등장하면서 마치 기독교적 이단(異端)으로 보는 것이 대세다. 그러나 이단은 성경과 기독교를 모토로 했을 때 이단이다. 예컨대 불교나 도교는 이단이 아니라 이교(異敎)이다. 이처럼 다양성을 지닌 메이슨은 역사 신학에서 다루어야 할 주제이다. 십자군 전쟁, 예수회, 일루미나티 등은 다루고 있지만, 이들이 프리메이슨이며, 앞으로 다가올 종말을 주도할 세력이라는 말을 신학에서 한 번도 들어본 적이 없다. 역사 신학에서 메이슨을 다루지 않는다는 것은 메이슨이 종말을 주도할 세력은 아니라는 반증이다. 그리고 메이슨은 역사(신)학자가 쓴 논문하나 없다. 필자가 논문을 전문적을 취급하고 있는 사이트에 들어가 확인해 보았지만 역시 없었다.[41] 반면에 석사논문과 신종교연구 논문 두 개만 검색되었다. 전자는 종말론들의 루머를 받아드리면서 칼빈주의로 수호하자는 요지의 논문이며, 반면에 후자는 종말론들의 루머를 불식시키면서 역사적인 순수한 프리메이슨을 다루고 있다. 현 시점에서 만약에 역사학자가 메이슨에 대한 논문을 쓰더라도

---

41) 국회전자도서관(http://dl.nanet.go.kr), RISS(학술연구정보서비스, http://www.riss.kr), 국립중앙도서관(http://www.nl.go.kr), DBpia(디비피아, http://www.dbpia.co.kr), 무료논문검색사이트(http://www.ingcopy.com)

종말론자들처럼 메이슨이 그림자 정부의 핵심 멤버로 마지막 종말을 주도할 세력으로 보는 정신 나간 역사 신학자는 없을 것이다.

제2장
666 베리칩과 종말론

　지금까지 프리메이슨과 종말론에 대해 논하였다. 이제부터는 두 번째 주제인 베리칩과 종말론에 대해 논하게 된다. 그동안 제기해 왔던 많은 기독교 종말론 중에 시기적으로나 형태적으로나 메이슨과 베리칩이 가장 이슈가 되고 있다. 이제 바코드는 물 건너가서 끼어들 수 없다. 서두에서 말한 것처럼 몇 세기 동안에 기독교 종말론도 세상의 종말론 못지않게 상당하게 유행을 타 왔는데, 지금 유행하고 있는 베리칩만큼 그럴싸하게 제시된 종말론은 없었던 같다.

　2012년 종말론도 처음에는 마야의 종말론자들이 자기끼리 했던 이야기 수준이었다. 그런데 어느 날 '2012년'이라는 영화로 미국의 헐리우드의 스크린의 바람을 타더니 갑자기 세계적인 이슈가 되어 버렸다. 이 영화는 마야의 종말론자들에게는 더없이 좋은 일이 아닐 수 없었다. 여기에다 일부 과학자들이 동조를 함으로써 2012년 12월 21일 종말은 기정사실화가 되어 버린 것이다. 그리고 종말의 소문은 꼬리에 꼬리를 달고 전 세계적으로 퍼져나갔다.

666 베리칩의 종말론도 이와 흡사한 길을 걷고 있다. 666 베리칩도 처음에는 종말에 대해 관심 있는 사람들의 이야기로 시작하였다. 그러다가 '프 • 연 • 모'라는 단체가 등장하기 시작했고, 나중에는 이와 흡사한 종말론을 다루는 포털사이트(portal site)들이 우후죽순처럼 나오기 시작하면서 인터넷의 바람을 타더니 666 베리칩은 세계적인 이목을 끌기 시작했다. 여기에다 일부 목회자들이 동조를 하면서 베리칩은 666표처럼 기정사실화가 되어버렸다. 그리고 666 베리칩의 소문은 꼬리 정도가 아니라 날개를 달고 세계로 퍼져 나가고 있지만 몇몇 안 되는 한인 교회에 국한하고 있기 때문에 천만 다행이다. 그래서 베리칩 종말론자들의 성향이나 연구방법은 이단들과 비슷하며, 세상의 종말론자들과 흡사한 공통분모를 가지고 있다. 메이슨에도 진실과 허구가 공존하고 있듯이 베리칩에도 진실과 허구가 공존한다.

이번 단락에서는 두 가지 주제를 중점적으로 다루게 된다. 첫째는 666 베리칩의 진실성과 허구성의 문제이며, 둘째는 계시록을 중심으로 베리칩은 666표로써 성경적인 마지막 종말의 징조인가?를 알아보는 것이다.

베리칩의 진실성은 베리칩의 허구성과 맞물려 있다. 이 둘은 백과 흑 같은 것이다. 이 둘 사이에는 연옥설과 같은 중간 지대는 없다. 진실이 아니면 거짓, 이 둘 중에 하나이다. 진실성은 베리칩에 대한 일반적인 이해와 666과 연관이 있기 때문에 계시록을 중심으로 다루게 되며, 허구성은 베리칩 종말론자들과 연관이 있기 때문에 그들이 주장하는 사상을 중심으로 다루게 된다.

一. 666표와 종말론

보편적으로 베리칩의 종말론에 빠져 드는 사람은 다음과 같은 네 가지 단계(현상을)를 거치게 된다. 첫 번째 현상은 '666 베리칩에 대한 공포' 이다. 처음에 베리칩에 대한 이야기를 들으면 불안을 느끼게 된다. 성경에 나온 666표가 내 몸에 곧 들어온다는 말을 들으면 불안을 안 느낄 사람이 없을 것이다. 이때부터 지대한 관심을 가지면서 당장 인터넷 검색창이나 소개받은 전문 카페에 들어가서 베리칩에 관해 이것저것 확인해 본다. 두 번째 단계는 베리칩을 자신이 직접 확인하면서 단순한 공포의 단계를 넘어서 공포심이 마음에까지 자리잡게 된다. 세 번째 단계는 베리칩이 666표라는 사실을 여과 없이 받아들이게 된다. 그리고 옆에서 누가 666 베리칩에 대한 이야기만 해도 솔깃해져서 자신도 모르게 대화에 끼어들게 된다. 그리고 서슴없이 베리칩이 666표라는 사실에 동조하게 된다. 이쯤 되면 공포심의 단계를 넘어서 베리칩의 정체를 알았다는 지적 수준으로 전환하게 된다. 네 번째 단계는 666 베리칩에 대한 소문을 적극적으로 전파하는 선구자로 전락한다. 이때부터 자기도 모르게 666 베리칩의 종말론자가 다 되어 있다.

이것이 666 베리칩 유혹에 빠져드는 전형적인 네 단계 현상이다. 물론 666 베리칩을 처음으로 접한 모든 사람들이 이러한 현상으로 갔다거나 간다는 말은 아니다. 지금 666 베리칩 종말론에 빠져 있는 대부분 사람들은 이러한 전형적인 네 단계 현상을 거쳐서 종말론에 빠져 들었음을 말한다.

1. 계시록에 나온 666 표의 정체

본 논제는 666표에 대한 진실이다. 666표의 진실은 누가 뭐라고 해도 계시록 13장에 나온 종말의 현상이 예언대로 세상에 실현될 때이다. 그러므로 그 이전에는 666표와 관련된 어떠한 징조나 현상을 가지고 666표라고 말할 수 없다. 그러나 작금의 현실은 마치 적그리스도가 출현하여 666표가 통용되고 있는 것처럼 소문내고 있기 때문에 종말의 이슈가 되어 666표에 대한 진실 공방이 대두되고 있다.

사도 요한은 계시록 13장을 시작으로 짐승의 수(666)와 관련된 짐승의 표를 아홉 번 언급하고 있다.[42] 그래서 본 단락에서는 사도 요한이 기록하고 있는 짐승의 표를 중심으로 고찰하려고 한다.

1)계시록 13장과 짐승의 표

베리칩 종말론자들은 세대주의자들의 영향을 받아 계시록의 가장 큰 특징으로 나타나 있는 상징성을 거부하고 대부분 문자적으로 받아들여 해석하고 있다. 666이라는 숫자도 예외는 아니다. 이들이 666을 문자적으로 받아들이는 당위성은 이렇다. '종말이 실제적이지 어떻게 상징이 될 수 있느냐'는 것이다. 이러한 논리는 단순하게 생각하면 지극히 당연한 것 같지만 실상은 하나는 알고 둘은 모르는 것이다. 마치 지구는 가만히 있는데 태양이 동쪽에서 떠서 서쪽으로 지는 것처럼 말이다.

---

42) 계 13:16~18; 14:9, 11; 15:2; 16:2; 19:20; 20:4 등(9회)

계시록의 상징성에서 자세하게 다루겠지만, 종말은 문자적이냐 상징적이냐는 것보다는 실상은 시기가 더 관건이다. 그런데 세대주의자들이나 베리칩 종말론자들은 문자성과 상징성에 가장 근간이 되는 원리에 대해 너무 모르고 있다.

계시록에 나타난 짐승의 이름과 그의 수 혹은 짐승의 표(666)는 유일하게 계시록에만 나오는데 13장에 처음으로 등장하여 20장에서 끝난다.

계시록 13장은 두 마리 짐승에 관한 환상이다. 1-10절까지는 첫 번째 짐승이 세상에 출현한 내용이며, 11-18절까지는 두 번째 짐승이 출현한 내용이다. 그래서 계시록 13장은 보편적으로 두 부분으로 구분한다. 그러나 666의 핵심은 16-18절이기 때문에 세 부분으로 나누어 살펴볼 것이다. 반면에 첫 번째 짐승은 666표와 직접적인 연관이 없기 때문에 생략하고 두 부분만 살펴보려고 한다.

(1) 두 번째 짐승의 출현(계 13:11-15)

첫째 짐승은 바다에서 올라오는데 둘째 짐승은 땅에서 나타난다. 이것이 첫째 짐승과 다르다. 그 외에 외형적인 모습은 특별한 언급이 없다. 이것은 둘째 짐승은 첫째 짐승에게 종속되어 있기 때문이다. 그럼에도 몇 가지 특징을 가지고 나타난다.

① **둘째 짐승의 특징.** 첫 번째 특징은 짐승이 어린 양같이 나타난다. 여기 어린 양 같다는 말은 '예수'와 닮아서 똑같다는 것이다. 둘째 짐승이 왜 어린 양인 그리스도처럼 나타날까? 이것은 우리의

최대의 관심사이다. 둘째 짐승의 출현은 사단의 최대의 술수라 할 수 있는 '모방' 곧 '흉내'를 내며 나타난다. 다시 말해서 짝퉁에 불과한 것으로 모방한 것 외에는 다른 것으로는 설명할 수 없다. 그러나 아무리 사단이 어린 양으로 모방한다고 해도 사단은 사단이며, 가짜이며 진짜일 수 없다. 이와 마찬가지로 베리칩을 666표라고 아무리 우겨도 베리칩은 베리칩이며, 가짜이며 진짜일 수 없다.

두 번째 특징은 짐승이 '용처럼 말하는 것'이다. 여기 '용처럼 말하는 것'은 둘째 짐승의 실체를 보여 주는 것으로서 사람들을 설득할 수 있는 지혜의 말과 술수로 짐승의 표를 받도록 유혹하는 것이다. 마치 에덴동산에서 뱀(사단)이 하와를 유혹할 때 했던 말과 같다. 뱀(사단)은 자기의 지혜를 가지고 하와를 미혹하는데 성공했다. 그 기세로 예수님의 초림은 물론 재림까지 같은 술책과 궤계를 계속 쓰고 있다. 사단은 이처럼 고도의 지혜의 말과 술수로 마지막 때를 살아가는 그리스도인들을 유혹할 것이다. 그러므로 말씀 안에서 깨어 있는 그리스도인들은 외부적인 핍박에 인내할 준비를 해야 하며, 거짓 교사들의 잘못된 종말의 가르침으로 교회 내부적인 동요가 없어야 한다. 사도 요한은 짐승이 어린 양으로 모방하여 나타나서 종말을 잘못 가르치며, 유혹하며 소문내는 거짓 교사들을 상징적으로 본 것이다. 마치 오늘날 베리칩을 666표라고 잘못 가르치는 교사들을 2000년 전에 이미 환상으로 본 것이다.

세 번째 특징은 '하늘에서 불을 내리게 하는 능력'이다. 이 말은 오늘날 최고의 사망률을 가지고 있는 암을 고칠 정도가 아니라 하늘에서 불을 내릴 수 있는 능력을 말한다. 우리는 엘리야 선지자가 하늘에서 불을 내리게 했던 사건을 기억하고 있다(왕상 18장). 엘리야 선지자와 바알(아세라) 선지자 850명이 갈멜산에서 자기 신에게 기도(요청)하여 하늘에서 불을 내리도록 대결했던 소위 '갈멜산 사건'이다. 바알의 선지자들은 오전 내내 바알의 이름을 부르며 불을 내려달라고 애걸복걸하며 미친 듯이 이리저리 뛰며 간청을 해보았지만, 불은커녕 불빛 하나 깜박이는 현상도 없었다. 오전뿐만 아니라 저녁때까지 동일한 방법으로 계속했지만 결국 불을 내리지 못하고 실패했다. 그러나 엘리야 선지자는 여호와의 이름을 두세 번도 아닌 한 번 불러서 하늘에서 불을 내리게 했다. 결국 1:850 대결에서 엘리야 선지자의 대승(완승)으로 싱겁게 끝난 영적 결투였다.

이처럼 둘째 짐승은 하늘에서 불을 내릴 수 있는 '능력'과 하나님의 '보좌'를 모방한 '권세'를 가지고 만국을 다스릴 것을 암시한다(계 13:2). 짐승은 이 세 가지로 세상에서 판을 칠 것이다.

② **둘째 짐승의 임무.** 둘째 짐승의 주된 임무는 첫 번째 짐승(용)에게 숭배하도록 모방의 술책과 능력을 보이면서 많은 사람들로 하여금 그에게 무릎을 꿇게 하는 것과 그 증표로 666 짐승의 표를 주는 일이다(계 13:8, 12-15). 지금 종말론자들이 소문내고 있는 베리칩은 짐승이 어린 양으로 모방된 것처럼, 베리칩이 666표로 모방되어 소문의 날개를 달고 떠돌고 있다. 용이 자신의 권세를 바다의 짐승에게 준 것처럼(4절), 땅에서 올라온 짐승은 바다에서 올라온 첫 번째 짐승으로부터 권세를 부여 받는다. 여기 둘째 짐승은 주먹 세계에서 행동대원들을 주도하는 두목 급이다.[43] 이처럼 둘째 짐승

---

43) 두 번째 짐승의 행동에 대해 직간접적인 표현이 다섯 번 나오는데 직접적인 표현이 세 번(계 13:12,13,14), 간접적인 표현이 두 번(계 13:15, 16)이다.

이 주로 하는 일은 첫째 짐승을 대신하여 그의 모든 권세를 행사하여 용(적그리스도)에게 경배하도록 돕는 것이 주 임무이다.[44]

두 번째 짐승이 출현함으로써 사단의 세력은 하늘의 용, 바다의 짐승, 땅의 짐승 세 체제가 된다. 용과 두 짐승은 세상에서 통치하는 왕의 권세를 가지고 교회를 핍박할 뿐만 아니라 양의 탈을 쓰고 거짓 교리와 이단 사설로 사람들로 하여금 인본주의에 몰두하도록 하여 교회를 타락시키는 존재임을 상징적으로 보여 준다(계 16:13; 19:20; 20:10). 그래서 사단은 마지막까지 완벽할 정도로 모방하고 또 모방하여 어린양뿐만 아니라 자기가 하나님이라고 까지 말한다(살후 2:24; 계 13:2). 모방품은 진품보다 더 진품처럼 보여 사람들이 쉽게 속는다. 이것은 마치 종말론자들이 종말의 탈을 쓰고 베리칩을 가지고 666표라고 종말의 소문을 내고 있는 것과 전혀 다를 바가 없다.

(2) 짐승의 수 666(계 13:16-18)

"그가 모든 자 곧 작은 자나 큰 자나 부자나 빈궁한 자나 자유한 자나 종들로 그 오른손에나 이마에 표를 받게 하고 누구든지 이 표를 가진 자 외에는 매매를 못하게 하니 이 표는 곧 짐승의 이름이나 그 이름의 수라. 지혜가 여기 있으니 총명 있는 자는 그 짐승의 수를 세어 보라 그 수는 사람의 수니 육백 육십 육이니라."

본 절은 666표에 대한 핵심 구절로서 둘째 짐승이 종말에 마지막

---

44) 내가 속히 오리라, 이필찬 저, (이레서원, 2014. 4. 30), pp. 586-587

수단으로 666표를 활용할 것을 본 환상이다. 요한의 의도와 전혀 상관없이 말도 많고 탈도 많은 베리칩 종말론, 2000년 기독교 역사에서 가장 이슈가 되고 있는 666 베리칩은 혼란과 혼동으로 얼룩진 공포의 괴소문으로 떠돌고 있다. 그래서 본 절은 계시록 해석 중에서도 가장 오역되고 있는 것도 주지의 사실이다.

16절의 핵심은 세 가지다. 첫째는 짐승의 표(標)에 대한 최초의 정보이다. 둘째는 짐승의 마지막 임무이며, 셋째는 표를 받을 대상과 위치에 관한 것이다. 여기 '그'는 둘째 짐승을 말하며, '표를 받게 한다'는 말은 그의 마지막 임무로서 하늘에서 불을 내릴 수 있는 능력으로 사단(용)에게 숭배하도록 모방과 술책으로 사람들로 하여금 그에게 무릎을 꿇어 경배하도록 하는 일을 하게 할 것이다(계 13:8, 12, 14, 15). 이 행위야말로 하나님의 영광을 가로채는 것이다.

다음은 표를 받는 대상으로서 전 우주적으로 모든 사람이 해당된다. 그래서 짐승은 모든 사람을 표를 받을 대상으로 삼고 그의 능력과 술책으로 유혹할 것이다. 그러나 모든 사람이 표를 받지 않는다. 왜냐하면 하나님의 인침을 받아 거룩한 백성으로 일컬음을 받은 성도들은 짐승의 표를 받지 않기 때문이다(계 9:4, 13:8, 17:8, 20:15). 우리가 전도하기가 힘들 듯 표를 받지 않을 사람들이 있기 때문에 짐승도 우상의 표를 받게 하는 것 역시 쉽지 않을 것이다.

다음은 표를 받는 위치이다. 짐승의 표를 받는 위치는 사람의 신체 중에서 오른손과 이마 두 군데뿐이다. 오른손과 이마 외에 어떤 다른 곳은 표를 받을 위치가 아니다.

결론적으로 16절은 이와 같이 세 가지가 핵심이다. 그리고 짐승의 표에 대한 최초의 정보이기 때문에 여기에서 어느 정도 표를 볼 수 있는 눈이 있어야 한다. 그렇다고 지금까지 시비적인 양상으로까지 비화(飛火)된 상징적 해석이냐 문자적 해석이냐의 문제는 아니다.

17절 역시 세 가지가 핵심이다. 첫째, 표(標)는 숫자와 관련된 최초의 정보이다. 둘째, 표의 기능으로 표를 받지 못한 사람은 상거래를 할 수 없다. 셋째, 표는 '짐승의 이름이나 사람의 이름의 수'와 연관되어 있다. 그러므로 표가 없으면 생활에 적잖은 불편함이 도래할 것을 예고하고 있다.

결론적으로 17절은 '표의 정체'에 관한 것으로서 표의 주인을 말한다. 그러나 표의 주인은 지금 현재로서는 정확하게 알 수 없다. 물론 18절과 자연스럽게 연결시키면 알 수 있지만 그것도 자세하게 알 수 있는 것이 아니라 희미하게 알 수밖에 없다. 그러나 짐승의 표인 666은 그 주인의 '이름의 수'와 관련되어 있다. 결코 베리칩과 같은 물체와 관련되어 있는 것이 아니다.

18절은 짐승의 표에 대한 총체적 구절로서 몇 가지 중요한 의미를 지니고 있다. 첫째는 요한이 13장에서 본 두 짐승에 대한 결론적 의미이며, 둘째는 짐승의 표는 계시록에서 아홉 번 나오지만 18절은 전체 짐승의 표에 대한 핵심구절이다. 그래서 본 절은 종말론에 있어서 가장 많이 언급되고 있는 구절이지만, 반면에 잘못된 종말론을 유추하고 있다. 셋째는 17절에 처음으로 언급하고 있는 이름의 수는 아무나 셀 수 있는 것이 아니지만 지혜 있는 자는 셀 수 있는 수이다. 네 번째는 짐승과 사람을 대비시키고 있다. 짐승과 베리칩과 같은 물체를 대비시키고 있는 것이 아니다. 마지막으로 다섯 번째는 짐승의 표는 곧 사람의 수는 '육백 육십 육(666)'이라는(17절은 숫자가 없음)숫자에 대한 최초의 정보이다.

결론적으로 18절은 두 가지가 중요한 관건이다. 하나는 짐승과 사람을 대비시키고 있는데 짐승으로 상징되는 사람은 누구인가? 다른 하나는 짐승 곧 사람의 수인 666을 셈(해석)하는 문제이다. 전자는 계시록의 종말의 현장이 임하기 전에는 그 누구도 말할 수 없는 영역이다. 그러나 베리칩 종말론자들은 당당하게 미국이나 로마교황을 지목하고 있으나 난센스이며, 성경의 종말보다 앞서가는 그릇된 종말론의 사상이다. 반면에 후자는 지혜 곧 총명이 있는 자만이 셀 수 있다. 그래서 이 숫자 역시 사도시대 이후 2000년 기독교 역사에서 그 누구도 함부로 셀 수 있는 수가 아니었다. 그러나 종말론자들은 666을 베리칩으로 당당하게 셈하고 있다.

2) 그 밖의 짐승의 표

요한은 자기가 본 짐승의 표에 대한 환상을 다음과 같이 계속 진술하고 하고 있다. 이러한 요한의 진술로 짐승의 표를 더 확실하게 이해할 수 있다.

(1) 요한계시록 14장

"또 다른 천사 곧 셋째가 그 뒤를 따라 큰 음성으로 가로되 만일 누구든지 짐승과 그의 우상에게 경배하고 이마에나 손에 표를 받으면 그도 하나님의 진노의 포도주를 마시리니 그 진노의 잔에 섞인 것이 없이 부은 포도주라 거룩한 천사들 앞과 어린 양 앞에서 불과 유황으로 고난을 받으리니 그 고난의 연기가 세세토록 올라가리로다 짐승과 그의 우상에게 경배하고 그 이름의 표를 받는 자는 누구든지 밤낮 쉼을 얻지 못하리라 하더라." (계 14:9-11)

요한계시록 14장은 천사의 경고의 메시지인데 6절부터 계속되고 있다. 7절은 "하나님을 두려워하며 그에게 영광을 돌려 경배하라"는 것이다. 하나님을 경배할 이유는 진정한 창조주(A, 알파)와 심판 주(Ω, 오메가)가 되시기 때문이다. 반면에 8절에서 다른 천사가 말하고 있는 바벨론의 무너짐 같은 '진노'는 복음을 들었음에도 불구하고 계속해서 짐승과 우상에게 경배하는 자들이 받을 심판에 대해 말하며, 9-11절까지는 짐승의 표를 받는 자들에게 전한 경고이다.

여기 천사의 경고는 두 가지 의미가 있다. 하나는 불신자들이 짐승에게 경배한 경험이 설사 있다하더라도 '영원한 예수복음'을 듣고 믿음으로 돌아와서 회개하면 그들에게도 구원받을 수 있다는 회개를 촉구한 경고이다. 그러므로 666표는 마지막 구원의 기준이나 단계가 아니라는 것이 분명하다. 따라서 종말론자들이 베리칩이 마치 구원의 마지막 수단인 것처럼 호도하는 것은 잘못된 종말론이다. 다른 하나는 끝까지 하나님의 경고를 무시하여 영원한 복음의 부르심을 계속적으로 거부하고 짐승에게 경배하면 '하나님의 진노의 포도주'를 마시게 된다는 최후의 경고이다.[45) 여기 '진노의 포도주'는 불과 유황으로써 영원한 지옥 심판까지 거슬러 올라가는 것을 말한다.[46)

하나님은 영원한 복음과 인내의 믿음을 가진 자기 백성들을 666(베리칩)표로 시험을 통과하면 구원하시는 분이 아니다. 6절부터 시작된 천사의 메시지는 신자보다는 불신자들에게 맞추어져 있다. 그러므로 14장 경고의 주 대상은 불신자들이지 구원받은 하나님의 자녀들이 아니다. 그렇다면 더더구나 단지 의료 서비스와 어린이 유괴와 신변 보호를 목적으로 한 전문용 베리칩을 받았다는 이유만으로 자기 자녀들에게 진노의 포도주를 마시게 하며, 불과 유황으로 고난을 받게 하며 영원히 쉼을 얻지 못하는 지옥으로 보내지 않으신다. 우리는 이 한 가지만 알아도 세상에 떠돌고 있는 '666 베리칩'에 대한 소문과 공포와 혼란으로부터 자유함을 얻을 수 있다.

(2) 요한계시록 15장

"또 내가 보니 불이 섞인 유리 바다 같은 것이 있고 짐승과 그의 우상과 그의 이름의 수를 이기고 벗어난 자들이 유리바다 가에 서서 하나님의 거문고를 가지고"(계 15:2)

본 절은 14장에서 천사가 전한 경고의 메시지를 들은 불신자들이

---

45) 하나님의 진노를 상징하는 '포도주 잔'은 구약성경에서 자주 나타나는 표현이다(욥 21:20; 시 75:8; 사 51:17; 렘 25:15─38).
46) 하나님을 믿지 않고 짐승에게 경배하였던 자들에게 내려질 마지막 심판은 계시록 마지막 부분에서 더 두드러지게 자주 나타난다(계 19:20; 20:10; 21:8). 이것은 짐승과 거짓 선지자들이 받을 형벌이기도 하다(계 20:10, 15; 사 34:9─10; 눅 16:23).

짐승의 표를 아예 받지 않았거나 설사 받았다 하더라도 이제는 우상숭배를 멈추고 회개하여 영원한 복음으로 들어온 자들이 하나님께 찬양하는 장면이다. 여기도 역시 신자들이 아니라 불신자들이 회개하여 하나님의 품으로 돌아오는 것을 본 환상이다. 마치 돌아온 탕자의 모습을 요한이 환상으로 본 것이다. '유리 바다'는 '유리 바다 같은 것'과 '유리 바다' 두 가지로 대별되고 있다. '유리 바다'는 계시록 4장 6절에서 언급된 것으로 하나님 나라의 장엄함과 거룩함을 나타내고 있다. 그러나 본 절의 '유리 바다 같은 것'은 계시록 4장 6절과는 달리 '불이 섞인 변화'를 예고하고 있다. 여기 '불'은 고도의 열을 의미하는 것으로서 정금을 만들어 내려면 섭씨 1000도 이상 가열해야 하는 것처럼, 유리 바다는 순결한 믿음을 가진 자와 함께한다는 상징적 의미이다.

14장은 천사의 복음의 메시지를 듣고 불신자들이 회개하고 돌아와서 다시 태어나는 곧 거듭남의 새로운 모습을 말한다. 반면에 '유리 바다 곁에 서 있는 자'들은 짐승에게 경배하거나 666표를 받지 않기로 처음부터 아예 거절(마치 다니엘의 세 친구처럼)하고 오직 하나님 말씀에 순종하며 신앙으로 살아오다가 짐승에 의해서 죽임을 당한 순교자들로서 하나님 앞에서 구속의 승리를 경배하며 찬양하고 있는 환상이다.

그러므로 본 절은 이 세상에서 이긴 자들의 환상으로써 짐승의 표를 거절한 사람(유리 바다 같은 것)과 짐승에게 비록 비참하게 순교를 당했지만 천국에서 찬양하는 영혼들의 모습(유리 바다)이다.

(3) 계시록 16장

"첫째가 가서 그 대접을 땅에 쏟으매 악하고 독한 헌데가 짐승의 표를 받은 사람들과 그 우상에게 경배하는 자들에게 나더라."(계 16:2)

본 절은 천사의 경고에도 불구하고 복음을 거부하고 짐승의 표를 받은 자들에게 '악하고 독한 종기'가 난 것을 본 환상이다. 여기 '종기'는 출애굽 전에 있었던 여섯 번째 재앙인 '독종'이나 욥이 사단의 시험으로 몸에 났던 악창과 같은 것이다(출 9:8-11; 욥 2:7). 또 신명기 28장 35절에 나온 불순종으로 받은 저주로 '고치지 못할 심한 종기' 즉 오늘날 같으면 '악성 종양'과 같은 것으로 대단한 고통이 있을 것을 상징한다.

그러나 욥과 같은 종기가 짐승의 표를 받은 사람에게 실제적으로 난다는 것이 아니라 애굽 사람들과 욥의 고통보다 훨씬 더 심한 영적인 고통이 온다는 상징적 의미이다(욥 2:7, 8, 13). 그런데 종말론자들은 한 번 주입된 베리칩은 제거할 수 없기 때문에 손이나 이마가 썩어 독한 냄새가 난다며 호들갑을 떨며 소문을 내고 있다. 이것은 당시 환상을 보았던 요한의 의도와는 전혀 상관없이 문자적 해석에만 목숨을 걸고 있기 때문이다. 그리고 여기에 나타난 고난 곧 저주는 성도들이 받는 것이 아니라 우상에게 숭배하여 666표를 받은 불신자들이 받는 고통을 말한다. 그러므로 15장에 나온 성도들의 모습과는 분명하게 구별되고 있다.

(4) 요한계시록 19장과 20장

"짐승이 잡히고 그 앞에서 이적을 행하던 거짓 선지자도 함께 잡혔으니 이는 짐승의 표를 받고 그의 우상에게 경배하던 자들을 이적으로 미혹하던 자라 이 둘이 산 채로 유황 불붙는 못에 지우고 … 또 내가 보니 예수의 증거와 하나님의 말씀을 인하여 목 베임을 받은 자의 영혼들과 또 짐승과 그의 우상에게 경배하지도 아니하고 이마와 손에 그의 표를 받지도 아니한 자들이 살아서 그리스도로 더불어 천년 동안 왕 노릇하니"(계 19:20; 20:4)

요한계시록 19장 20절은 아마겟돈 전쟁의 결과로서 두 짐승의 말로에 대한 환상이다. 여기 짐승과 거짓 선지자는 13장에 등장한 짐승과 그 졸개들을 말한다. 특히 둘째 짐승은 첫째 짐승을 대신하여 어린 양의 탈을 쓰고 이 세상에 출현하여 모든 권세와 명예를 가지고 사람들에게 숭배하도록 강요하며 활동해 왔다(계 13:13-14; 16:13). 결국은 가짜 어린 양으로 둔갑하여 나타난 둘째 짐승과 그 무리들은 아마겟돈 전쟁에서 들통이 났을 뿐 아니라 진짜 어린 양(백마 타신 그리스도)에게 패하여 사로잡히게 된다. 붙잡힌 두 짐승은 산 채로 유황불에 던져지게 되는데 이것은 짐승의 최후에 말로로써 완전히 멸망했다는 것을 상징적으로 암시한다. 둘째 짐승은 하늘에서 불을 내릴 수 있는 능력을 지니고 있어서 그야말로 세상에서 못할 것이 없었겠지만, 그리스도 앞에서는 속수무책이며, 그의 말로는 이렇게 막을 내리고 만다.

계시록 20장 4절은 사도 요한이 하나님의 보좌에 둘러 있는 영혼들을 본 환상이다. 여기 보좌에 있는 영혼들은 종말 이전에 복음을 전하다가 순교당한 영혼들과 우상에게 경배하지 아니한 영혼들, 즉 다른 우상 종교에 물들지 아니하고 끝까지 하나님만 섬기며 충성하다가 승리하여 천국에 가 있는 영혼들이기 때문에 짐승의 표와 무관하다. 따라서 본 환상은 세상에서 고난 받고 있는 성도들을 위로하고 있다. 666 짐승의 표는 그의 소유가 되었을 때 비로소 그 증표로 찍는 것이다. 무조건 표를 찍는다고 소유가 되는 것이 아니라 먼저 소유가 되어야 그 다음에 표를 찍을 수 있다.

이처럼 계시록에는 짐승의 표가 아홉 번 언급되어 있다. 특히 13장은 세 번이 언급되어 짐승의 수인 666표에 대해 가장 선명하게 나와 666의 정체성을 밝히는데 13장을 근간으로 한다.

사도 요한이 본 666 환상은 결코 부정적인 요소만 있는 것이 아니다. 실상은 14장만 제외하고는 나머지는 666표를 직접적으로 받은 상황이 아니다. 그래서 여기에 666의 실상을 바르게 알아야 하는 신학적인 과제를 안고 있다.

2. 계시록의 상징성 이해

계시록의 종말은 실제적이지만 나타나는 현상은 거의 상징성을 띠고 있다. 그래서 계시록을 접하기 위해서는 상징성을 염두하는 것은 당연하다. 이번 단락에서는 기본적인 종말론의 이해, 계시록에 담겨진 상징적 요소에 대해 살펴본다.

1) 기본적인 종말론의 이해

(1) 성경의 기본적인 종말론 사상

성경의 종말 사상은 신구약 전체에 흐르는 사상이다. 성경을 기록한 중요한 목적 중에 하나는 '죄인(사람)의 구속' 이다. 성경의 첫 번째 책인 창세기는 인간의 창조(창 1-2장)와 범죄와 여자의 후손을 통한 구속(창 3장)의 근본을 다루고 있으며, 마지막 책인 계시록은 종말로 끝을 맺는다. 사람은 누구나 영생의 길로 가야 하는데 반드시 종말을 거쳐야 완료된다. 그래서 성경은 마지막 심판과 종말을 다루고 있다. 따라서 하나님의 말씀에 순종하는 사람들은 은혜의 구원(생명의 부활)이지만 불순종하는 사람들은 불 못인(심판의 부활) 지옥에 간다. 그러나 종말의 형식은 개인과 우주적인 종말 두 가지이다. 이처럼 종말에 대해 예언되어 있다는 것이 성경의 가장 기본적인 종말론 사상이다.

(2) 종말론의 다양한 요소들

성경의 종말은 일괄성보다는 다양하게 기록하고 있기 때문에 종말을 논한다는 것은 그리 쉬운 일이 아니다. 또한 성경의 종말은 한 사람이 기록한 것이 아니라 시대를 넘어 다양하게 기록하고 있기 때문에 해석의 난제가 따른다.

계시록의 다양한 징조와 상징들, 짐승의 출현과 구체적인 활동들, 숫자적 의미들, 7년 대환란과 그에 따른 현상들, 천년왕국, 예수님의 재림의 형태와 백보좌 심판, 사단의 결박과 무저갱에 버림, 아마

겟돈 전쟁, 구약의 종말과 계시록의 연속성, 새 예루살렘의 도래와 형태 그리고 장소 등등 수없이 많다.

종교 개혁자 칼빈은 성경 66권 중에 계시록을 제외한 65권만 주석을 썼다. 칼빈이 계시록을 주석하지 않았던 것은 전혀 몰라서가 아니라 함부로 다룰 수 없다는 신중성 때문이다. 그리고 개혁주의 교의신학의 대가라고 할 수 있는 벌코프는 '계시록을 마치 사도행전의 역사처럼 막 읽어 내려갈 수 있는 성질의 책이 아니라'는 뼈 있는 말을 했다. 이 두 거장의 이야기는 계시록에 다양한 종말의 주제들을 해석하는 것은 그 만큼 쉽지 않다는 것을 말해준다.

성경의 종말은 개인 혹은 우주적인 구분뿐만 아니라 종말의 근거, 종말의 징조, 종말의 상징성과 현실성, 종말의 때, 종말의 현상과 진행(방법) 등 실제적인 다양한 요소들이 있다.

2) 계시록의 상징적 요소

(1) 요한계시록의 내용의 구조
계시록의 내용은 크게 세 가지 구조로 되어 있다. 첫째는 계시록을 기록하게 되는 배경이다(1-2장). 사도 요한이 밧모섬에서 유배 생활을 하고 있을 때 주의 날에 성령의 강권적인 감동으로 말미암아 예수 그리스도의 계시가 임했다는 사실부터 시작하고 있다(1:1, 9, 10). 둘째는 계시이다(2-3장). 계시는 예수님의 하신 말씀을 그대로 기록한 것을 말한다. 이 계시는 아시아 일곱 교회에 주어졌다. 셋째는 환상이다. 환상은 예수님이 직접 하신 말씀이 아니라 요한이 눈으로 볼 수 있도록 보여준 것이다(계 4-22장). 계시록을 기록한 사도 요한의 입장에서 보면 2-3장은 예수님이 계시적으로 하신 말씀을 기록한 것이며, 4-22장은 예수님이 보여준 환상을 보고 요한이 직접 서술했다.

(2) 요한계시록의 상징적인 단어들

계시록은 상징적인 단어들이 유달리 많다는 것은 누구나 알고 있다. 초대교회 사도들은 대부분이 임박한 종말론 사상을 가지고 있었다. 이것은 예수님의 가르침 때문이다. "진실로 너희에게 이르노니 여기 섰는 사람 중에 죽기 전에 인자가 그 왕권을 가지고 오는 것을 볼 자들도 있느니라."(마 16:28; 참고, 마 10:23, 24:44). 여기서 핵심은 예수님께서 제자들에게 당대에 왕권을 가지고 다시 오시겠다는 것이다. 결코 먼 훗날이 아니다. 그래서 제자들은 임박한 종말론을 가지고 있었다. 계시록을 기록한 사도 요한도 예외는 아니었다. 물론 계시록 1장 1절(22:6)에 요한의 임박한 종말론 사상이 있다. 바로 이런 사실 때문에 계시록을 임박한 종말로 보는 경향과 상징성은 자꾸 회피하려는 성향이 합하여 문자적으로 치닫고 있다.

그러나 예수 그리스도께서 주신 계시를 받은 사도 요한의 종말 사상은 완전히 달라졌다. 요한은 자기 당대에 도래할 종말인 줄 알고 있었는데 실제적으로 본 것은 먼 훗날에 도래할 환상이었다. 계시록을 기록한 후, 1900년이 지났지만 아직까지 종말이 오지 않았다는 것은 요한이 본 환상은 임박한 종말론이 아니었다는 것을 말해 준다. 요한이 임박한 종말의 환상을 보았다면 아마 요한이 죽기전 1세기 말에 임했을 것이다. 종말이 아직 오지 않고 있다는 것은 요한이 보았던 환상은 임박한 종말이 아니었다는 것을 2000년의 역사가 말해준다.

계시록은 요한이 밧모섬에서 유배 중에 기록했다는 것은 누구나 아는 사실이다. 그러나 문제는 요한이 살고 있는 당대에 종말이 올 것인가? 아니면 다음 세대 곧 미래에 올 것인가가 관건이다. 만약에 예수 그리스도로부터 직접 받은 종말이 요한이 살던 당대에 임했다면 상징이 될 수 없다. 그야말로 실제적으로 임하기 때문에 상징적인 단어대신에 실제적인 단어를 사용하여 임박한 종말을 실감했을 것이다. 요한은 당시에 종말이 임하지 않았을 것으로 보았기 때문에 상징적인 용어를 많이 할애하며 기록했다. "예수 그리스도의 계시라"는 말씀 속에는 이러한 상징적 상황까지 내포되어 있다(계1:1).

요한이 본 환상은 임박한 종말이 아니라 미래적 종말이었기 때문에 계시록에 현실적인 표현보다는 상징적인 표현을 훨씬 많이 할애한 것은 바로 이 때문이며, 계시록의 상징성에 가장 근본이 되는 배경이다. 물론 계시록 전체가 이런 구조를 가지고 있다는 말은 아니지만 상징적인 의미가 담긴 책인 것은 분명하다. 그래서 계시록의 상징적 요소를 바르게 알아야 또한 계시록을 바르게 해석할 수 있다.

(3) 상징적 예표

상징은 추상적인 사실이나 생각, 느낌을 나타내는 것을 말하며,

예표는 추상적인 것이 아니라 미리 보이는 징조이다. 반면에 상징은 실체가 없는 가상일 수도 있으나 예표는 실체를 전제로 한다. 그러므로 '상징적인 예표'란 현재는 상징으로 보이나 미래에 실현될 것을 말한다. 구약의 성막을 '예수 그리스도를 예표'라고 하는 것과 같다. 물론 성경은 세상에 언어로 주어졌기 때문에 문자적 의미가 일차적이다. 그럼에도 불구하고 계시록은 문자적 이상의 의미를 지니고 있다. 그러므로 계시록을 바르게 해석하기 위해서는 극단적인 문자적 해석이나 상징적 해석은 금물이다. 그래서 필자는 본 논제를 다룸에 있어 상징적 예표에 중점을 두고 있다.

(4) 요한계시록 13장 16-18절의 실례

근간에 종말의 이슈가 되고 있는 '베리칩 종말론'은 계시록 13장 16-18절을 원천적 근거로 한다. 지금까지 베리칩 논쟁의 양상은 '문자적 해석과 상징적 해석'이었다. 그러나 본 절은 문자적 의미를 넘어 상징적인 예표와 깊이 연관되어 있다.

"저가 모든 자 곧 작은 자나 큰 자나 부자나 빈궁한 자나 자유한 자나 종들로 그 오른손에나 이마에 표를 받게 하고 누구든지 이 표를 가진 자 외에는 매매를 못하게 하니 이 표는 곧 짐승의 이름이나 그 이름의 수라 지혜가 여기 있으니 총명 있는 자는 그 짐승의 수를 세어 보라 그 수는 사람의 수니 육백육십육이니라." (계 13:16-18)

짐승은 '땅에서 두 뿔이 달린 어린 양의 모습으로 올라온다'(계 13:11). 여기 '올라오니'라는 말은 짐승이 실제적으로 출현하기 때문에 상징이 아니라 문자적으로 적그리스도의 도래를 말한다. 그러나 짐승과 관련된 '짐승', '땅', '어린 양', '뿔' 등은 상징이다. 여기 '짐승'은 진짜 짐승이 아니라 짐승과 같은 사람이기 때문에 '상징'이며, '사람'은 보통 사람이 아니라 잠깐이나마 종말을 주도할 적그리스도이기 때문에 삼중적인(짐승-사람-적그리스도)상징이다. 이렇듯 본 절(계시록)에는 '상징적인 예표'가 수 없이 많다. 666이 상징이라고 할 때 이런 의미에서 상징이라고 하는 것이지 종말 자체를 상징이라고 하는 것이 아니므로 종말론자들은 666 상징성에 대해 오해해서는 안 되며, 더욱이 666을 문자적으로 해석하여 베리칩으로 둔갑시키는 일을 해서는 안 된다.

'표' 역시 티켓, 도장, 신분증과 같은 사람의 신분을 나타내는 것이 아니라 아라비아 숫자 형식을 띠고 있는 상징적인 예표이다. 그러나 '모든 자'는 표를 받을 대상을 말하기 때문에 상징이 아니다. 반면에 표를 받을 위치로 지목된 '오른손과 이마'는 상징적 예표이다. 왼손에 받으면 666표가 아니기 때문이다. 짐승은 사람처럼 이름이 없기 때문에 '짐승의 이름' 역시 상징이다. 666은 표이고 적그리스도가 사용할 수의 형태나 어떤 수를 사용할지 모르기 때문에 상징이다. 이처럼 666은 예표적, 문자적, 상징적 세 가지가 동시에 들어있기 때문에 어느 것 하나라도 소홀하거나 배제하면 666은 볼 수도 알 수도 없고 오히려 잘못된 셈을 할 수밖에 없다.

3. 666표에 대한 신학적인 해석의 과제

성경 66권 중에서 요한계시록만큼 다양하게 혹은 신비하고 은밀한 방법으로 해석을 요구하는 책은 아마 없을 것이다. 그도 그럴 것이 예언과 묵시라는 계시록 자체가 갖고 있는 특수성 때문이다. 바로 이런 특수성 때문에 예언자나 종말론자들은 요한의 환상을 마치 자기 환상인 것처럼 바꾸어 놓고 사색과 영성을 위한 비옥한 토양으로 간주해 왔다. 그러나 애석하게도 비옥한 옥토보다는 잘못된 종말이라는 가시밭길로 인도할 때가 더 많았다. 베리칩 종말론 역시 비옥한 옥토에서 나왔다기보다는 자갈밭에서 나온 것이다. 그래서 666표는 무엇보다도 신학적 과제를 안고 있다.

앞 단락에서 계시록에 나온 짐승의 수인 666과 관련된 짐승의 표를 통해 짐승의 정체, 임무, 말로(末路)에 대해 살펴보았다. 그럼에도 불구하고 표를 받는 오른손이나 이마는 무엇을 의미하며, 그리고 짐승의 수와 사람의 수는 어떻게 연관되어 있으며, 666은 실제적으로 무슨 표이며, 표의 형태와 받는 방식은 어떠하며, 표는 네로 황제와 같은 인물을 상징하고 있는가? 베리칩과 같은 물체를 말하는가? 그러나 가장 핵심적인 것은 666을 문자적으로 해석할 것인가 상징적으로 해석할 것인가?이다. 이러한 문제는 여전히 신학적으로 해결해야 할 과제로 남아 있다.

그러나 종말론자들은 쉽게 베리칩을 666표로 단정하고 있다. 마치 로마 군인들이 예수님을 십자가에 단단하게 못을 박듯 칩이라는 못으로 666표에 단단하게 고정시켜 놓고 구원과 연관시키고 있다.

사도 요한이 보았던 짐승의 수는 아무나 쉽게 알아 볼 수 없으며 또한 셀 수 없다. 그래서 지혜 있는 자만이 셀 수 있는 것이다. 그러면 누가 지혜 있는 자로서 이 짐승의 수를 셀 수 있느냐는 것이다. 그러기에 666을 바르게 해석해야 할 신학적인 과제가 있다. 그동안 주석가들은 666에 대한 해석을 숫자풀이와 상징적인 해석 크게 두 가지 방법으로 시도해 왔다. 그러나 세대주의 영향을 받은 베리칩 종말론자들이 등장하면서 문자적 해석이 새롭게 등장하고 있는 추세이다.

1) 숫자풀이를 통한 해석

666이라는 숫자를 액면 그대로 받아들여 사람의 이름을 숫자로 풀이하는 해석방법이다.[47] 그런데 공교롭게도 당시 로마 황제 이름인 네로를 철자로 풀이하면 666이 된다.[48] 그런데 재미있는 현상은 게마트리아로 치환하면 로마 제국 혹은 네로 황제가 되는데 아람어로 할 것인가 헬라어로 할 것인가에 따라 666은 네로가 되기도 하고 로마제국이 되기도 한다. 그래서 666은 누구의 이름을 가리키는가에 초점이 맞추어져 왔다. 이런 해석 방법은 상당한 설득력이 있어 설교에 많이 인용해 왔다. 예를 들면, 로마 황제들(네로, 레오10세 등), 히틀러나 나폴레옹 등 세계를 장악하려는 야망을 가졌던 정치 군인들과 이슬람교 창시자 마호메트나 마틴 루터와 같은 종교인도 물망에 올랐다.[49] 그러나 베리칩 종말론자들이 등장하면서 철자와

---

47) 호크마 주석 계시록 13장 해설, 666을 숫자적으로 해석하는 사람들은 Barclay, Abbott, Gunkel 등이다.
48) 네로 황제의 히브리음이 네론 가이살(NRON KSR)이다. 여기 해당되는 각 철자가 내포하는 숫자들을 (50+200+6+50+100+60+200)모두 합치면 666이 된다. 그래서 '네로'를 지칭하고 있다.
49) '마호메트'(Mahomet, 571경–632)의 아랍어 이름이 무함마드(Muhammad)이다. 그런데 마호메트나 무함

관계없이 메이슨의 수장[50]으로 정치인이나 목회자들이 거론된다.

666을 이름의 철자로 풀이한다는 것은 결코 바른 성경해석 방법은 아니다. 왜냐하면 멀쩡한 사람들을 적그리스도로 수없이 만들었기 때문이다. 그러나 숫자와 사람의 수는 요한이 보았던 환상이기 때문에 무관하지 않고 연관성을 지니고 있다. 따라서 이런 숫자풀이로 하는 해석을 일명 '게마트리아(Gematria)'라고 하는데 '게마트리아'라는 사람이 처음으로 시도했다고 해서 그의 이름을 따서 붙여진 것이다. 이 방법은 중세 카발라주의자(유대 신비주의자)들과 로마 교황청(주교 찰스 웝슬레이)에서 주로 했던 해석이다. 이렇게 해석하는 목적은 신비한 통찰력을 글로 표현하기 위해서 또는 성경의 새로운 해석으로서, 히브리 낱말을 풀어 그 낱말을 구성하는 알파벳에 해당하는 숫자로 바꾸어 주석하기 위해서이다.[51]

그러나 요한이 계시록을 기록할 때는 이러한 숫자풀이는 흔한 것이 아니었다. 요한이 살던 당대에는 숫자풀이가 흔하지는 않았지만 사람과 수의 연관성이 있는 것으로 보았다. 게마트리아 숫자풀이 법은 이런 의미에서 의의를 갖는다.[52]

따라서 이름과 숫자는 666을 해석하는 방법일 수 있다. 그러나 애

마드 이름으로는 666 수치가 나올 수 없다. 그의 다른 닉네임(예명)으로 불렀던 'Maometis'라는 이름을 게마트리아 수 값으로 환치하면 666(40+1+70+40+5+300+10+200)이다. 이것도 어설픈 수치이다. 반면에 '마틴 루터'(Martin Luther, 1483-1546)는 종교 개혁가이다. 로마 교회는 루터를 적그리스도라고 정죄한 후 그 증거로 게마트리아 물망에 올랐다. 그것도 본 이름이 아닌 라틴어 음역인 'Martin Lutera'로 고쳐서 게마트리아 방식에 따라 숫자로 바꾸어 모두 더하면 그 값이 666이 된다. 이처럼 게마트리아 해석법은 생사람을 적그리스도로를 만든다. 그래서 바른 해석 방법이라고 할 수 없다.

50) 여기서 말하는 '프리메이슨의 수장'은 종말에 나타날 적그리스도가 될 후보군을 말한다.

51) 중세 기독교의 수비학인 '게마트리아'는 문자를 수로 사용하는 방법과 이것으로부터 나오는 수비학의 광대한 해석체계를 말한다. 즉 게마트리아의 본질적인 요소는 문자가 수를 나타내고 수가 문자를 나타낸다는 것이다. 히브리 낱말을 풀어 그 낱말을 구성하는 알파벳에 해당하는 숫자로 바꾸는 주석 방법이다.

52) 게마트리아 숫자풀이 법은 요한이 환상으로 본 사람과 숫자의 연관성에 대한 성취로 볼 수 있다.

석하게도 666을 사람 이름의 숫자 값으로 해석하는 '게마트리아'는 많은 오류를 남겼다. '게마트리아'를 즐기는 사람들은 대부분의 경우가 어렵고 모호한 성경 구절을 이런 식으로 적용을 하지 않고는 만족스럽게 해석할 수 없기 때문에 아주 유용한 방법으로 사용해 왔다. 신학이 별로 없던 시대에 이런 방법은 통할 수 있었다. 그러나 현대 신학은 발전하여 이런 해석 방법은 통할 수 없다.

2) 상징(예표)적인 해석

그동안 상징적인 해석은 '게마트리아' 해석 방법(게마트리아 해석 방법에 문제점이 있음에도 불구하고)을 인용하여 함께 사용해 왔다. 그래서 숫자를 조금도 여과 없이 사람에게 그대로 적용하여 당시 세계를 장악한 로마 네로 황제와 같은 인물로 보았다. 그러나 네로가 통치한 때는 종말의 시대가 아니었다. 그래서 황제는 실제적인 적그리스도가 아니다. 그러므로 상징적인 인물일 수밖에 없다. 그러나 앞으로 다가올 종말의 때는 네로처럼 전 세계를 장악할 사람이 나타나는데 이 사람이 바로 실제적인 적그리스도이다. 그래서 소위 '네로 상징설'이 나오게 되었고, 거기에다 숫자풀이로 네로는 666이 된다. 이리하여 상징설은 설득력이 있는 해석으로 자리잡게 되었다. 반면에 계시록에는 숫자가 상징적인 의미로 많이 나오기 때문에 이런 해석은 일반 통행이 되었다.[53]

계시록 13장에는 숫자뿐만 아니라 상징적인 용어가 수두룩하게 나온다.[54] 그래서 필자는 상징적인 용어들은 상징적인 의미로 풀이

---

53) 일곱 교회의 금 촛대와 일곱 별, 일곱 인, 일곱 나팔, 이십사 장로, 십사만 사천 명, 666 등이다.
54) "짐승과 표범, 곰과 발바닥, 땅과 바다, 열 뿔과 일곱 머리, 용의 능력과 권세, 어린양과 두 뿔, 이적과 불, 짐

하는 것이 가장 성경적인 해석 방법이라고 생각한다.

초대교회 서신의 수신자였던 성도들이 상징에 대해 무지했던 것은 아니다. 요한은 '계시록의 거대한 상징들은 초기 기독교 시대를 겨냥하고 있었던 것이지 21세기 시대'를 말하는 것이 아니기 때문에 계시록은 상징적으로 해석해야 하는 명제를 가지고 있다.

지금까지의 신학은 숫자풀이와 상징적 두 가지 해석 중에 어느 것이 맞고 틀리는지 단정하지 못하고 어정쩡한 입장을 취해왔기 때문에 잘못 해석되어 왔다. 그리하여 666표와 관련된 적그리스도로 지목된 사람들이 역사적으로 셀 수 없을 정도로 많이 나오게 되었다. 따라서 계시록의 상징적 해석은 대명제이긴 하지만 '게마트리아'와 같이 아무렇게나 상징으로 해석해서는 안 된다는 것도 대명제이다.

3) 문자적인 해석

문자적 해석은 세대주의자들의 전용물이라고 해도 과언이 아닐 것이다. 여기에 종말론자들이 급작스럽게 나타나 666을 문자적으로 해석하는데 동조하면서 새로운 이슈가 되고 있다. 그래서 666을 베리칩으로 해석하는 계기가 되었고, 그 근거는 다음 두 가지이다. 첫째는 짐승의 인침을 뜻하는 표인 '습흐라기스'와 '카라그마'라는 두 단어 때문이다. 전자는 성령의 인치심을 뜻하는 영적인 의미를 지닌 단어이기 때문에 눈에 볼 수 없지만, 후자는 기능인이 만든 창작물을 의미하는 단어이기 때문에 눈으로 볼 수 있다. 그래서 '카라그마'에 초점을 맞추어 눈에 보이는 베리칩을 666으로 연결시키는

승 같은 사람, 짐승의 표와 666, 오른손과 이마, 지혜와 총명" 등이다.

차마 웃지 못할 종말론 등식이 나오게 된 것이다.

둘째는 '성경의 종말이 실제적이지 어떻게 상징이 될 수 있느냐' 것 때문이다. 이러한 논리는 매우 설득력이 있어 보이나 가장 맹점을 지닌 해석 방법이다. 왜냐하면 앞에서 살펴본 것처럼 666은 상징적으로만 해석할 요소이지 문자적으로 해석할 요소는 아니기 때문이다. 따라서 종말론자들이 666을 문자적으로 해석할 두 가지 근거는 성경(본질)적으로나 신학(해석학)적으로나 설득력이 없다.

이처럼 문자적 해석의 맹점은 종말이라는 목표를 이미 설정해 놓고 퍼즐 맞추기식이다. 퍼즐을 제대로 맞추지 못해서 그런지 모르겠지만 미비하기가 그지없어서 해석의 한계를 보일 정도가 아니라 엉뚱하게 자기 마음대로 해석하고 있다. 그러나 더 큰 문제는 '문자적 해석이 의미하는 것이 어디까지인가?' 하는 것이다.

문자적 해석은 이처럼 맹점이 있음에도 불구하고 종말론자들이 목숨을 거는 것은 물체인 베리칩을 666표로 합리화하기 위해서이며, 또한 상징적으로도 속 시원한 해석이 안 되기 때문에 이 틈을 타 '문자적 해석'이라는 명분으로 끼어든 것이다.

이밖에도 신학적으로 다양하게 해석을 시도해 왔지만 666표를 해결하는 데는 한계가 있었다. 이처럼 666을 해석하는데 신학적인 과제를 안고 있었음에도 불구하고 지금까지 신학은 666에 대해 뚜렷한 해석 방법을 내놓지 못했다. 이것은 666을 바르게 해석하는 것이 결코 쉽지 않고 그만큼 어렵다는 것을 시사해 준다. 따라서 필자는 666을 해석하는데 있어서 전형적인 문자적 해석, 숫자풀이 해석법은 분명한 한계를 지니고 있기 때문에 바른 해석 방법이 아니라고 피력해 왔다. 666은 물체가 아닌 적그리스도가 활용하는 수이며, 또한 이 수는 실제적인 수(문자적)이지만, 사람과 관련된 수(상징성)이기 때문에 '상징적 예표'로 보는 것이 가장 바른 해석 방법이라고 본다. 앞으로 전개될 성경적인 고찰, 666 베리칩의 진실성과 허구성에서도 바로 '상징적 예표'를 근간으로 하여 전개해 나갈 것이다.

4. 666표에 대한 성경적 고찰

본 단락에서는 신학적인 과제에서 다루었던 세 가지 해석의 문제를 성경적으로 재조명할 것이다. 본서는 주해서가 아니기 때문에 본 논제에 걸맞는 666표에만 집중하고 있다. 사도 요한이 보았던 666의 환상은 몇 가지 특징적인 성격을 지니고 있다.

1) 666은 표의 성격을 지니고 있다

666은 첫 번째로 표의 성격을 가지고 있다. 그러나 여기 '표'는 '티켓'(ticket)같이 눈에 보이는 표가 아니라 '짐승에게 속해 있다는 증거로 제시되는 표'(標)이다.[55] 그래서 표는 증표(證票)의 성격을 지니고 있기 때문에 표 자체를 부정하거나 상징적으로 보아서도 안 된다. 그러므로 마지막 종말의 현상은 상징이 아니라 실제이다. 그래서 종말이 상징이 아니라 실제적인 징조라고 하는 것은 필자나 종말론자들이나 다를 바 없이 같은 견해를 가지고 있다.

---

55) 내가 속히 오리라, 이필찬 저 (이레서원, 2014. 4. 30)

2) 666은 몸에 소지해야 한다

'표'는 증표이기 때문에 반드시 몸에 지니고 있어야 한다. 몸에 지니고 있지 않으면 표는 효력이 없어 매매하는데 불이익을 당하게 된다. 그래서 표 자체는 상징이라고 할 수 없다. 그야말로 몸에 실제적으로 소지해야 한다. 666은 표의 성격을 지니고 있기 때문에 몸에 소지해야 한다는 견해는 필자나 종말론자들이나 같다.

3) 666은 수의 형태를 지니고 있다

'표'의 형태는 숫자이다. 666은 표의 성격을 지니고 있으나 비행기나 기차표와 같은 티켓 형태가 아니며, 그렇다고 신분을 나타내는 주민등록증이나 여권과 같은 형태도 아니다. 그래서 짐승의 표는 일반적인 표와는 완전히 다른 양상을 띠고 있다. 666표는 종말론자들이 말하는 것처럼 바코드나 베리칩과 같은 물체나 기계적인 장치가 아니다. 그래서 표의 형태는 666을 밝히는데 중요한 관건이다. 첫 번째와 두 번째는 필자와 베리칩 종말론자들과 별 다를 바 없이 거의 같은 생각이었으나 여기 세 번째부터는 서로 엇박자로 가고 있다.

4) 666은 상징적인 성격을 지니고 있다

666은 상징적인 성격을 가지고 있다. 여기 '표'는 창작물과 같은 물체에만 사용된 단어만이 아니라 문서상으로 공적 증거물, 혹은 황제의 '날인' 또는 주인이 자기 소유권을 나타내기 위하여 짐승이나 노예에게 '낙인'을 찍을 때 쓰는 단어이기도 하다.[56] 그러나 종말

---

56) 호크마 주석, 강병도 저, 계시록 13:16 해설, pp.412~413, (기독지혜사)

론자들은 창작물과 같은 물체에만 고집하며 해석하고 있기 때문에 666 베리칩이라는 잘못된 종말론이 나온 것이다.

하나님으로부터 인치심을 받았다는 것은 실제적으로 오른손이나 이마에 도장이나 표를 찍는 것이 아니라 성령의 보증으로 하나님의 소유가 되었다는 '상징적 예표'이다. 반면에 짐승의 표도 짐승이 실제적으로 사람의 몸에다 인증을 찍어 표시하는 것이 아니라 짐승이 실제적으로 사용할 숫자이기 때문에 '상징'이다. 그래서 여기 표는 창작물을 가리키고 있다고 볼 수 없다. 666은 짐승 곧 적그리스도가 실제적으로 사용하는 숫자적인 표이지만 나타내는 형식은 상징적이다. 이것은 필자와 종말론자들과는 현저하게 다르다.

5) 666의 기능은 증표와 매매수단이다

666표의 기능은 증표와 매매 두 가지이다. 그 외에는 다른 기능이 전혀 없다. 그러나 종말론자들은 마치 마지막 구원의 단계나 구원의 좁은 문처럼 말한다. 사도 요한이 보았던 666 환상은 그런 좁은 문이나 난센스와 같은 환상을 보며 기록하지 않았다. 종말론자들이 그토록 추구하는 문자적인 해석을 하더라도 666표는 사람과 관련된 것으로 매매수단으로 활용될 수 있는 수이다. 그래서 우상에게 경배하고 표를 받은 사람은 매매가 가능하지만, 표를 받지 못한 사람은 매매가 차단되면서 경제적인 제재가 가해질 것을 말한다. 따라서 짐승의 표를 받은 자들과 하나님의 인을 받은 성도들과 완전하게 대별된다. 그러나 종말론자들은 베리칩을 구원의 단계 혹은 구원의 문으로 둔갑시켜 버렸다. 이것도 필자와 종말론자들과의 판이하게 다른 견해이다.

5. 666표에 대한 진실성

NIV 적용 주석을 집필한 크레이그 키너 교수는 서론을 이렇게 시작하고 있다. "하나님은 우선 책의 말씀들을 들을 수 있고 또한 가혹하고 무서운 상징들을 상상할 수 있는 문화 속에 살고 있는 사람들에게 요한계시록을 주셨다. 마찬가지로 우리들도 이 책의 풍부한 영향력에 지배를 받아 공포 이미지를 이해하는데 상상력을 사용해야 한다. 요한계시록은 아무런 생각 없이 읽는다든지 혹은 저 알코올 음료를 마시듯 대충 읽어서도 안 된다. 요한계시록은 이 책의 말씀을 듣는 사람들에게 하나님을 반역하는 이 세상에 임할 심판 문제로 고심하도록 권고하기 위해 주어진 말씀이다."[57]

키너 교수의 이러한 지적은 666표에 대한 진실을 밝히는데 계시록을 어떻게 해석해야 하는가에 대해 가이드라인을 설정해 주는 듯하다. 여기서 가장 오해할 수 있는 표현은 '상상력'이다. 키너 교수가 말하고 있는 '상상력'은 종말론자들이 말하는 자기 상상력이 아니라 사도 요한이 보았던 상상력(환상의 현장)을 사용해서 종말의 공포로부터 자유할 것을 말한다. 이럼에도 불구하고 필자는 여기서 666표의 진실성을 밝혀야 하는 두 가지 명제를 안고 있다. 하나는 사도 요한이 보았던 환상 그대로 666이라는 수를 해석하여 표의 형태를 밝히는 것이며, 다른 하나는 표의 성격으로서 작금의 문제가

---

57) NIV적용주석(요한계시록), 크레이그 키너 저, 배용덕 역, '서론' p. 25 (솔로몬, 2012.12.21)

되고 있는 베리칩이 과연 666표가 될 수 있는가?이다.

반면에 요한계시록의 대가라고 할 수 있는 이필찬 교수는 계시록 13장 18절을 '짐승의 정체성을 밝히는 짐승의 수'를 언급하면서 '표란 짐승에게 속해 있다는 표시로 주어진다.'고 말하고 있다.[58]

누차 밝히고 있듯이 그동안의 666 베리칩의 진실의 공방은 "666을 문자적으로 해석하면 베리칩이며, 상징적으로 해석하면 베리칩은 666표가 아니었다." 이렇게 서로 다르게 공방의 양상을 보여 온 베리칩 종말론에도 양극화 현상이 등장한다. 정치나 사회 분야에만 양극화 현상이 있는 것이 아니라 신학에도 진실과 거짓, 문자적 해석과 상징적 해석, 전천년설과 무천년설, 이분설과 삼분설 등은 분명 양극화 현상이다.[59] 사회도 그렇지만 신학의 맹점도 양극화이다. 하나님의 진리인 말씀이 하나가 되지 못하고 어떤 때는 둘로, 어떤 때는 셋으로 나누어 놓고 서로 자기의 견해만을 주장하는 것은 분명 양극화 현상이다.

그러나 베리칩 종말론의 문제는 실상은 양극화가 아니다. 왜냐하면 성경적인 답을 충분히 할 수 있기 때문이다. 그래서 '문자적으로 해석하더라도 베리칩은 666표가 아니며 앞으로도 될 수 없다'는 말은 다음 세 가지 의미를 내포하고 있다.

첫째는 여기서 논하고자 하는 베리칩의 진실 공방은 바로 이것이 모토(motto)가 될 것이며, 둘째는 베리칩 종말론의 허구성이 여기

---

58) 내가 속히 오리라, 이필찬 저, pp586–596 (이레서원, 2014. 4. 30)
59) 신학적인 양극화란 교리적으로 만들어진 양극화이다. 반면에 현상적인 양극화는 교리적인 견해가 아닌 일반적인 현상 때문에 벌어진 양극화이다. 베리칩 논쟁이 대표적인 양극화 현상이다.

서 들통이 날 것이며, 셋째는 종말론자들에게는 새로운 충격일 것이다. 그동안 종말론자들은 문자적인 해석으로 베리칩이 666표라고 주장해 왔는데 필자는 오히려 문자적으로 해석하더라도 베리칩은 666표가 될 수도 없다고 말하고 있기 때문이다.

'계시록에 나온 표의 정체'를 통해 구절구절마다 살펴보았고, '신학적인 과제'에서는 666에 대한 해석의 난점과 더불어 해석의 방향을 제시했으며, 성경적인 고찰에서는 표의 형태와 기능에 대해 살펴보았다. 여기서 베리칩 종말론의 진실성과 허구성이 어느 정도 윤곽이 드러났다고 본다. 그러나 여전히 666표의 진실성의 문제는 그대로 남아 있기 때문에 이번 단락에서는 그동안 살펴본 것을 토대로 베리칩의 진실과 거짓에 대해 가름하려고 한다.

1) 666은 완벽한 숫자 형태이다

표의 형태는 666을 밝히는데 첫 번째로 중요한 요건이다. 이 부분은 '성경적인 고찰'에서 일차적으로 다루었으나 666표의 진실 중에서 첫 번째로 중요하기 때문에 연장선상에서 다시 다루고 있다. 여기 표는 다양한 형태를 지니고 있다. ① 기차 티켓처럼 증표적인 성격을 띠고 있어서 몸에 소지해야 활용할 수 있다. ② 기차표처럼 눈에 보이도록 발급된 표가 아니라 눈으로 볼 수 없는 숫자(666) 형태로 되어 있다. ③ 표는 자의적으로 소유한 것이 아니라 타의에 의해 소유하게 된다. ④ 표의 기능이 매매이기 때문에 신용카드처럼 경제적인 표인 것 같지만 실상은 우상을 경배하는 자들에게 주는 종교적인 증표이다.

이처럼 666은 다양한 표의 형태를 지니고 있지만 가장 핵심은 완벽한 숫자 형태이다. 그러나 종말론자들은 문자적 해석에만 목숨을 걸고 666을 물체로 해석하여 소위 베리칩 종말론을 만들어 낸 것이다. 666은 결코 상징적인 수나 물체가 아니라 (문자적)아라비아 수이다. 이처럼 666은 완벽한 숫자를 지니고 있는 것이 가장 진실한 표의 형태이다. "표의 형태는 숫자적 의미를 지니고 있기 때문에 문자적으로 해석하더라도 베리칩과 같은 물체는 666표가 아니다."

2) 666은 완벽한 인칭적인 상징성이다

인칭적인 상징성은 666표를 밝히는데 두 번째 중요한 요건이다. 666표는 상징적인 성격 중에서도 완벽할 정도로 인칭적인 상징성을 띠고 있다. 계시록 13:18절에 나온 '사람의 수'에서 '사람'은 인칭대명사이다. 계시록에는 짐승의 표가 아홉 번 나온다. 이 구절들은 종말이라는 관점에서 볼 때 각각 다른 내용이다. 그러나 이 모든 구절들이 공통적으로 암시하고 있는 것은 표의 형태는 **'인칭적인 상징성'**이다. 그러므로 표는 물체나 제도나 시스템이 아니라 반드시 사람과 연관되어 있다. 심지어는 짐승의 표이긴 하지만 짐승과도 상관이 없다. 그래서 요한은 "짐승의 수를 세어 보라 그 수는 사람의 수니 육백육십육"이라고 한 것이다.

이번 논제와 관련해서 요한이 본 환상은 짐승의 수, 사람의 수, 666 이 세 가지가 포인트다. 이 셋은 각각 다른 것이 아니라 하나이다. 짐승의 수, 사람의 수, 666의 수가 같다는 것은 '수'라는 공통분모 때문만이 아니라 본질적으로도 같다는 것을 말한다.

'짐승'은 사자나 곰 같은 짐승이 아니라 사람을 상징적으로 예표한다. 그래서 여기 '짐승'은 짐승 같은 사람을 뜻하는 것으로서 종말에 적그리스도가 나타나서 난폭한 루머와 총체적인 행패를 부릴 것을 상징한다. 우리도 '개 같은 자식' 혹은 '짐승보다 못한 인간'이라는 말을 흔히 쓰는 것과 같다. 요한은 환상으로 짐승보다 못한 적그리스도의 행패를 본 것이다. 따라서 짐승은 동물이 아니라 사람으로 나타날 적그리스도를 예표하고 있기 때문에 인칭적인 상징성에 가장 부합하다. 뿐만 아니라 인칭 대명사는 결코 어떤 물체(베리칩)가 아니라 사람이며 그와 관련된 것 역시 물체가 아니라 수이다. 이것은 완벽한 인칭적인 상징으로서 가장 진실한 666표이다.

다음은 '사람'이다. 적그리스도로 등장하게 될 실제적인 인물은 과연 누구일까? 이것을 아는 것이 실상은 관건이다. 세계의 정치와 경제를 통제할 수 있는 막강한 인물을 일반적으로 적그리스도로 본다. 이것은 별 이견이 없기 때문에 문제되지 않는다. 그러나 분명한 것은 적그리스도가 실제적으로 출현할 때까지는 아무도 알 수 없다. 그러나 베리칩 종말론자들은 적그리스도를 지목하는 것을 아주 즐기고 있다. 그래서 시대마다 유명한 정치인이나 종교인들을 항상 지목해 왔으며, 근간에는 소위 프리메이슨의 명단(목록)을 작성되어 인터넷에 유포시키고 있다. 그리고 미국 대통령이나 로마 교황을 지목하는데 주저하지 않는다. 그러나 이것은 한 마디로 어불성설이다.

왜냐하면 적그리스도의 출현은 예수님도 모른다는 종말의 시기와 버금가는 민감한 사항임에도 불구하고 함부로 말하기 때문이다.

다음은 '666'이다. 이 수는 적그리스도가 도래하여 자기의 수 곧 고유번호를 부여할 때 비로소 표로서 효력을 발생한다. 그렇지만 적그리스도가 도래하여 어떤 형태로 고유번호를 활용할지는 그 누구도 알 수 없다. 세상을 장악한 의미로 땅의 수인 666을 그대로 사용할지, 어린 양으로 모방하여 나타난 짐승은 세계를 장악했다는 의미로 하늘과 땅의 완전수인 777을 사용할지, 세계를 장악한 적그리스도는 막힘이 없이 팔방(八方)으로 통한다는 의미로 888을 사용할지, 권력의 장악과 통치와 연결시키며 최고의 완전수인 십(10)을 의미한 000을 사용할지 아무도 모른다.

여담으로 중국이 적그리스도의 나라로 활용된다면 888(888)을 사용할 확률이 크다. 북경 올림픽을 888888(2008년 8월 8일 오후 8시 8분 8초)로 시작했다. 이것은 중국 사람들이 8자를 좋아하기 때문이지만, 이런 타이밍을 맞추기도 쉽지 않다. 모름지기 적그리스도도 자기 포커스에 맞추어 번호를 부여하여 활용할 것이다.

우리는 아직 적그리스도가 누구인지 알 수 없듯이, 그가 활용한 고유번호에 대해서 알 수 없다. 다만 적그리스도가 나타나서 자기 고유번호를 부여할 때만이 알 수 있는 비밀스런 수이다. "표의 본질은 실체이기 때문에 문자적으로 해석하더라도 나타나는 형태는 이처럼 상징적이기 때문에 결코 베리칩이 666표가 될 수 없다."

3) 666을 받을 위치는 오른손과 이마뿐이다

표를 받을 위치도 666의 진실을 밝히는데 세 번째로 중요한 요건이다. 요한은 몸에 많은 부분에서 베리칩을 받아도 얼마든지 활용할 수 있는 위치가 있음에도 불구하고 하필이면 오른손과 이마 두 군데만 지목하고 있을까? 따라서 표를 받는 위치가 오른손과 이마 두 군데뿐이라는 것은 문자적으로만 볼 수 없으며, 오히려 상징적인 의미로 볼 수 있다. 왜냐하면 다음과 같은 두 가지 이유 때문이다.

첫째는 '오른손'은 신체적 활동 혹은 능력을 대표하는 것으로서 곧 자신의 책임 있는 행동을 뜻한다. 성경은 하나님의 능력이나 권능을 나타낼 때 대부분 오른손으로 묘사하고 있다.[60] 반면에 이마는 사람의 외형적인 중심뿐만이 아니라 인격이나 지위를 대표하는 것

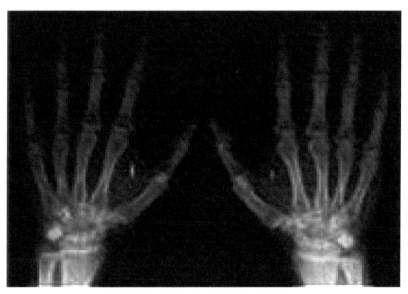

▲ 오른손과 왼손에 베리칩이 삽입된 상태. 베리칩은 좌우 관계없이 우상에게 경배하면 666표가 된다.

60) 출 15:6, 12; 시 17:7, 18:35; 사 41:10; 행 2:33; 계 1:16–17 등등

으로서 곧 자신의 성품을 나타낸다.[61] 표는 오른손과 이마 외에도 왼손이나 손목 그리고 팔에 얼마든지 삽입하여 신체적 활동을 할 수 있다. 그래서 '오른손과 이마' 두 군데만 지목하고 있다는 것은 문자적 의미보다 상징적인 의미가 더 타당하다.

둘째는 왼손에 베리칩을 받으면 666표가 될 수 없다. 요한은 명확하게 '오른손과 이마' 두 군데만 언급하고 있다. 그러므로 왼손이나 팔에 베리칩을 삽입하면 666표가 될 수 없다. 이것은 상징적인 해석이 아니라도 종말론자들이 목숨 걸고 있는 문자적으로 해석했을 때에 그렇다. 요한은 종말론자들이 말한 것처럼 오른손에 받느냐 왼손에 받느냐에 따라 666표가 되고 안 되는 그런 허술한 환상을 보지 않았다. 따라서 표를 받는 위치만 보더라도 상징성이다.

그래서 표의 형태나 인칭적인 상징성뿐만 아니라 표를 받는 위치도 666의 진실을 밝히는데 중요한 관건이 된다. 그러므로 종말론자들이 말하는 문자적 해석은 대단한 오류를 범하고 있을 뿐만 아니라 허구라는 것을 알 수 있다.

4) 666은 완벽한 인증서 역할이다

인증서 역할은 666의 진실을 밝히는데 네 번째로 중요한 요건이다. 짐승으로 상징되어진 적그리스도는 실제적으로 이 세상에 도래할 것이다. 그리고 우상에게 경배하는 자들에게 매매 수단(혹은 거부하는 자들은 통제할 목적)으로 가장 먼저 할 일은 상용화되어 있는 전자(베리)칩에 자기 고유번호로 인증서(認證書) 작업을 할 것이

---

61) 출 28:38; 삼상 17:49; 대하 26:19; 겔 3:7-9; 계 7:3, 14:1 등등

다. 마치 금융권에서 전자 거래 시에 인증서를 통해 거래자들의 신분을 확인하는 것처럼 말이다. 신용카드에 인증되지 않으면 효력이 없듯이 전자(베리)칩도 마찬가지로 몸에 주입되었다 하더라도 짐승의 수로 새롭게 인증을 받지 않으면 아무런 효력이 없다. 예컨대 적그리스도가 도래하기 전에 의료용, 치매용, 보안용 등의 칩을 3-5개를 몸에 삽입해 있어도 그것은 짐승의 표가 될 수 없다는 말이다. 반면에 한 개라도 짐승의 수로 새롭게 인증을 받으면 표의 효력을 지닌다.

반면에 베리칩으로 상거래가 이루어진다고 해도(적그리스도 시대가 도래하여 짐승의 표가 통용한다고 해도)금융이나 개인적인 상거래는 지금 사용하고 있는 신용카드처럼 자기 비밀번호를 활용한다. 다시 말해서 짐승의 수인 666은 통합적인 개인 비밀번호로 대용되는 것이 아니기 때문에(카드 인증번호를 거래할 때마다 사용하지 아니하듯)거래할 때마다 666으로 이용한 것이 아니라 상거래시에는 자기 개인 비밀 번호로 거래한다. 그야말로 짐승의 수는 신용카드 인증서처럼 표에 인증서 역할만 하게 된다. 그래서 베리칩을 시술한다고 해서 카드 대란은 일어나지 않는다. 그런데 종말론자들은 베리칩을 이식하면 통장에 있는 돈은 내 돈이 아닌 것처럼 떠벌이는 것은 혼란의 영을 받아 하는 말이라는 것을 독자들은 알아야 한다.

이 네 가지가 계시록 13장에 나오는 666표에 대한 진실이다. 따라서 독자들은 여기서 666 베리칩의 진실과 거짓을 뚜렷하게 분별할 수 있을 것이며, 베리칩의 공포로부터 자유하게 될 것이다.

6. 666표와 베리칩 종말론에 대한 비평

계시록 13장을 중심으로 '666표의 정체성'에 대해 총체적으로 살펴보았다. 그리고 성경적인 고찰과 신학적인 과제를 근거로 666표에 대한 진실을 규명했다. 그 결과는 666은 물체가 아니라 표의 성격을 띠고 있는 '상징적인 수'이다.

요한이 환상으로 보았던 666을 아는 것과 셀 수 있는 것은 결코 쉬운 일이 아니다. 그래서 신학은 666을 세어보려고 숫자풀이, 상징적인 해석은 물론 문자적 해석까지 다양한 방법을 활용해 가며 해석을 시도해 보았으나 속 시원한 해결 방법은 없었다.

베이커리 주석은 이런 안타까움을 다음과 같이 쓰고 있다. "본서의 이 유명한 수수께끼를 풀고자 하는 여러 가지 다양한 시도들은 아무런 합일점을 찾지 못하고 있다."[62] 저자 터그는 666을 수수께끼로 본 것이 아니라 누구도 제대로 해석하지 못하고 있는 안타까운 현실을 지적하고 있다. 수수께끼는 알면 쉬운 것이지만 모르면 제멋대로 아주 재미있게 풀어 사람들을 웃게 한다. 이와 마찬 가지로 종말론자들도 666을 수수께끼로 푼답시고 베리칩으로 풀어 놓고 소문을 내고 있으니 정말 웃기는 것이다. 요즘 한국은 웃기는 복음이 대세라는 말이 있는데 종말도 웃기는 종말이 있는 듯 싶다.

이처럼 666표와 베리칩의 관계가 하나씩 드러나자 종말론자들은 한 발짝 물러나면서 하는 말, "지금은 베리칩이 666표가 아니라도 앞으로는 될 것"이라는 변명같지 않는 변명을 하고 있다.

---

62) 베이커리 성경주석(계시록), 로버트 터그 저, 장귀복 역. p. 361(기독교보사, 1988.4.30)

종말론자들은 베리칩으로 마지막 종말이 모두 준비된 것처럼 호들갑을 떨고 있지만 베리칩보다 더 진보된 어떤 전자칩이라고 할지라도 칩 자체가 짐승의 표는 아니다. 다만 전자(베리)칩은 보조 역할을 할 뿐이다. 보조는 본질이 아니다. 그러므로 베리칩을 666표라고 하는 논리는 비 본질을 가지고 마치 본질처럼 호도한 것과 같으며, 구약의 희생 제물이 흘린 피가(예수님이 십자가에서 흘리는 보혈의 피처럼) 본질이라는 그럴싸한 논리와 같다.

베리칩이 666표가 될 수 없다는 것이 신학적, 성경적, 해석학적 뿐만 아니라 베리칩의 형태, 기능, 역할로도 증명된 셈이다. 반면에 역으로 베리칩을 가지고 아무리 셈을 해보아도 666이라는 셈이 나오지 않는다. 그러므로 이것은 잘못된 괴짜 등식(666≠베리칩)이다.

二. 베리칩과 종말론

베리칩 종말론은 성경적으로나 신학적으로도 진실이 아님을 밝혀 왔다. 그럼에도 불구하고 베리칩 종말론의 허구성을 다시 다루는 것은 대부분의 사람들이 성경적인 종말론은 무시하고 베리칩 허구성에 유혹되고 있기 때문이다. 반면에 어떤 사물이나 논리에 진실이 없다면 그 이면에는 음모나 거짓이 자리 잡고 있다. 그래서 이번 단락에서는 베리칩 종말론의 허구성과 종말론자들의 사상의 허구성에 대해 다루고 있다.

1. 베리칩 종말론의 허구성

1) 베리칩의 일반적인 이해

베리칩을 일반적으로 이해해야 할 부분은 두 가지이다. 첫 번째는 IT산업의 발달로 인한 기술적인 이해이다. IT산업은 세기를 넘어오면서 눈부시게 발전해 가고 있다. 휴대폰 하나만 가지고도 안 되는 것이 없을 정도이다. 지금은 휴대폰으로도 세계 도시의 골목까지 손바닥 안에서 한 눈에 볼 수 있다. 이것은 놀라운 IT산업의 발전이 아닐 수 없으며 단순한 기술적인 이해를 넘어서 기술의 혁신이다. 다른 하나는 성경 종말의 징조로서 이해이다. 종말론자들은 지금 시판되고 있는 전문용 베리칩까지도 666표라고 단정하고 소문을 내고 있기 때문에 종말론적 관점에서 베리칩을 바르게 이해해야 한다.

(1) 전자칩으로서 이해

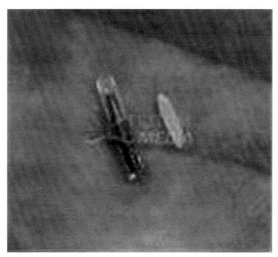

▲ 쌀 한 알만한 크기로 만들어진 베리칩, 사람의 몸에 직접 주입할 수 있다

베리칩(Verichip)은 베리피케이션(Verification, 조회, 증명, 식별용)과 칩(Chip, 직접회로, 반도체)이라는 뜻을 가진 두 단어의 합성어이다. 베리칩은 개인의 생체 정보와 유전자를 담아 개인 식별이 가능하게 하는 쌀 크기의 아주 작은 칩이며, 사람의 몸속에 심을 수 있는 것이 가장 특징이다. 베리칩은 전자 원리로 되어 있어서 전자칩(전자 태그칩)이라고도 한다. 그리고 기능적으로는 마이크로칩인 것이다.[63] 베리칩은 미국 ADS사가 처음으로 개발했다.[64] 사람의 몸에 직접적으로 삽입할 수 있다고 해서 '생체칩'이라고 하는데 ADS사가 개발한 이 생체칩의 상품 이름이 베리칩이다. 제조회사가 처음에 베리칩이라는 상품 이름으로 시판했기 때문에 베리칩으로 널리 알려졌다.

---

63) 전자칩을 바이오칩(biochip) 혹은 메디칩(medichip) 등으로도 불려지고 있는데 다 같은 의미를 지닌 말이다.
64) 베리칩의 제조회사는 미국에 있는 '어플라이드 디지털 솔루션즈' (Applied Digital Solutions) 그룹의 계열사인 '디지털 엔젤 코퍼레이션' (Digital Angel Corporation)이다. 이후에 개발사가 인수 합병되면서 지금은 '포지티브 아이디 코퍼레이션' (PositiveID Corporation)이다.

마이크로칩   축전지   안테나   케이스

〈 베리칩(Verichip)의 구조 〉

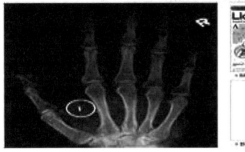

▲ 베리칩의 구조와 오른손에 삽입되어 있는 베리칩

▲ 인체용 베리칩과 베리칩 주입 주사기

(2) 기능적으로서 이해

베리칩은 인체에 삽입이 가능한 일종의 무선식별 장치이다. 그러나 베리칩의 원리는 아주 작으면서도 간단하다. 이 칩은 크게 유전자 메모리 코드와 축전지, 안테나 세 부분으로 구성되어 있다. 메모리에는 16자리 고유번호와 유전자 코드가 들어 있으며, 피 이식자의 기본 모든 정보가 여기에 저장된다. 축전지는 메모리칩이 내부에서 정상적으로 기능할 수 있도록 전력을 공급하며, 안테나는 송수신할 수 있는 기능이 있어 외부와 연락이 가능하다. 베리칩의 최대의 유형성은 사람의 몸에 주입할 수 있는 스마트 칩으로서 전산 기능과 상거래 등을 할 수 있다. 바로 이런 기능 때문에 베리칩은 성경의 종말 사상으로 등장한 것이다. 반면에 칩을 나쁜 목적으로 사용하게 되면, 피 이식자의 행동을 감시나 통제할 수 있으며, 금융적인 사고도 일어날 소지를 안고 있는 것이 가장 큰 단점이기도 하다. 베리칩을 피부에 이식하는 방법은 이식할 부위에 국소마취한 후에 주사기로 이식하기 때문에[65] 의사의 시술이 없이도 간단하게 주입할 수 있다. 지금 유통되고 있는 베리칩의 종류는 동물용, 인체용, 의료용 크게 세 가지로서 그 기능이나 활용하는 목적이 각각 다르다.[66]

(3) 종말의 징조로서 이해

베리칩이 어떤 기능이 있으며, 사람의 몸과 어떤 연관성이 있든 간에 우리에게 큰 문제가 될 바는 아니다. 그저 IT산업의 발전으로

---

65) 주입 부위는 피하지방이 더 두터운 팔뚝이 가장 좋으나 피하 지방이 덜하는 손등이나 이마도 가능하다.
66) 의료용: 베리 메드(VERI MED), 현금 인출용: 베리 페이(VERI PAY), 보안용: 베리 가드(VERI GUARD), 추적용: 베리 트레이스 (VERI TRACE), 어린이 납치 방지용: 베리키드(VERI KID) 등이다.

인한 생활의 패턴(pattern)으로 생각하면 된다. 그러나 베리칩이 마지막 종말의 징조로서 666표라는 소문이 자자하기 때문에 관심사가 아닐 수 없다. 따라서 베리칩은 종말론적 과제를 동시에 안고 있어서 베리칩을 종말의 징조로서 바른 이해를 해야 한다. 계시록은 종말의 때에 짐승으로 상징된 적그리스도가 나타나 666표로 모든 경제를 장악할 것으로 예언하고 있다(계 13:16-18).

베리칩에 대한 가장 일반적인 이해는 이와 같이 세 가지를 기본적으로 전제하며 논해야 한다. 그렇지 않고 있기 때문에 베리칩의 거짓된 소문이 무성한 것이다.

2) 666과 베리칩의 관계

(1) 종말론자들이 말하는 베리칩

종말론자들이 말하는 베리칩은 네 가지가 그 핵심이라고 할 수 있다. 첫째는 계시록 13장에 나온 666을 문자적으로 해석하여 베리칩을 666표라고 단정하고 있다. 둘째는 '종말'이라는 목표를 고정시켜 놓고 베리칩을 마지막 구원의 단계처럼 몰아간다. 셋째는 베리칩에 온갖 루머를 첨부하여 베리칩을 666표라며 괴 소문을 내고 있다. 넷째는 베리칩을 사람의 몸에 삽입할 수 있다는데 기인한다. 많은 사람들은 이러한 소문의 영향을 받아 쉽게 미혹된다. 심지어는 목회자들도 예외는 아니다. 물론 일부이긴 하지만 베리칩 소문에 유혹된 목회자들은 강단에서 베리칩을 666표라고 서슴없이 설교하며 베리칩을 받게 되면 절대로 구원받을 수 없다고 가르친다.

(2) 베리칩과 666표와의 함수관계

베리칩과 666표는 성질과 목적뿐만 아니라 그 외에 어떤 다른 것이라도 서로는 관계성이 없다. 그런데도 불구하고 종말론자들은 베리칩과 666표는 마치 깊은 관계라도 있는 것처럼 만들어 버렸다. 그래서 소위 '베리칩 종말론'이라는 이슈가 한국교회에 등장하게 된 것이다. 베리칩은 기능을 가지고 있는 물체이며, 666은 그야말로 아라비아 숫자이다. 따라서 이 둘이 함수관계를 가지려면 베리칩의 원천적 원리는 아니라도 최소한 666 숫자와 연관되어야 한다. 마치 바코드처럼 말이다. 그래서 바코드는 666이라는 코드가 맞물려 여타의 종말론처럼 유행을 탔으나 바코드 종말론은 얼마가지 못하고 해프닝으로 끝나고 말았다. 이런 맥락에서 보더라도(물론 베리칩은 사람의 몸에 이식할 수 있는 장점은 있으나 반면에 바코드처럼 (666)숫자의 배열이 무관하다는 것을 알 때) 베리칩은 바코드보다 훨씬 못하다. 그럼에도 불구하고 베리칩은 종말이라는 이슈의 날개를 달고 바코드보다 훨씬 힘 있게 떠돌고 있다.

이것은 양자가 서로 함수관계에 있어서가 아니라 함정과 모방이라는 무서운 마력의 힘을 빌려서 훨훨 날고 있다. 베리칩과 666표는 어떠한 함수관계도 가지고 있지 않다. 그러므로 여기서 말하는 함수관계와 함정관계는 엄연히 다르기 때문에 혼동이 없기를 바란다.

(3) 베리칩의 수와 666의 수

베리칩의 수와 666의 수도 서로 함수관계를 가지고 있지 않고 있다. 베리칩 메모리에는 16자리 고유번호가 자리잡고 있기는 하지만 짐승의 표로 상징된 수(666)와는 직접적으로 아무런 관련이 없다. 따라서 베리칩의 기능적인 수와 짐승의 표인 666의 수는 서로 같은 것이 아니다. 이럼에도 불구하고 베리칩 종말론자들은 뻔뻔하게 '베리칩 안에 숫자가 들어있지 않느냐' 며 항변하고 있다. 그러나 이것은 베리칩의 숫자이지 결코 짐승의 수 곧 사람의 수인 666은 아니다.

이것이 베리칩과 666이 다른 이유이다. 요한이 보았던 환상은 물체 안에 있는 수를 본 것이 아니라 짐승이 활용할 수를 보았다. 이것은 베리칩 종말론자들이 그토록 싫어하는 상징적인 해석으로서가 아니라 그들이 그토록 추구하는 문자적으로 해석했을 때에 그렇다. 그래서 필자는 문자적으로 해석하더라도 베리칩은 666표가 될 수 없다는 것을 강조하고 있다.

3) 베리칩 징조들의 허구성

666표의 진실성에서 밝히고 있듯이 베리칩이 666표가 아니라면 여기에는 뭔가 거짓이나 음모설이 자리 잡고 있는데 이런 현상은 종말의 징조에서 나타난다. 종말이라는 테마는 다양한 징조들로부터 오는 것이기에 베리칩의 징조에 대해 알게 되면 곧 그 허구성에 대해서도 알게 된다.

베리칩은 마야의 달력처럼 종말을 주도할 어떤 마력이라도 들어 있을까? "베리칩은 전자(IT)산업의 발전의 쾌거로써 생활의 편리한 도구인가? 억측 같은 주장은 없을까? 아니면 몰이해로 오인하고 있는 것은 아닐까? 베리칩이 사람의 몸에 이식할 수 있다는 이유만으로 666표라고 할 수 있을까? 그리고 성도들은 베리칩에 대해 어떤 견해를 가져야 하며 목회자는 베리칩의 허구와 진실에 대해 얼마나 분별하여 바르게 가르치고 있을까?

(1) 베리칩에 대해 몰이해하고 있다

종말론자들은 시판된 모든 베리칩을 666표로 본다. 그러나 지금은 종말의 때가 아니기 때문에 터무니없는 낭설에 불과하다. 짐승이 도구로 활용할 전자칩은 적그리스도가 나타나서 칩을 급하게 만들어 활용하는 것이 아니라 이미 상용화된 칩을 이용한다. 그러므로 짐승이 나타나기 전에는 어떤 칩이라도 666표가 될 수 없다. 그래서 시판된 베리칩을 666표라고 한 것은 베리칩에 대해 몰이해하기 때문이다.

(2) 베리칩은 계시록 종말의 징조와 불일치하다

계시록 13장은 종말의 초기가 아니라 한창 진행 중에 있는 상황이다. 이미 적그리스도가 나타나서 우상에게 경배하도록 독촉하고 있어야 하며, 상거래를 통제하는 수단으로 666표를 활용해야 한다. 지금 시판되고 있는 베리칩이 666표의 징조라면, 세계의 정치와 경제도 함께 맞물려 진행되어야 한다. 이처럼 13장과 일치하는 짐승의 출현은 아직 없을 뿐만 아니라 그 기미도 보이지 않고 있기 때문에 현재는 종말의 시기로 볼 수 없다. 그래서 베리칩은 종말의 징조와 불일치하며 소문에 불과하다.

(3) 베리칩은 현대 과학의 산물이다

현대의 과학은 눈부시게 발전하고 있다. 휴대폰 하나로 인터넷, 금융, 각종 정보 등 모든 것을 할 수 있는 시대이다. 현대의 과학은 사람을 만들어 낼 수도 있으며, 한 사람을 여러 사람으로 복사하는 것까지도 가능하다(일명, 과학사람). 다만 윤리적인 문제에 직면하여 유보 상태에 있을 뿐이다. 이런 과학의 시대에 베리칩을 개발한 것은 그리 대단한 일도 아니다. 따라서 현재의 전자(베리)칩은 전자산업의 발달로 기인된 것이다. 그래서 합동총회 신학부는 잘못된 베리칩 종말론에 대해 말하면서 "베리칩을 비롯해서 바코드, 컴퓨터, 혹은 신용카드 등은 모두 일반은총의 영역에 속한다며 기술문명에 속한 그것들 자체는 선한 것으로서, 하나님께서 금하신 것도 아니며 믿음의 도에 어긋나는 것도 아니라"고 말하고 있다.[67]

합동총회 신학부 지적에 대해 필자도 공감하면서 다음과 같은 세대가 반드시 우리 곁으로 올 것을 직시하고 있다. 전자 기술의 발달은 현대 과학의 이름으로도 표현하기에 부족할 정도로 혁명적인 발전을 거듭해 오고 있다. 특히 전자칩 산업의 발달로 '종말의 때'가 이르기 전에 스마트(smart)기기들은 지금보다 훨씬 정교한 것으로 만들어져 우리의 생활 깊숙이 들어와 전자칩은 신용카드 대신으로 만들어질 것이며, 금융용, 의료용, 보안용 등 다양한 칩들은 사람의 몸에 쉽게 주입하고 다니는 시대가 반드시 다가올 것이다. 그럼에도 불구하고 어떠한 유형의 칩이 세상에 등장한다고 하더라도 이것은 전자산업 발전으로 인한 전자칩일 뿐이다.

---

67) 합동총회 기독신문사, 2013. 7. 10 1면 보도(박민규 기자), 홈페이지(www.kidok.com) 기사검색(베리칩― '베리칩은 은혜의 구속 좌우할 수 없다')

전자 산업의 혁신적인 발달로 사람들은 과학의 혜택을 누리고 살아가는 것은 당연한 이치이다. 반면에 과학적 현상을 죄악시 할 수 없다. 왜냐하면 과학은 하나님의 일반 은총에 속한 영역이기 때문이다. 과학은 과학으로 이해해야 한다. 과학적인 현실을 가지고 종말과 터무니없이 연결시키면 세상의 종말론자들처럼 그야말로 허망으로 끝을 보게 될 것이다.

4) 오바마 케어와 베리칩의 관계

베리칩이 666표로 둔갑하게 된 첫 번째 요인은 아마 오바마 케어일 것이다. 그래서 어쩌면 오바마 케어에 베리칩의 진실과 허구가 다 들어 있다고 해도 과언은 아닐 것이다. 이제 마지막으로 오바마 케어를 다루고 '베리칩 종말론의 허구성'은 끝을 맺고자 한다.

(1) 오바마 헬스케어 법

오바마 헬스케어 법은 미국 민주당과 오바마 대통령이 적극적으로 추진했던 미국건강보험개혁법이다.[68] 이 법안은 미국 의회를 통과하여 2010년 3월 23일에 오바마 대통령이 서명함으로써 3년 유예 기간을 걸쳐 2013년 3월부터 시행한 법이다. 그동안 경제적인 여건상 건강보험에 들 수 없었던 미국 국민 중에 약 3,200만 명 정도가 정부보조 등을 통해 의료보험에 가입할 기회가 주어진다. 한국도 처음에 공무원과 직장의료보험을 순차적으로 실시하다가 전 국민의료보험제도로 확대 실시했다. 그러나 아이러니하게 사회보장법

---

68) 미국건강보험법(The New Health Care)으로 미국건강보험개혁법 혹은 오바마 건강개혁법이다.

(1935년)을 최초로 도입한 미국에서 그것도 세계 경제 강국이라는 미국은 그동안 전 국민의료보험을 실시하지 못하다가 2013년에 비로소 실시하는데, 이것이 소위 오바마 헬스 케어이다.

(2) 오바마 케어의 어설픈 베리칩의 진실

미국건강보험개혁법은 미국인들에게 경제적으로 어려움이 없으면 그리 문제될 것이 없다. 오바마 헬스케어는 보험료만 납부할 수 있는 형편이라면 세계 최고의 미국 의료혜택을 받을 수 있는 사회보장제도이다. 그런데 미국과 반대편에 있는 한국에서 오바마 헬스케어를 문제를 삼고 있다. 여기에 어설픈 진실이 들어 있다.

오바마 헬스케어는 미국 전 국민에게 의료보험제도를 확대 실시하는 사회제도이다. 그래서 처음에 법안에 참여한 사람들이 국민건강관리를 위해 다양한 제안들을 했을 것이다. 이것은 필자의 추론이 아니라 최초 법안(HR 3200)이 1000 페이지가 넘어서 한 말이다. 여기 1000페이지는 미국의 헌법이 아니라 미국건강보험개혁법을 말하고 있으니 혼동이 없기를 바란다. HR 3200 법안에 처음에 참여했던 사람들이 국민 건강관리차원에서 의료용 전자칩에 대한 문구가 들어갔을 개연성은 충분히 있다.[69] 건강을 위한 법안이 1000 페이지가 넘는다고 하니 건강을 위한 좋은 문구는 다 들어갔을 것이다. 전자칩으로 건강을 관리할 수 있는 가능성은 있기 때문에 최초 법안인 HR 3200에는 베리칩 이식설이 들어 있을 수 있다.

---

69) HR 3200 법안은 지금은 폐기된 문건이기 때문에 당시 베리칩 시술이 들어있었는지는 확실히 알 수 없다.

여기서부터 가상적인 베리칩과 666 관계가 시작되었다. HR 3200 법안은 그야말로 입안자들이 최초로 작성한 초안이기 때문에 미의회에 상정조차 되지 않았다. 의회에 상정되지 않았다면 당연히 법령으로도 제정될 수 없다. 실상은 오바마 케어가 미의회를 통과하여 발의하기까지는 쉽지 않았다. 미 하원은 2009년 11월에 최초 법안인 HR 3200 법안을 손질하여 HR 3962[70]법안으로 발의했다. 그러나 미 상원에서는 이와 비슷한 법안을 같은 해인 12월에 HR 3590[71]로 발의를 했다. 그러자 하원안인 HR 3962는 포기하고 상원안을 수정해 최종적으로 HR 4872[72]법안이 미 의회를 통과했다. 그래서 HR 4872에는 법이 통과한 년도(2010)가 표기되어 있다.

여기서 오바마 헬스케어와 베리칩의 관계를 가름할 수 있다. 상하원에서 계속 수정한 HR 3962이나 3590에는 베리칩 이식에 관한 조항이 아예 빠져 있었다. 그렇다면 미 의회를 통과한 최종법안인 HR 4872에는 베리칩 이식에 관한 조항 자체가 없는 것은 당연하다. 유사한 표현도 없다. 결과적으로 초안에는 베리칩 시술이 있을 수 있었으나, 미 의회를 통과한 법에는 베리칩의 시술이 없다.

여기서 베리칩의 어설픈 진실을 볼 수 있다. 첫째는 오바마 헬스케어에 베리칩 시술 조항이 있다는 것을 누군가가 확인을 했다면 HR 3200 초안이었을 것이다. 그런데 초안인 HR 3200은 폐기된 문서이기 때문에 지금은 확인할 수 없다. 설사 확인할 수 있더라도 미 의회에 통과는 물론 발의조차 안 되었기 때문에 무용지물이다. 둘째

---

70) HR 3962(The Affordable Health Care for America Act)
71) HR 3590 (The Patient Protection and Affordable Care Act)
72) HR 4872 (Health Care and Education Reconciliation Act of 2010)

이러함에도 불구하고 종말론자들 중에 오바마 헬스케어에 베리칩 시술 조항이 있다고 주장한다면 이것은 조작된 것이다. 미 의회 공식 홈페이지에 올라와 있는 법안에는 베리칩 시술이 없는데도 인터넷에 떠돌아다닌다면 누군가의 음모임이 분명하다.[73] 이것이야말로 어설픈 진실이 아닐 수 없다. 오바마 케어는 베리칩 시술 조항이 없는데도 불구하고 있다고 하면 어설픈 약국이 사람 죽인다는 속담처럼 어설픈 오바마 케어가 미국뿐만 아니라 세계에 흩어져 있는 그리스도인들을 혼란과 공포로 죽이는 것이다. 이것은 어느 비평가가 말한 것처럼 미국 땅에 살고 있는 한국 사람이 어설픈 영어 실력으로 어설픈 진실 곧 베리칩 공포를 만들어 낸 것이다.

(3) 오바마 케어에 담긴 베리칩의 허구성

베리칩 종말론자들은 미국 국민이라면 오바마 헬스케어에 의해 불가피하게 베리칩을 몸에 이식할 것이라고 소문을 내고 있다. 그리고 이것을 이식하면 짐승의 표인 666을 받은 것이며, 로봇 인간이 되어 칩으로 원격 조정을 당해 정신적으로나 육신적으로나 할 것 없이 전인격적으로 통제나 조정을 받다가 결국에는 지옥으로 간다며 베리칩 종말론의 공포를 조성하고 있다. 종말의 때와 전혀 상관이 없는 베리칩 하나 때문에 임박한 종말론의 사상까지 등장하는 어처구니없는 일들이 한국에서 벌어지고 있다. 한국에서 베리칩을 문제 삼는 것은 문제되지 않는 것을 문제삼는 것이며, 반면에 미국에서 베리칩을 문제삼지 않는 것은 문제가 되지 않기 때문인 것이다.

---

73) 미국 백악관 헬스케어 홈페이지 주소 : http://www.whitehouse.gov/healthreform
오바마 헬스케어 홈페이지 주소 : http://www.barackobama.com/health-care/

베리칩의 시행령은 '법적 근거, 이식, 시기' 이 세 가지가 관건이다. '법적 근거'가 없다는 것은 이미 밝혀졌으며, '이식'도 베리칩 시술 조항이 없기 때문에 거짓이다. 마지막으로 관건은 '시기'이다. 종말론자들에 의하면, "2010년 3월 30일에 오바마 헬스케어 법안이 통과되었고, 3년 동안의 유예 기간을 거쳐 2013년 3월 1일 이후에 베리칩 이식이 시행되며, 2014년 1월 1일부터는 베리칩을 이식하지 않으면 벌금형에 처하게 되며, 2017년 1월 1일부터는 강행 처벌 기간이 되어 "범법자"가 된다. 그러나 이 말은 억지라면 억지, 거짓이라면 거짓, 술수라면 술수이다. 왜냐하면 미국은 예정대로 오바마 헬스케어를 실행하고 있으나 베리칩 시술은 전혀 하지 않으며, 강제성은 베리칩 시술에 관한 것이 아니라 보험 가입의 관한 것이기 때문이다. 그리고 '벌금'은 베리칩을 받지 않으면 부과되는 것이 아니라 의무보험에 가입하지 않으면 부과된다. 이처럼 어이없는 베리칩 음모론은 여기서 모두 들통이 난 것이나 다름없다.

종말론자들은 '보험 가입' 강제성을 '베리칩 시술' 강제성으로 조작하여 3년 동안 잘 써먹었다. 특히 자칭 베리칩 전도자라는 이상남 목사는 3년 유예 기간 동안 세계에 흩어진 한인들을 대상으로 베리칩 종말론을 힘 있게 잘 전했다. 그런데 진작 베리칩을 시술해야 하는 2013년 3월부터 이상남 목사는 더 당당하게 전해야 하는데 오히려 꿀 먹은 벙어리가 되어 은신하다시피 하고 있다. 오바마 헬스케어와 베리칩의 관계는 이런 식으로 만들어졌다. 그래서 어설픈 진실인 것이다. 베리칩은 메이슨과 더불어 공포를 느낄만한 종말의 징조가 아니기 때문에 독자들은 자유하기 바란다.

(4) 베리칩 가치의 허구성

베리칩 이식이 오바마 헬스케어에 들어 있다면 베리칩은 의료서비스로의 가치뿐만 아니라 상품적으로도 환산할 수 없을 정도로 어마어마한 가치가 있다. 미국은 3억이 넘는 인구 수를 가진 다민족 국가이다. 전 국민이 빠짐없이 베리칩을 시술받아야 한다면 당장 3억 개 정도가 소요될 것이며, 앞으로 출생할 사람과 해외 수출까지 포함하면 천문학적 숫자이다. 따라서 베리칩은 확고한 시장성을 갖게 될 뿐만 아니라 한마디로 대박이다. 대박을 앞둔 상품(베리칩)의 소식은 아마 주식시장에서 가장 먼저 알게 된다. 그런데 베리칩 회사(PositiveID)의 주식(PSID)[74]은 2013년 12월 현재 2센트(원화 23원) 정도라고 한다. 그런데 더 놀라운 것은 오바마 헬스케어가 미의회에 통과했던 2010년 3월보다 오히려 주식(1.99불)이 보험 가입을 신청한 2013년에 더 떨어졌다. 실상은 주식이 떨어졌다기보다는 곤두박질 친 것이다. 이런 현상은 오바마 헬스케어와 베리칩 시술은 전혀 상관이 없기 때문에 시장성이 없다는 것이며, 베리칩 회사 주식이 곤두박질 쳤다는 것은 현실적으로도 허구라는 것을 증명한다.

5) 베리칩 종말론의 허구성에 대한 비평

그동안 베리칩의 일반적인 이해로부터 시작하여 666과 베리칩의 관계성과 허구성 그리고 오바마 헬스케어와 베리칩의 관계성까지 살펴보았다. 미국의 건강보험개혁법안인 오바마 헬스케어와 베리칩

---

74) 베리칩 회사가 VeriChip Corporation에서 PositiveID Corporation 회사로 바뀐 새로운 주식명이다.

의 관계는 어설픈 진실로 거짓임을 온 천하에 드러났다. 진실의 역사는 하나이다. 없는 것을 있는 것처럼 과장하면 언젠가는 거짓으로 들통이 나기 마련이다. 베리칩은 베리칩이며, 666은 666이며, 오바마 케어는 오바마 케어이다. 베리칩은 오바마 케어나 666과는 어떠한 연관성도 없다. 그러므로 베리칩 종말론은 거짓이며, 성경적인 종말론이 아닌 잘못된 종말론이다.

베리칩이 잘못된 종말론이라는 것은 여기저기서 발견되고 있다. 베리칩 종말론의 맹점은 베리칩을 받느냐 안 받느냐에 따라 구원이 결정된다. 666표도 길거리에서 나누어 주는 찌라시처럼 받느냐 안 받느냐가 아니라 짐승에게 경배하느냐 하지 않느냐가 문제이다.

하나님은 자기 백성에게 공포 분위기를 조성했다가 구원하는 분이 아니라 오히려 베리칩으로 인해 불안에 떨고 있는 자기 자녀들에게 찾아 오셔서 위로하며 구원하시는 분이다. 불안에 떨고 있는 아브라함을 하나님이 찾아오셔서 "아브람아 두려워하지 말라 나는 너의 방패요 너의 지극히 큰 상급이니라."(창 15:1)며 위로해 주셨다. 하나님은 아브라함을 한 마디 위로로 끝내지 않고 밖으로 데리고 나가 하늘의 수많은 별들을 시청각적으로 보여 주셨다(창 15:5). 이것은 하나님이 (창세기 12장에서)아브라함에게 소명을 주실 때 큰 민족을 이루어주겠다는 약속이 여전히 유효하다는 것을 상기시켜 주기 위해서이다. 그런데 아브라함은 하나님의 약속을 믿지 못하고 엘리에셀을 자기 후계자로 이미 결정해 놓았다. 이런 아브라함을 하나님은 의로 여겨주신 것은 그야말로 은혜이다. 이와 마찬가지로 하나님은 마지막 종말 때에 곤경에 처한 자기 자녀들을 찾아 오셔서 위로하시며 구원해 주실 분이지 베리칩 따위로 곤경에 처하게 했다가 견디면 구원할 분이 아니시다.

한국에서 오바마 케어를 문제삼는 것은 한 마디로 '오바마 케어에 대한 한국 교회의 무지' 이다. 이처럼 베리칩은 잘못된 종말의 소문이므로 절대로 속아서는 안 된다. 그동안 말도 많고 탈도 많았던 오바마 케어와 베리칩의 관련설은 거짓과 같은 진실이기 때문에 많은 사람들이 속았다. 이제 현명한 성도들은 666표에 대한 진실뿐만 아니라 바코드, 베리칩과 같은 잘못된 종말론의 허구성에 대해서도 바르게 알고 대처해야 한다. 그래서 본서는 666표의 진실과 베리칩의 허구성을 동시에 알리는 역할을 하고 있다.

2. 베리칩 종말론자들의 사상의 허구성

앞 단락에서 말하고 있는 '베리칩 종말론의 허구성' 과 이번 단락에서 논하고자 하는 '베리칩 종말론자들의 허구성' 은 대동소이하나 실상은 각각 서로 다른 관점을 나타낸다. 전자는 성경적인 관점에서 '베리칩 종말론의 허구성' 말하고 있으며, 후자는 종말론자들의 사상적인 관점에서 '베리칩 종말론의 허구성' 을 말하고 있다.

베리칩 종말론이 한국 교계에 이슈가 된 것은 인터넷, 안티기독교, 그릇된 종말론 사상 등 여러 가지 요인으로 볼 수 있다. 그러나 실제적으로 영향을 미치게 한 것은 신학을 하지 않은 평신도들이 퍼뜨린 소문이었다. 이들은 처음에는 인터넷 매체를 통해 베리칩 종말

사상을 유포하기 시작했다. 그러다가 베리칩에 관한 전문적인 서적들이 나오게 되었고, 베리칩 종말론의 영향을 받은 일부 목회자까지 가세를 하면서 베리칩 종말론 사상은 굳건하게 자리잡게 되었다.

1) 종말론자들의 잘못된 사상들

잘못된 베리칩 사상에는 삼박자 논리가 자리잡고 있다. 첫째는 베리칩 종말론의 출처는 음모론자들의 영향을 받은 안티기독교인들로부터 시작되었으며(그림자 정부, 프연모 등), 둘째는 이들의 영향을 받은 평신도들이 베리칩 종말론 사상을 가일층 업그레이드 하여 교회 안으로 들어와서 이슈화 했으며(마지막 신호, 주님을 기다리는 신부들 등), 셋째는 베리칩을 666표로 확정하는 데는 일부 목회자들이긴 하지만 그들이 가세했기 때문이다(이상남, 전효성 목사 등).

반면에 이 같은 삼박자 사상에는 아주 은밀하게 두 가지 또 다른 작용이 있었다. 하나는 베리칩 종말론의 출처가 성경이나 교회의 배경이 아니라 세상에 온갖 징조들을 배경으로 하고 있다는 점과, 다른 하나는 성경적인 종말론은 목회자가 평신도에게로, 교회에서 세상으로 전달되어야 하는데 역으로 평신도에게서 목회자에게, 교회 밖에서 교회 안으로 끌고 들어왔다는 점이다.

필자가 처음으로 베리칩의 종말론을 접하며 하나하나 그 실상에 대해 알아가면서 베리칩의 거짓은 어디까지 치솟을까? 창세기 11장에 나온 바벨탑 사건을 생각하지 않을 수 없었다. 그래서 베리칩의 진실보다는 거짓에 더 비중을 둘 수밖에 없었던 것이며, 반면에 지금까지 666표의 진실을 성경적으로나 신학적으로 말하려고 했던 것도 역으로 베리칩의 허구성을 들쳐 내기 위해서였다. 베리칩 허구성의 이면에는 반드시 종말론자들이 자리 잡고 있어서 이번 단락에서는 '베리칩 종말론자들의 허구성'에 초점을 두고 있다.

(1) 베리칩은 근거가 없는 종말론 사상이다

베리칩을 666표라고 할 수 있는 유일무이한 근거는 사람의 몸속에 삽입하는 기능 외에는 없다. 성경의 종말의 징조와 전자 산업의 발전상 등은 전혀 고려하지 않고 몸속에 삽입할 수 있다는 한 가지 이유만으로 베리칩을 666표로 만들어 버린 것은 전혀 근거가 없는 낭설이다. 지금 유통되고 있는 베리칩의 유형은 동물을 관찰하는 동물용, 질병 예방이나 치료를 목적으로 하는 의료용, 어린이 유괴나 치매 환자의 위치를 추적하는 보안용 등 아주 단순한 것들이다.

필자가 어렸을 때 있었던 일이다. 투정을 부리며 울고 있을 때 부모님이 일본 순사가 온다고 겁을 주면(55년이 지났어도)당장 울음을 그쳤던 것을 지금도 생생하게 기억하고 있다. 지금 베리칩의 공포는 마치 옛날에 부모님이 애들에게 써 먹었던 일본 순사의 공포와 유사하여 유치하다 못해 너무 허망하다.

(2) 베리칩은 짐승의 표에 대한 오해이다

베리칩을 666 짐승의 표로 보는 것은 오해로부터 기인된 것이다. 왜냐하면 다음 몇 가지 이유 때문이다. 첫째는 국가 정책에 대해 오해를 불러일으킬 수 있다. 만약 대한민국이 전 국민건강관리차원에서 의료용 베리칩을 시술한다면, 이것은 국가의 시책이지 666표를 주입하는 것이 아니다. 그러나 분별하지 못한 한국의 베리칩 종말론자들은 국가의 정책을 오해한 나머지 어떤 행동을 할지 눈에 훤하다. 우리와 상관이 없는 미국이(그동안 미국의 베리칩 시술을 오해한 나머지, 법안에 아예 없었는데도 마치 있는 것처럼 호도하면서까지 야단법석이었는데) 아닌 한국에서 그것도 법적으로 전 국민 의료용 베리칩을 시술하면, 영적으로 저지한답시고 아예 직장도 그만두고 거리로 나올 사람들이 많을 것이다. 이것은 국가의 시책에 대한 오해로부터 발생한 것이므로 우리는 최소한 국가의 시책과 종말의 징조를 분별할 수 있는 지혜는 있어야 한다.

둘째는 베리칩 시술에 대한 오해이다. 전자칩 시술이 국가적 시책으로 결정되면 전 국민은 의료용 칩을 일시에 시술을 하게 된다. 그런데 의료용 베리칩을 가지고 666표라고 하는 것은 오해이다. 왜냐하면 666은 우상을 경배하는 증표이기 때문이다. 여기서 간과해서는 안 되는 것은 의료용 칩은 사람의 생명을 살리는 것이지 결코 죽이려고 하는 것이 아니다. 반면에 여기서 베리칩을 거부하는 행위는 생명을 죽이는 역할(사단은 죽이는 영이지 살리는 영이 아님)을 한다는 것을 알고 분별해야 한다. 신실한 성도들은 최소한 이 정도의 오해는 하지 않아야 한다.

셋째는 베리칩 기능에 대한 오해이다. 우리 몸에 칩이 시술된 상태에서 짐승인 적그리스도가 나타난다고 해서 우리 몸속에 있는 베리칩이 자동적 혹은 즉시로 전환되는 것도 아니다. 우상에게 경배하지 않으면 여전히 666이 아닌 베리칩이다. 이것은 베리칩은 베리칩이며, 666은 666이라는 것을 극명하게 보여 준다.

(3) 베리칩 종말론은 뻥튀기 수법이다

뻥튀기는 쌀이나 옥수수와 같은 곡물로 튀겨야 제대로 맛이 난다. 그런데 종말론자들은 베리칩을 666표로 뻥튀기하여 마치 구원의 마력이라도 내장된 것처럼 알리고 있다. 인체용 칩은 전파의 적용범위가 대부분이 1미터 미만으로 한정되어 있는데 위공위성까지 교신이 가능한 것처럼 말한 것은 뻥튀기이다. 한 번 주입하면 평생 간다는 배터리 수명도 뻥튀기 한 것이다. 각 나라의 주파수가 다르기 때문에 세계적으로 통용되려면 여러가지 문제가 선결되어야 한다.

그리고 지금까지의 기술로는 전자칩은 금속에 의해 전파가 장애를 일으킨다. 물론 이러한 장애는 미래에 진보된 전자(과학) 기술로 해결될 가능성이 많다는 것을 필자가 모르는 바는 아니다. 설사 미래에 이러한 장애가 완벽하게 해결된 전자칩이 나온다고 해도 칩 자체가 666표는 아니다.

이 밖에도 전자파가 인체에 미치는 악영향, 개인정보의 노출로 인한 프라이버시(privacy), 금융적으로 나타날 문제의 소지들, 국가별 베리칩 시술 정책, 지구촌 모든 사람들에게 동시에 적용하기에는 여전히 미지수이다. 따라서 베리칩은 준비된 종말의 징조가 아니다. 그런데 베리칩은 완벽하게 준비된 666표이며 구원의 마력이라도 있는 것처럼 소문내는 것은 뻥튀기 수법이다.

2) 종말론자들의 황당한 논리들

쌀만한 작은 베리칩 안에는 너무나 크고 무서운 음모가 도사리고 있다. 음모론의 이면(裏面)에는 "개인 신용정보뿐 아니라 사람의 생체정보까지 기록이 되어 인공위성을 통해 실시간 열람이 가능하다"고 말한다. 사람 안에 있는 고유의 인격을 지워버리고 다중인격을 만들어 내며, 사람의 심리를 마음대로 조작하기 위한 프로그램도 베리칩 안에 있다. 신경세포와 연결된 DNA 유전자는 사람의 심리와 사고체계를 마음대로 조작하고 모든 영혼은 프리메이슨으로 넘어가게 된다. 세계질서를 통치할 수 있는 모든 기술은 완성되어 있으며 베리칩은 시행할 시기만 남아 있다. 결국 이 표를 받는 것은 마귀에게 그 영혼을 파는 행위가 되며, 적그리스도와 연합을 이루게 된다.

종말론자들이 베리칩으로 666을 만들어 놓고 마치 종말의 마지막 징조인 것처럼 한 말들이지만, 누가 들어도 너무 황당하다. 그래서 이번 단락에서는 종말론자들의 황당한 논리들을 살펴보려고 한다.

(1) 종말론자들의 황당한 4대 거짓말

첫 번째 거짓말은 '베리칩을 사람 몸에 한 번 주입하면 다시 제거할 수 없다'는 것이다. 지금 의학계는 최첨단을 달리고 있다. 장기 이식은 물론 인공 관절, 신장, 심지어는 심장까지도 인공으로 시술할 수 있다. 그런데 쌀만한 물체 하나를 사람의 몸에서 제거하지 못한다는 것은, 수술을 전문적으로 하는 외과 의사들을 모독하는 것이다. 만약에 쌀만한 베리칩을 제거하지 못하면 돌팔이 의사이다. 그런데 많은 사람들은 종말론자들의 허구성을 분별하지 못하고 '칩을 제거할 수 없다.' 는 말에 오히려 더 깊은 공포와 의혹에 빠져 들어 가고 있다. 칩을 제거할 수 없다는 말은 성경 어디에도 없는 황당한 거짓말이니 속아서는 안 된다.

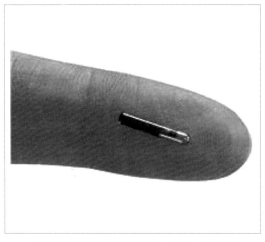
▲ 동물용 베리칩(인체용 베리칩은 더 작고 정교하다)

두 번째 거짓말은 '베리칩을 몸에 주입하게 되면 사람의 위치 추적뿐만 아니라 정신까지 장악하여 사람을 자기 맘대로 조정하며 병신내지는 바보로 만든다' 는 것이다.

베리칩 안에는 유전자 코드 128개가 들어있는데 이 유전자 메모리가 사람의 몸 안에 있는 신경세포와 교신할 수 있어서 사람의 이성, 생각 등을 좌지우지 할 수 있다. 이런 황당한 말은 '악하고 독한 종기가 난다' 는 계시록 16장 2절을 근거로 한다. 그러나 사도 요한이 본 666의 환상은 짐승의 소유권을 나타내는 증표와 매매 수단으로 활용할 표이지, 사람의 정신을 장악한다거나 바보로 만든다는 것이 아니다. 반면에 악한 종기는 실제적으로 몸에 나는 종기가 아니라 짐승에게 경배하고 표(666)를 받은 사람들에게 임할 하나님의 무서운 심판을 상징한다. 만약에 제거할 수 없다면 전자(베리)칩을 제거하지 못한다는 말이 아니라 하나님의 심판, 곧 영원한 지옥 심판에서 벗어날 수 없는 것을 말한다.

그리고 우리는 아프리카 정글을 직접 가지 않아도 안방에서 동물의 세계를 체험하듯 볼 수 있다. 이것은 전자칩의 덕분이다. 그러나 칩 때문에 동물에게 독종이 나서 치료받았다거나 죽었다는 동물학자의 해설을 한 번도 들어본 적이 없다. 또 베리칩 때문에 동물의 유전자가 바뀌었다는 뉴스는 더더욱 듣지 못했다. 베리칩 때문에 동물의 유전자가 바뀌었다면, 지금 아프리카 정글에는 베리칩으로 인하여 유전자가 변형된 동물들이 수두룩해야 한다. 그리고 이것은 뉴스거리 정도가 아니라 동물학자가 될 수 있는 박사 논문의 소재로도 충분하다. 성경의 종말론을 논하면서 이런 황당한 논리가 아무런 제제도 받지 않고 소문으로 떠돌고 있다는데 어쩌면 더 황당할 노릇이다. 그러므로 베리칩이 사람의 정신이나 유전자를 변형시킨다는 것은 성경과 완전히 다른 허무맹랑한 거짓말이다.

세 번째 거짓말은 '베리칩을 몸에 주입하게 되면 모든 정보가 쉽게 노출되어 사생활은 물론 금융적으로 많은 불이익을 당하게 된다'는 것이다. 금융은 사람들에게 가장 민감한 부분이다. 자기도 모르는 사이에 은행에 예치해 놓은 돈이 감쪽같이 없어진다면 겁먹지 않을 사람이 없을 것이다. 그래서 많은 사람들은 베리칩에 대해서는 잘 모르지만 정보가 유출되어 금융에 불이익이 올 수 있다는 것에는 염려한다. 그러나 이 말 역시 허무맹랑한 소문에 불과하다. 예컨대 A은행이 몸에 삽입할 수 있는 베리칩 시스템으로 전환하기로 결정하면, 고객들에게 베리칩 정책에 대해 홍보하면서 몸에 먼저 베리칩을 시술할 것이다. 그리고 은행창구도 모든 업무를 '칩 시스템'으로 전환해야 한다. 베리칩 시스템이 완료되면 종말론자들이 염려했던 개인 정보 유출 사고가 전국적으로 터지게 된다. 적게는 몇 만원에서부터 많게는 수십억에서 수백억까지 날렸다는 뉴스가 연일 보도될 것이다. 그야말로 아비규환의 참혹한 일들이 시시때때로 일어날 것이다. 고객의 정보가 유출된 은행은 법적 책임이 없단 말인가? 고객과 은행 양자가 서로 신뢰되지 않으면 아무리 좋은 정책이라도 도입할 수 없다. 그런데 종말론자들은 정보유출이라는 교묘한 논리로 사람들의 심리를 자극하고 있다. 이는 황당한 거짓말이므로 속아서는 안 된다.

마지막으로 네 번째 거짓말은 '이번만은 다른 종말론과 다르다'는 것이다. 바코드는 사람의 몸에 삽입할 수 없지만, 베리칩은 삽입할 수 있기 때문에 영락없다는 것이다. 그래서 베리칩은 바코드보다 훨씬 진보되어 몸에 삽입할 수 있기 때문에 다르다는 것이다. 바코드는 666이라는 수가 선명하게 내장되었다는 장점 때문에 666표가 되었으나 몸에 주입할 수 없는 한계 때문에 한 발짝 물러난 상태이다. 반면에 베리칩은 몸에 주입할 수 있는 장점 때문에 666표가 되었으나 666이라는 수가 선명하게 나타나지 않고 있기 때문에 세상에 온갖 루머들을 도용하여 만들어진 것이다. 이것 역시 황당한 거짓으로 포장되어 있기 때문에 속아서는 안 된다.

종말론자들은 베리칩을 666표를 만들어 놓고 당당하게 전파하고 있지만 면면히 따져보면 오히려 역설적으로 베리칩의 허구성을 넘어 황당한 거짓으로 포장된 것이다. 성경 어디를 보아도 짐승의 표가 사람의 정신까지 장악한다는 기록은 없다. 베리칩은 이처럼 황당한 거짓으로 포장된 잘못된 종말론이며 비성경적인 종말론이다.

(2) 종말론자들의 황당한 문자적 해석

그동안 문자적으로 해석하면 베리칩은 666표였으나, 상징적으로 해석하면 아니었다. 그래서 여기서 논할 주제는 '황당한 문자적 해석'이다. 이 말은 두 가지 의미를 담고 있다. 하나는 단어 풀이로 베리칩을 666표로 만들어 버렸다는 것이며, 다른 하나는 문자적으로 해석을 하더라도 베리칩은 666표가 될 수 없다는 것이다. 아마 이 두 가지는 종말론자들에게는 충격일 것이다. 왜냐하면 그들은 문자적 해석이라는 타이틀을 가지고 정면으로 돌파하고 있기 때문이다. 그래서 필자가 문자적 해석을 부정하고 상징적인 해석을 주장해야만이 대화(토론)가 이루어질 수 있는데 도리어 상징적인 해석이 아닌 문자적으로 해석하더라도 베리칩은 666표가 아니라고 하기 때문에 종말론자들에게는 충격이며 혼동이 될 것이다.

"신약성경에서 하나님의 인을 말할 때 쓰인 헬라어 단어는 습흐라기스입니다. 모두 '인'으로 번역되었습니다. 사람의 눈으로 볼 수 없거나 영적인 의미로 사용되었습니다. 그러나 짐승의 표에서 '표'로 사용된 헬라어 단어는 카라그마입니다. 카라그마는 기능인이나 장인이 만든 수제품, 창작물을 의미하고 있습니다. 당연히 사람의 눈으로 볼 수 있는 것들입니다. 그래서 하나님의 인과 짐승의 표를 동일시하는 것은 옳지 않습니다. 한글 성경을 가지고 해석 할 경우, 인이나, 표 둘 사이에 별 의미의 차이가 없을 수 있지만, 헬라어 단어를 통해 볼 때 둘의 뜻은 다를 뿐 아니라, 신약성경에서 확실하게 두 단어가 다른 의미로 사용되었습니다."[75]

---

75) 다음 카페, '환난 날의 피난처', 게시판:짐승의 표(666), 49번 '상징일 수 없는 짐승의 표' (글쓴이 김상철). (http://cafe.daum.net/martuis/LcY3/974).

이 말은 신학을 했다는 목회자들이 종말론에 푹 빠진 나머지 문자적인 해석으로 베리칩이 666표가 된다는 당위성을 설명하는 대표적인 사례이다.

요한은 하나님의 인(헬, '습흐라기스')과 짐승의 표(헬, '카라그마')를 구별하여 사용했다. 전자는 하나님의 인(예수님을 하나님의 아들, 곧 메시아로 영접하여 새롭게 거듭난 사람은 성령의 인침을 받았으나 눈에는 보이지 않는 것처럼)으로서 사람의 눈으로 볼 수 없는 영적이며 상징적인 의미로 사용된 것은 누구나 인정하여 해석에 오류가 없다. 그런데 문제는 후자이다. '짐승의 표'로 사용된 헬라어 '카라그마'는 "기능인이나 장인(匠人)이 만든 수제품, 혹은 창작물"을 의미하는 단어이기 때문에 당연히 사람의 눈으로 볼 수 있다. 그래서 종말론자들은 '하나님의 인'과 '짐승의 표'를 동일시 할 수 없기 때문에 구별한다. 이것도 수긍할 수 있다.

그러나 원어(문자)적 의미를 잘 모르면 그럴싸한 논리처럼 보이지만 이들의 속내를 알고 나면 황당하기가 그지없다. 필자도 '인'과 '표'를 구별하는 것은 아주 지당하다고 본다. 필자는 사도 요한이 왜 '인과 표'를 구별하고 있는지를 알고 있다. '인과 표'를 구별하지 않았다면 오히려 해석의 난맥으로 분류될 수밖에 없다. 그러므로 사도 요한이 '인과 표'를 구별한 것은 정당한 것이다.

여기서 본질적인 물음은 요한이 무엇 때문에 '인과 표' 두 단어를 굳이 구별하여 사용하고 있을까? 그래서 두 단어의 의미뿐만 아니라 요한의 의도를 아는 것이 중요하다. 우선 '인'(습흐라기스)이다. '인'은 성령의 인과 짐승의 표(인) 두 군데 동시에 사용해도 무방할 정도의 뜻을 가진 단어이다. 예컨대, '짐승의 표'를 받았다와 '짐승에게 인침'을 받았다고 해도 된다. 심지어는 '주'라는 단어도 하나님뿐만 아니라 사람이나 이방 종교에서도 사용하고 있다.[76]

다음은 '표'(카라그마)이다. 여기 표는 '수제품' 혹은 '창작물'에만 사용되는 단어가 아니다. '새긴 것'으로부터 유래된 '각인', '낙인' 등에 의해 소유를 표시하는 (황제의 날인, 문서상에 증거물인 '명각'(銘刻), 노예에게 찍는 '낙인' 등을 가리킬 때 쓰는 단어) 기호로도 사용되었다.[77] 그런데 종말론자들은 베리칩을 드러내기 위해 마치 눈에 보이는 수제품이나 창작물에만 쓰여진 단어처럼 말하는 것은 언어도단이다.

그럼에도 불구하고 사도 요한이 인과 표를 분명하게 구별한 것은 하나님의 구속을 상징하는 '인'과 짐승이 우상을 숭배하는 자들에게 주는 '표'를 구별시키기 위해서이다. 다른 이유가 있을 수 없다. '주'가 사람에게 사용된 것은 단순한 호칭의 문제였지 증표가 아니기 때문에 별 문제가 되지 않는다. 요한이 두 단어를 각각 구별하여 사용한 것은 종말론자들이 해석하는 것처럼 눈에 보이는 물체와 보이는 증표를 나타내기 위한 것이 아니다. 실상은 짐승의 표인 666수도 사람의 눈에는 보이지 않는다는 것을 종말론자들도 알 것이다.

여기서 '인'과 '표'의 구별도 중요하지만, 구별하는 의미를 아

---

76) '주'(主, Lord)는 권위자에 대한 경칭으로서 노예가 주인을 호칭할 때 일반적으로 사용되었다(창 45:8; 룻 2:13; 요 15:20; 갈 4:1; 참고 삼상 24:10, 26:16). 반면에 이방 종교에서는 황제 예배 및 헬레니즘의 제사에 있어서 그 예배의 대상을 '주'(큐리오스)라고 불렀다.

77) 디럭스 바이블 성경사전, 표(caragma) 검색, 호크마 주석, 계 13:16절 해설

는 것은 더욱더 중요하다. 그런데 종말론자들은 황당한 단어 풀이로 666표를 베리칩과 같은 물체로 둔갑시켜 버렸다. 신학을 했다는 목회자들이 종말론에 푹 빠져 베리칩 종말론에 가세한답시고 펼치고 있는 일종의 황당한 문자적 해석이다.

(3) 제2선악과설로 변천한 황당한 베리칩

정말로 황당한 것은 어느 날 뜬금없이 '베리칩이 제2의 선악과'로 둔갑하여 인터넷에 나타나기 시작하더니 이제는 기독교 종말 전문 사이트나 카페에는 단골 메뉴가 되었다. 제2의 선악과설의 출처는 아담이 맺었던 행위언약에서 착안한 것 같다(창 2:17). 제2의 선악과설을 어디서 착안했든지 간에 베리칩과는 무관한 성경에 없는 종말론이며, 복음적으로도 차마 전할 수 없는 허망한 종말론 사상이며, 신학적으로는 더욱 가치가 없는 황당한 종말론 사상이다. 그러나 분명한 사실은 성경적, 복음적, 신학적, 종말론적으로 구원은 오직 예수 그리스도로부터 시작하여 끝이 난다(창 3:15; 계 22:20; 행 4:12).

그러므로 베리칩 따위가 종말의 마지막 징조가 될 수 없으며, 재림주로 오실 그리스도의 자리에 기웃거리거나 백보좌 심판을 거들 일이 아니다. 어떤 전자칩이나 다른 진보된 베리칩이라고 해도 성경적으로나 복음적으로나 신학적으로나 제2의 선악과가 될 수 없다. 그런데 평신도도 아닌 목회자들이 베리칩 종말론에 빠져 제2의 선악과를 운운하며 전파하는 것을 볼 때 같은 목회자로서 부끄러울 정도가 아니라 수치스럽고 서글퍼진다.

(4) 종말론자들의 황당한 양면성

종말론자들 중에는 "기도하는 영적인 사람들은 베리칩을 666표로 보고 있으나 말씀을 중심으로 하는 목회자는 보지 않는다."며 황당하게 구분하는 이들도 있다. 심지어는 베리칩을 666표로 보면 영적인 목회자로, 보지 않으면 영적으로 눈이 먼 목회자로 취급한다.

보편적으로 '말씀'과 '기도'를 신앙의 영적인 양대 버팀목이라고 한다. 그래서 말씀과 기도는 신앙에 있어서 아주 중요한 균형이다. 그러나 기도와 말씀이 영적으로 아무리 버팀목 역할을 하며 서로의 균형이 중요하다고 하지만 반드시 간과해서는 안 되는 것은 비중과 순위에서 모두 기도보다 성경이 먼저이다. 그동안 신비주의를 추구하는 이단들은 항상 성경보다 기도가 우선이었고 비중도 성경보다 기도에 치중해 왔다. 그래서 베리칩과 같은 잘못된 종말론을 심봉하고 있다. 지금까지 살펴본 것 같이 베리칩은 성경적으로 잘못된 종말론임에도 불구하고 기도를 통해 "베리칩(666)은 보암직했고, 탐스러울 정도로 베리칩(666)은 아담하여 예쁘며, 쌀만한 작은 베리칩(666)은 몸에 주입할 정도로 보기에 좋았더라." 마치 에덴 동산에서 하와가 선악과 열매를 처음 보았을 때처럼 말이다(창 3:6).

성경과 기도의 중요성은 신앙생활에 있어서 너무나 중요하지만 우선순위도 제대로 모르면서 이런 구분을 한다는 것은 황당무계하다. 한국 교회가 기도하며 열심히 신앙생활하는 것은 좋으나 영적으로 무분별하여 오히려 기도 때문에 여러 형태의 신비주의나 극단적인 종말론으로 빠져 들어가고 있다. 하나님의 말씀이 우선되지 않으면 이런 현상은 이상한 것이 아니라 당연하다.

(5) 황당한 베리칩의 기능들

사람의 몸속에 들어 있는 베리칩에서 보낸 신호를 위공위성에서 감지, 식별, 위치 추적, 교신이 서로 가능하다는 베리칩의 기능은 황당할 정도가 아니다. 베리칩 안에 안테나가 들어있으나 나오는 신호는 아주 미약해서 인공위성에서 잡을 수 없을 뿐만 아니라 지향성이 없기 때문에 아주 낮은 비율로 감소하게 된다. 그래서 인공위성에서 베리칩의 신호를 감지하기 위해서는 베리칩의 수신 감도를 높여야 하는데 지금까지 기술로는 무리다. 그런데 종말론자들은 모두 된 것처럼 호도하고 있다. 설사 인공위성과 베리칩 간에 서로 교신한다고 해도 한두 개의 위성으로는 위치를 판독할 수 없다.

하늘에 떠 있는 GPS[78]를 이용하면 베리칩 위치는 추적할 수 있으나 실시간 위치를 추적하기 위해서는 기지국이 있어야 하는데 베리칩을 위해 전 세계에 기지국을 설치하기는 쉬운 일이 아니다. 현재 베리칩의 위치 추적은 기지국이나 단말기를 통해서만 가능하다. 그런데 이 정도 가지고 종말론자들이 말하는 정신계나 신경계를 좌지우지 할 수 없다. 동물들의 위치를 추적하는 동물용 베리칩도 인공위성과 교신하는 것이 아니라 바로 기지국이나 단말기를 이용한다.

지금까지 알려진 베리칩의 기능은 종말론자들이 만든 황당한 것들이 대부분이다. 이것은 전문가들에 의해 속속히 드러나고 있다. 이처럼 1년도 아닌 3개월도 안 되어 거짓으로 판명되고 있는데 뺑튀기 수법은 계속되고 있다. 베리칩 기지국이나 단말기 그리고 휴대

---

78) GPS(Global Positioning System) 위성이란 지구를 도는 위공위성이 현재 위치를 시시각각 알려주는 시스템으로서, 항공기, 선박, 자동차 등의 네비게이션 장치에 주로 쓰이고 있으며, 최근에는 스마트폰, 태블릿 PC 등에서도 많이 활용되고 있다.

폰으로 쉽게 사용하든 설사 과학의 발달로 미래에는 위공위성과 정밀한 교신이 가능하더라도 적그리스도가 나타나서 자기 고유번호로 인증하지 않는 이상 베리칩은 베리칩일 뿐이다. 지금 유통되고 있는 베리칩이나 그 기능들은 대부분이 황당한 거짓으로 포장되어 있으므로 속아서는 안 된다.

(6) 황당한 공포의 현상들

황당한 소문 중의 소문은 베리칩 안에 있는 128개 유전자 코드가 몸속에 들어와서 신경계와 교신하여 정신계를 장악한다는 것이다. 따라서 사람들의 삶과 죽음까지 베리칩으로 통제할 수 있게 된다. 이 말은 공포 영화에서 하는 말이 아니라 지금 주위에서 흔히 듣는 말이다. 뿐만 아니라 베리칩으로 인체의 유전자 정보를 바꾸거나 뇌에 특정한 명령도 할 수 있으며, 리모컨으로 기계를 조정하듯이 베리칩으로 인간의 모든 영역을 조종하게 된다. 공포 영화도 아닌 실제적으로 우리 주위에서 이런 말을 들으면 많은 사람들은 두려워하는 정도가 아니라 공포심을 갖게 된다.

'베리칩이 실제적으로 인간을 조종하며 통제할 수 있을까?' 필자는 이 물음 앞에 정직해야 한다고 생각한다. 베리칩 안에 있는 DNA 유전자 코드가 사람의 오장육부에 있는 신경계는 물론 정신계까지 교신하여 조정하며 통제한다는 것은 어디까지 사실일까? 필자가 보기에는 베리칩의 DNA 유전자와 사람의 신경계는 서로 교신(交信)[79] 한다기보다는 교신(驕臣)한 것으로서 황당한 거짓말이다.

---

79) 여기 '교신(驕臣)' 은 '교만한 신하' 를 뜻하는 말로서, 베리칩 종말론자들의 교만한 작태를 뜻한다.

베리칩의 황당한 기능들에서 말한 바 있듯이 인체용 베리칩의 기능은 휴대폰에 의존해야 할 초보적 단계이며, 베리칩 안에 128개의 DNA 코드가 있다는 주장은 한국 사이트에서만 볼 수 있는 어이없고 황당한 현실이 우리 앞에 펼쳐지고 있다. 반면에 베리칩의 본거지인 미국(영어)의 사이트에서는 DNA 코드는 아예 언급되지 않고 혹시 언급하더라도 짤막하게 '사실이 아니라' 는 멘트뿐이다.

그리고 더욱 황당한 것은 소위 '베리칩과 DNA 유전자 교신설' 을 처음으로 주장하며 발설했던 사람은 놀랍게도 다미선교회 출신인 장죠셉이다.[80] 그런데 더더욱 황당한 것은 영적으로 기도한다는 사람들이 이런 황당한 거짓말에 속으면서 베리칩을 666표로 심봉하고 있다. 이처럼 666 베리칩 종말론에는 황당한 논리들이 많다. 이밖에도 더 많지만 지면상 여섯 가지만 열거했다. 평신도가 아닌 목회자들이 이런 황당한 거짓말로 성경에서 가장 민감한 종말에 대해 쉽게 말하고 있다. 어떤 목회자들은 설교하는 것으로도 부족하여 세미나나 집회를 열고, 심지어는 책까지 출판하고 있다.

3) 대표적인 베리칩 종말론자들

여기 '대표적인 베리칩 종말론자들' 이라는 말 속에는 세 가지 의미를 지니고 있다. 첫째는 베리칩을 666표로 만드는데 선봉적인 역할을 하여 일등공신을 한 사람들이며, 둘째는 비록 소수의 사람들이지만 666 베리칩 종말론에 미치는 영향은 결코 작지는 않았다는 것이며, 셋째는 이들이 가지고 있는 공통분모는 오바마 케어에서 베리

---

80) 장죠셉은 다미선교회 시절 때, 이장림 목사 다음으로 제2인자 역할을 했으며, 1992년 다미선교회 사건 이후에 미국으로 도피하여 한인 목회를 하고 있으며, 이름도 장만호에서 장죠셉으로 바꾸어 사용하고 있다.

칩 종말을 찾고 있다. 대표적인 베리칩 종말론자는 칼 샌더스, 이상 남 목사, 이정철 목사, 데이비드 차 형제, 장죠셉 목사 등이다. 이들은 베리칩의 발명자, 전도자 그리고 전문도서를 출간하는 등 특별히 관련되어 있어서 대표적인 인물로 본다.

(1) 베리칩 개발자 칼 샌더스

칼 샌더스(Carl Sanders)는 미국 평신도로서 자기가 베리칩을 개발했다는 간증과 강연으로 널리 알려진 인물이다.[81] 그래서 샌더스는 베리칩 종말론의 첫 번째 선구자라고 할 수 있다. 반면에 여타의 종말론자들은(666 바코드 종말론이 거짓으로 들통이 나자 다른 징조를 찾아 헤매다가) 베리칩을 처음으로 개발했다는 종교 사기꾼 칼 샌더스를 만난 것이다. 마치 끝없는 사막을 횡단하다가 오아시스를 만난 것처럼 말이다. 그러나 칼 샌더스의 간증은 얼마 못가서 거짓으로 들통나고 말았다. 여기서 주는 교훈은 진리의 허구성은 그리 멀리 가지 못한다는 것을 보여 준다. 특별히 한국의 종말론자들은 종말의 선구자를 만난 것이 아니라 종교 사기꾼 샌더스를 만나 합작품으로 '666 베리칩의 종말론'을 만들어냈다.

칼 샌더스의 이력은 베리칩의 발명자, 공학 박사, 베리칩 간증자 등으로 소개되고 있으나 그의 찬란한 이력마저도 거짓임이 온 세상에 드러나[82] 결국 재판까지 받게 되었는데 재판 과정이 녹음되어 존

---

81) 구글(www.google.co.kr) 한글판에 들어가서 '칼 샌더스'를 검색하면 그의 간증 동영상을 직접 들어볼 수 있으며, 거짓 사기꾼의 여러 행각들도 함께 볼 수 있다.
82) 구글 영문판에서 'Carl Sanders is a fraud'를 검색해 보면 사기꾼 칼 샌더스에 대한 자료가 많이 올라와 있다. 다음 사이트에 들어가도 볼 수 있다(http://www.eaec.org/expose/carls1.htm).

토렐 목사가 운영하는 웹사이트에 공개되었다.[83]

칼 샌더스의 사기가 세상에 알려지면서 베리칩 종말론에도 크게 두 가지 지각 변화가 동시에 찾아왔다. 첫째는 베리칩 종말론의 선구자를 잃어버린 것이다. 종말론자들이 그토록 추대했던 베리칩의 선구자 샌더스는 어느 날 갑자기 영적인 사기꾼이 되어 있었으며, 둘째는 베리칩의 허구성이 세상에 그대로 드러나면서 잘못된 베리칩 종말론에 대한 비판이 일어나기 시작했다.

칼 샌더스는 미공군 기술부 하사관으로 입대하여 비로소 전자 계통의 지식을 처음으로 접하게 된다. 제대한 후에는 대학에서 전공한 것이 아니라 독학하면서 마이크로 칩에 관한 지식을 개인적으로 습득한 것이 전부다. 여기 '학문'과 '지식'은 엄연히 다르다. 놀랍게도 독학이 전부였던 샌더스는 어느 날 마이크로(베리)칩에 관한 논문을 쓴 공학박사로, 베리칩을 처음으로 개발한 전자공학자란 이력을 갖게 된다. 황당한 것은 베리칩 음모론(칼샌더스)자가 여러 교회를 순회하면서 마치 진실을 실토하는 정직한 간증자로 유명세를 탔다. 그래서 전효성 목사는 "베리칩을 처음으로 만든 사람이 직접 666을 목표로 만들었다는데 무슨 소리를 하느냐?" 자칭 베리칩의 개발자 샌더스를 옹호하는 설교를 밥 먹듯이 하고 있다.[84] 칼샌더스의 사기성이 들통 난 이후에 전효성 목사는 어떻게 설교를 하고 다닐까? 아직도 여상(如上)하게 그런 설교하고 다니는지 궁금하다.

---

83) 다음(daum)카페 「베리칩은 666표가 아니다' (cafe.daum.net/0676)」, 게시판 '사기꾼 칼 샌더스'에 들어가면(1. 칼 샌더스의 거짓 프로필, 2. 칼 샌더스 재판 전문, 3. 칼 샌더스의 거짓말과 거짓 회개)에 대한 정보를 영문과 한글로 동시에 볼 수 있다.
84) 전효성 목사는 미국 L.A에 있는 '예일교회'를 담임하고 있으며, 베리칩 조건론을 주장하는 대표적인 베리칩 종말론자이다.

그러나 샌더스는 공학박사가 아니며 베리칩을 최초로 개발한 개발자는커녕 베리칩 개발을 주도한 회사에 근무한 경력도 없다. 그렇기 때문에 베리칩 개발에 직접적으로 참여한 사실도 없다. 그러니 당연히 그의 간증도 황당한 거짓에 불과한 엉터리이다. 다만 그가 가지고 있는 진짜 이력은 '가짜 박사학위, 자칭 베리칩 개발자, 허무맹랑한 가증스런 간증자'일뿐이다.[85] 666 베리칩 종말론은 이렇게 시작되었고, 만들어졌고, 전해졌다. 많은 사람들이 이런 샌더스의 간증 동영상을 보고 베리칩 종말론을 신뢰하거나 절대적으로 신봉하게 되었는데, 애석하게도 그들은 샌더스에게 기만당한 것이다. 칼 샌더스에게 기만당한 것을 아는 베리칩 종말론자들 중에는 일부이긴 하지만 칼 샌더스를 영적인 사기꾼이라고 노골적으로 비판하고 있다. 그런데 아이러니한 것은 샌더스는 비판하면서도 진작 자기의 견해는 내려놓지 않고 다른 곳에서 황당한 베리칩의 정보를 또다시 찾고 있다. 그래서 베리칩 종말론은 수그러들지 않고 있다.

칼 샌더스는 자기의 모든 것이 들통이 나자 잠잠하게 되었고 그의 간증은 실종되었다. 그렇다면 칼 샌더스가 왜 이런 일을 하고 다녔을까? 그 이유는 단순하다. 자기 명예와 이름을 나타내려는 거짓 영이 들어갔기 때문이다. 칼 샌더스는 성경에서 가장 민감한 종말을 이용해서 교회를 상대로 거짓 간증을 하여 명성을 얻으려는 영적인 악질 사기꾼이다. 마치 법궤와 예수님의 피를 발견했다는 론 와이어트와 유사한 종교(영적인)적인 사기를 친 것이다.[86]

---

85) 한국교회신문(http://kcnews.co.kr/sub_read.html?uid=49§ion=sc7)
86) 론 와이어트(RON WYATT, 1933-1999)은 아마추어 고고학 탐험가로서, 법궤와 예수님의 피를 발견했다는 간증을 먼저 하여 샌더스처럼 유명세를 탔던 사람이다. 론 와이어트나 칼 샌더스는 조금도 다를 바 없는 아주 유사한 영적인 종교 사기꾼이다.

(2) 베리칩 전도자 이상남 목사

베리칩 종말론을 유포하는데 두 번째 공로자는 미국 LA세계등대 한인 교회에서 목회하고 있는 이상남 목사라고 해도 전혀 지나침이 없을 것이다. 이상남 목사의 베리칩 종말론은 세 가지가 핵심이다. 첫째는 이상남 목사는 '왕의 복음'이라는 테마를 설정해 놓고 수년 동안 성경을 가르쳐 왔는데, 왕의 복음 안에 '성서적 종말 복음'이라는 주제가 있다. 베리칩 종말론은 바로 여기에 근간하고 있으며, 둘째는 세대주의적 종말론 사상을 배경으로 베리칩 종말론을 추론하고 있으며, 세 번째는 미국의 의료제도개혁법안인 소위 '오바마 헬스케어'에서 베리칩 종말론을 확신했다. 그러나 여기서 핵심은 세 번째인 '오바마 헬스케어'이다.

베리칩 전도자 이상남 목사에 의하면 '오바마 케어' 안에는 미국 전 국민을 대상으로 베리칩 시술계획이 들어 있다. 그러나 많은 사람들은 이 사실을 전혀 모르고 있지만, 자신을 포함한 소수의 사람들만이 이 엄청난 음모설(실상은 자기들이 음모론을 만들어 놓고 미국 정부가 음모한 것처럼 말한 것이다.)에 대해 알고 있다는 것이다. 따라서 이 음모설의 비밀을 폭로하는 것이 자신의 사명으로 알고 베리칩 종말론을 전파했던 것이다. 그러나 샌더스가 최초로 베리칩을 개발했다는 간증이 금세 거짓으로 들통이 난 것처럼 이상남 목사는 3년(2010. 3-2013. 3)만에 들통이 나고 말았다. 베리칩 전도자 이상남 목사가 그토록 전파했던 '왕의 복음'에서 베리칩 종말론은 실현되지 않았다. 만약에 미국이 2013년 3월부터 전 국민에게 베리칩 시술을 진행한다면 최소한 2012년 하반기부터 전 국민 대

홍보에 들어가면서 시끌버끌 했을 터인데 2012년 말은 물론 시술해야 하는 3월이 되어도 미국 정부나 법안을 통과시킨 미국의회에서도 어떤 발표나 설명회조차 없이 조용하게 지나갔다. 마치 마야의 종말자들이 2012년 12월 21일 지구의 종말이 온다고 그렇게 시끌버끌 야단법석을 떨었지만 제 궤도에서 이탈한 행성이 하나도 없이 조용하게 지나간 것처럼 말이다.

이상남 목사의 베리칩 종말론에는 세 가지의 맹점이 있다. 첫째는 '오바마 케어'에 대한 오해이다. '오바마 케어'에는 베리칩 시술 계획이 없는데도 마치 있는 것처럼 말한 것은 영어를 몰라서 잘못 보았든지 아니면 사단에게 속아서 그랬든지 간에 오해한 것이다. 둘째는 666표에 대한 오해이다. 설사 미국에서 국가적 정책으로 베리칩 시술을 시행했더라도 베리칩은 666표가 아니다. 이상남 목사는 샌더스처럼 의도적으로 사기를 친 것은 아니라고 할지라도 분명 베리칩을 오해한 것은 분명하다. 셋째는 허망한 베리칩 종말론을 설파한 것이다. 전도자는 자기의 목회 생명을 걸고 호언장담하면서 주장해 왔다. 그러나 이상남 목사는 베리칩의 시술이 허망하게 불발(마치 1992.10.28 종말이 허망하게 끝난 것처럼)로 끝나자 베리칩 전도자답지 못하게 은둔하다시피 하고 있다.

'베리칩 3월 시술설'은 바코드와 같은 여타의 종말론처럼 유행을 타고 지나갔다. 유행은 철이 지나면 의미가 없어지듯이 2013년 3월이 지나자 이상남 목사는 슬며시 꼬리를 감춘 나머지 지금은 꿀 먹은 벙어리가 되었는지 아니면 몽골에 있는 환난날의 도피성으로 들어갔는지는 잘 모르겠지만 현재는 은신하고 있다.

여기서 우리는 베리칩 전도자 이상남 목사를 통해 종말론의 또 다른 허구성을 볼 수 있다. 베리칩 종말론은 그동안 이런 식으로 만들어졌다. 그래서 적그리스도가 도래하기까지는 어떤 목회자, 신학자라고 하더라도 베리칩을 가지고 666표라고 한다면 그 이면에는 이처럼 음모설이나 허구성이 있다는 것을 알아야 한다.

(3) 문자적 해석의 선구자 이정철 목사

베리칩 종말론의 세 번째 공로자는 한국에서 목회하고 있는 이정철 목사이다. 이정철 목사가 주장하는 베리칩 종말론도 여타의 종말론처럼 크게 세 가지가 논점이다. 첫째는 오바마 케어에서 666을 찾고 있으며, 둘째는 짐승의 표를 문자적으로 해석하여 베리칩을 666으로 단정하고 있으며, 셋째는 베리칩의 기능에서 666표를 확신한다. 이 세 가지를 근간으로 「베리칩은 짐승의 표다」라는 책을 썼는데[87] 핵심 내용은 제목에 나타나 있듯이 '베리칩이 666표' 라는 것이다. 그리고 이정철 목사는 카페 '성경의 예언' 을 운영하고 있다.[88]

「베리칩은 짐승의 표다」는 「마지막 신호」와 「베리칩에 숨겨진 사단의 전략」과 함께 666 베리칩 종말론을 다루는 3대 요물서(妖物書)이다. 「마지막 신호」는 평신도가 썼기 때문에 나름대로 이해할 부분은 있지만 현직에 있는 목회자가 어떻게 성경의 종말을 베리칩으로 몰아가고 있을까? 이런 의구심을 가지면서 「베리칩은 짐승의 표다」 라는 책에 대한 잘못된 종말론을 논하려고 한다.

---

87) 「베리칩은 짐승의 표다」, 이정철 저, (충인출판사, 2013. 2. 7)
88) 다음(daum)카페 '성경의 예언' (http://cafe.daum.net/onlyljc)

① **오바마 케어와 베리칩의 관계.** 666 베리칩의 출처는 음모론과 인터넷 사이트이지만, 666표를 베리칩으로 실제적으로 둔갑시킨 것은 오바마 케어이다. 그래서 종말론자들은 오바마 케어와 베리칩에 집착한다. 이정철 목사 역시 종말론자답게 베리칩에 집착하면서 오바마 케어에서 다음과 같이 근거를 찾고 있다. "의료보험개혁법안인 HR 3200의 규정에 의하면 의사의 치료를 받는 사람은 칩으로 비용을 지불하도록 되어 있고 법안 세부조항에 명시된 바에 의하면 정부에서 요구하는 칩을 찍지 않으면 은행계좌를 개설할 수 없도록 되어 있음을 알 수 있다."[89]

오바마 케어의 최초 법안인 HR 3200은 미 상하의원에서 발의된 사실도 없으며, 이미 파기된 문서임에도 불구하고 오바마 케어와 베리칩의 관계성을 최초 법안인 HR 3200을 근거로 논하고 있다. 더 한심한 것은 여기서 끝나지 않는다. 이정철 목사는 「베리칩은 짐승의 표다」를 2013년 2월에 초판을 발행했다. 이때쯤이면 HR 3200 정체는 세상에서 사라진 지가 2-3년 정도 지났음에도 불구하고 책은 버젓이 출판되었고, 본인이 운영하는 카페 '성경의 예언'에도 HR 3200과 관련된 글을 올렸다. 그리고 3년 동안 자칭 베리칩 전도자였던 이상남 목사도 꿀 먹은 벙어리가 되어 은신하고 있을 때이며, 더구나 「베리칩은 짐승의 표다」는 책은 본인이 직접 운영하는 '충인 출판사'에서 출판했다. 이 정도면 원본을 교정할 수 있는 시간과 여건은 충분했다. 그렇다면 다른 것은 그런다 치더라도 지상에서 사라진 HR 3200 법안의 심각성은 감지하고 원고 수정을 했어

---

89) 「베리칩은 짐승의 표다」, 이정철 저, p.25

야 한다. 그런데도 막무가내 식으로 출판을 강행했다. 그것도 법안은 폐기되어 없는 HR 3200에서 치료의사, 비용결재, 은행계좌 개설 등을 운운한 것은 이중 삼중으로 거짓말하고 있는 것이다. 이것이 「베리칩은 짐승의 표다」라는 책이며, 마지막 신호 다음으로 666 표를 베리칩으로 둔갑시킨 두 번째 책이다. 평신도도 아닌 목회자가 어떻게 이런 책을 출간할 수 있을까? 여기에서 필자는 많은 생각을 하게 되었다. 이정철 목사의 거짓은 여기서도 끝나지 않는다. 가면 갈수록 거짓의 농도는 더 짙어진다.

없는 법안에서(혹시 미 의회를 통과한 HR 4872 법안이라면 몰라도)베리칩 강제 시행까지 논하고 있다. "미국의 병원에서는 환자들에게 칩을 사용하도록 권유하고 있으며 2014년부터 모든 미국 시민은 의무적으로 인체에 삽입하도록 인체에 의료보험법의 강제 실행을 앞두고 있다."[90]

이런 이야기는 오바마 케어법이 미 의회를 막 통과했던 2010년에 한 이야기가 아니다. 2013년 3월에 베리칩 시술이 불발로 끝난 이후에 한 말이다. 미국이 전 국민에게 베리칩을 강제로 시행하려면 최소한 6개월 전부터 정부는 정부대로 국민은 국민대로 칩 회사는 회사대로 준비가 완료되어야 한다. 그러나 미국에서는 베리칩에 관한 어떤 준비도 하지 않았다. 이 정도의 거짓말이면 이정철 목사는 사람이 뻔히 눈을 뜨고 있는데 코앞에서 거짓말을 하는 셈이다. 눈감으면 코를 베어 먹을 세상 정도가 아니라 눈뜨고 있는데도 코를 베어 먹을 세상이다.

---

90) ibid, p. 32

여기서 저자[91]의 잘못된 베리칩의 종말론 사상을 가늠해 볼 수 있다. 첫째는 이 세상에 존재하지 않은 HR 3200 법안을 가지고 계속 베리칩 종말론의 근거로 제시하는 것은 마치 정치판에서 볼 수 있는 불통의 논리를 종말론에서도 볼 수 있으며, 둘째는 HR 3200 법안은 미국 하원과 상원을 통과하지 않았고, 오바마 대통령이 서명도 하지 않았는데도 불구하고 통과되어 서명한 것처럼 말하는 것은 거짓의 농도가 이성적인 사고까지 초월하고 있다는 것을 알 수 있으며, 셋째는 베리칩이 666으로 둔갑한 결정적인 요인이 바로 미국의 료보험개혁법안인 오바마 케어라는 것을 알 수 있다. 넷째는 파기된 HR 3200 법안이 이처럼 중요한 근거로 계속 제시되고 있는 것이라면 조작된 것이 분명하다. 아니면 짜고 치는 고스톱이다. 없는 조작된 문서를 한 부류는 인터넷에 계속 흘려주고, 다른 한 부류는 그것을 받아서 근거로 제시하는 것이다.

저자는 데이비드 차 형제처럼 평신도가 아니다. 장죠셉처럼 이단자도 아니다. 한국의 전통적인 교단에 소속된 목회자이다. 이런 목회자가 한 편의 설교나 인터넷에 올린 댓글 정도라면 실수라고 이해하며 넘어갈 수 있겠지만 종말론에 관한 책을 출간하면서까지 이런 글을 썼다는 것은 '경악스럽다' 라는 말밖에는 할 말이 없다.

저자가 말하고 있는 것처럼 HR 3200 법안이 설사 미국 하원과 상원에 동시에 통과되었고, 오바마 대통령이 2010년에 서명했다고 치더라도 3년 동안에 미국 정부에서 베리칩 시술에 관한 후속 조치를 취했다는 뉴스를 한 번도 들어보지 못했다. 이것은 오바마 케어에

---

91) 여기서 말하는 저자는 「베리칩은 666표다」를 쓴 이정철 목사를 말하고 있으니 저자와 필자를 혼동하지 않기를 바란다.

는 베리칩 시술이 없다는 것을 보여 주는 결정적인 증거이다. 만약에 한 번이라도 뉴스를 탔다면 이정철 목사를 비롯하여 종말론자들에게는 빅뉴스가 될 것이며 미국이 아닌 한국에서 먼저 난리가 났을 것이다.

② **문자적으로 해석한 베리칩 666표.** 이정철 목사가 베리칩을 666표로 보는 두 번째 요인은 문자적해석이다. 이 목사는 '문자적인 해석의 선구자'라는 애칭을 가질 정도로 문자적인 해석에 치중하고 있다. 따라서 문자적인 해석의 당위성은 본인이 운영하는 카페의 글이나 「베리칩은 666표다」라는 책에 잘 나타나 있다.

"필자(이정철)는 베리칩이 짐승의 표가 될 것이라는 주장에 대해 이의가 없다. 아직까지 단정적으로 말할 수는 없어도 문자적인 해석을 취할 때 가능성이 높다고 보기 때문이고, 거의 확실하다는 생각이다. 그래서 가까운 지인들에게 지금부터라도 베리칩은 찍지 말아야 한다고 주장하고 있다."[92]

여기서 논점은 두 가지이다. 첫째는 계시록 13장 16-18절을 문자적인 해석을 취할 때 베리칩이 짐승의 표라는 것이다.[93] 666과 베리칩에서 오바마 케어는 외적인 근거라면 문자적 해석은 내적인 근거이다. 외적인 근거는 이미 앞 단락에서 거짓임이 드러났다. 거짓은 또 다른 거짓을 낳는다.

---

92) ibid, pp. 44-45
93) ibid, p. 45. '성경이 짐승의 표를 받는 자들은 하나님의 진노를 사게 되어 영원한 불 못인 지옥에 간다고 기록하고 있기 때문에 베리칩이 짐승의 표가 될 것이라고 보는 필자는 그렇게 주장하지 않을 수 없다.'(ff.2-5). '문자적인 해석으로 볼 때 베리칩은 짐승의 표가 확실하다고 여기기 때문이다.'(ff.16-18). '짐승'은 적그리스도를 상징적으로 표현하는 것이 타당하지만 '표'는 문자적인 해석을 취하는 것이 자연스럽다.(p.53, ff.14-16)

둘째는 저자는 지인들에게 베리칩을 이식하지 말 것을 강요한다는 것이다. 물론 앞으로 될 '가능성' 때문이라는 단서는 달고 있다. 그러나 지금 유통되고 있는 베리칩은 '상거래, 공항출입, 은행업무'하고는 전혀 무관한 그야말로 전문용 베리칩이다. 지금은 아니더라도 앞으로 될 것이라는 것은, 막연한 주장일 뿐이며 앞으로도 될 수 없는 전혀 근거 없는 낭설이다.

이정철 목사는 (666)표에 대해 상징성은 철저하게 배격하고 반면에 문자적 해석에 목숨을 걸고 있다는 것은 책 제목뿐만 아니라 다음 글에서도 볼 수 있다. "문자적인 의미 그대로 해석할 때 베리칩이 너무나도 짐승의 표와 동일시된다는 점과 현재 세계가 돌아가고 있는 시대적인 정황이 성경에서 예언하고 있는 마지막 시대를 향해 가고 있다는 여러 징조를 들여다 볼 필요가 있다. 문자적인 해석을 무시하고 오직 상징적인 의미로만 해석하여 베리칩은 짐승의 표가 아니라고 하거나 아직 적그리스도도 등장하지 않았는데 그게 무슨 짐승의 표냐고 반문하시는 분들은 현 시대가 예수 그리스도의 재림이 아주 임박한 상황으로 흘러가고 있다는 사실을 모르고 하는 말씀이다."[94]

이 말은 두 가지가 핵심이다. 하나는 '문자적인 의미로 해석할 때 베리칩은 짐승의 표가 된다는 당위성을 말하며, 다른 하나는 상징적인 해석은 영적 감각이 뒤떨어진 발상으로서 예수 그리스도의 재림의 때를 모른다는 것이다. 그러나 이것은 오히려 성경적인 666의 표에 대해 제대로 알지 못한 무지요, 자기의 주장을 정당화하기 위

94) ibid. p. 52(ff.4-11)

한 허울에 불과하다. 왜냐하면 지금 유통되는 베리칩은 전문용으로서 정직한 베리칩이다. 정직한 베리칩에는 어떤 음모설도 들어있지 않다. 다만 들어 있다면 이정철 목사와 같은 종말론자들이 만들어 놓은 음모론이다. 그리고 상징적인 해석은 마치 영적 감각이 없어 예수님의 재림의 때를 전혀 모르는 것처럼 말한 것은 오히려 성경의 종말을 호도하는 행위이다. 베리칩 따위로 임박한 재림, 종말을 운운할 수 없다.

여기서 이정철 목사의 결점은 상징적 해석에 대해서는 몰이해를 하고 있으며 문자적 해석은 정당성이 아니라 오히려 결정적인 오류를 범하고 있다. 666표에 대한 해석은 지금까지 문자적 해석과 상징적 해석으로 대립해 왔다.

"요한계시록 본문 전체를 살펴보면 상징적인 해석을 해야 할 부분이 있고 문자적인 해석을 해야 할 부분이 있지만 짐승의 표의 경우는 본문을 문자적인 의미 그대로 해석하는 것이 상징적이고 올바른 해석이다… '짐승'은 적그리스도를 상징적으로 표현하는 것이 타당하지만 '표'는 문자적인 해석을 취하는 것이 자연스럽다."[95]

여기서 저자는 계시록을 해석하는 양대 해석 방법인 문자적 해석과 상징적 해석을 모두 언급하고 있다. 그러나 여기에 이정철 목사의 꼼수가 들어 있다. 본인도 계시록을 해석하는데 문자적 해석과 상징적 해석을 모두 적용하고 있다는 것을 알리고 있지만 결국은 문자적 해석으로 베리칩을 666표로 만들기 위한 포석이다. 여기 '짐

---

95) ibid. p. 53(ff.14-16)

승'을 문자적으로 해석할 사람은 아무도 없다. 이처럼 당연한 것으로 자기의 변호를 하고자 하는 꼼수이다. 반면에 '표는 문자적인 해석을 취하는 것이 자연스럽다'는 식으로 연결하는 것으로 보아 베리칩을 666표로 만들려는 꼼수이다.

필자도 여기 '표'자체를(문자적으로 실체이지만 나타나는 형태는 '인칭적인 상징성'을 띠고 있기 때문에) 문자적으로 해석하는데는 이의가 없다. 그러나 여기서 독자들은 이정철 목사의 논점은 '표'를 과장한 '666과 베리칩의 관계'라는 것을 알아야 한다. 그러나 필자가 지금까지 밝히고 있는 것처럼 문자적으로 해석을 하더라도 베리칩은666표가 아니다. 왜냐하면 요한이 본 환상은 문자적으로 (666)숫자를 보았지 물체를 본 것이 아니기 때문이다. 표가 상징성이라는 것은 본서 666표 진실성(pp. 124-126, 666은 완벽한 인칭적인 상징성 이다)을 참고하기 바란다.

이정철 목사는 본인이 다미선교회 후신도 아니고 시한부 종말론의 추종자도 아니라고 애써 부인하고 있다.[96] 필자가 보기에도 이정철 목사는 다미선교회 후신이 아니며 시한부 종말론을 추구하는 극단적인 추종자도 아니다. 그러나 임박한 종말론 사상을 가지고 있는 것은 분명하다. 왜냐하면 저자의 임박한 종말론 사상은 여기 본문 말미 부분(현 시대가 예수 그리스도의 재림이 아주 임박한 상황으로 흘러가고 있다는 사실을 모르고 하는 말씀이다)뿐만이 아니라 그의

---

96) ibid, p. 45

저서 「베리칩은 짐승의 표다」에 전반적으로 나타나 있기 때문이다.

이정철 목사는 문자적 해석의 선구자답게 표를 받는 위치도 문자적으로만 해석하여 오른손과 이마만 고집한다.

"더구나 본문은 '오른손이나 이마'에 표를 받게 한다고 기록하고 있다. 만일 그것이 상징적인 의미를 지녀 '오른손'은 행위를 의미하고 '이마'는 인격을 의미하는 것이라고 해석한다면 인격을 의미하는 '이마'라는 부분은 그렇게 이해할 수 있겠지만 굳이 'in their right hand'라고 하여 '오른'이라고 특정한 신체 부위를 언급할 이유가 있었을까? '이마' 하나로 충분한 것을 굳이 '오른손'이라고 하는 특정한 부분을 첨부해야 할 이유가 없다."[97]

이 말의 요점은 이렇다. '이마는 그런대로 상징적으로 볼 수 있으나 오른손만큼은 도저히 상징적으로 볼 수 없다는 것이다. 그 이유는 오른손을 상징이라고 한다면 이마 한 곳으로도 충분하지 특정 부위인 오른손은 굳이 추가할 필요가 없다는 것이다.'

여기서도 이정철 목사는 문자와 상징성에 대해 애매한 태도를 취하고 있으나 실상은 이 말은 예표적인 상징성에 대해 가장 곡해하는 대표적인 사례이다. 여기 오른손과 이마는 저자도 말하고 있는 것처럼 상징이든 문자든 간에 각각 다른 의미가 있는 것은 분명하다. 그러나 이정철 목사가 "굳이 '오른손'이라고 하는 특정한 부분을 첨부해야 할 이유가 없다"라는 말은 수납할 수 없다. 왜냐하면 다음 세 가지 이유 때문이다.

첫째는 오른손과 이마는 각각 특성을 지니고 있다. 그러나 여기서

---

97) ibid, p. 53

중요한 것은 오른손과 이마의 특성보다도 표를 받아 활용할 위치이다. 표의 활용도는 이마보다 오른손이 더 용이하기 때문에 이마는 배제되더라도 오른손을 지목해야 맞다. 물론 꼭 그렇지는 않더라도 순위는 오른손과 이마이다. 그래서 '오른손'은 굳이 첨부할 이유가 없다는 것은 문자적 해석에 목숨을 걸고 있다는 증거이다.

둘째는 문자적 해석에 따르면 '왼손에 베리칩을 이식하면 666표가 될 수 없다'는 어처구니 없는 결과를 낳게 된다. 요한이 이런 허술한 환상을 보지 않았다는 것은 삼척동자도 다 알고 있다. 짐승의 표는 사람의 몸에서 위와 아래, 좌우에 문제가 아니다. 짐승에게 경배하고 그 표를 받았다면 오른손에 있으면 짐승의 표가 되고, 왼손에 있으면 안 되며, 이마에 있으면 666이 되고 발에 있으면 안 되는 것이 아니다(여기에 문자적으로 해석해서는 안 되며, 오히려 상징적으로 해석해야 할 이유가 있다). 그런데 이정철 목사는 '이마 한 곳으로 족하지 굳이 오른손을 첨부할 이유가 없다'고 한 것은 너무 허망한 것으로써 베리칩을 666표로 만들기 위한 문자적 해석에 몰두한 나머지 이런 오류를 범하고 있다.

"짐승이나 그 이름의 수 666을 상징이라고 해석할 수 있다. 헬라어는 숫자 개념을 포함하고 있다는 것에서 666은 적그리스도나 마귀를 상징하고 있기 때문이다. 하지만 그의 표의 수 666을 세어보라는 점은 어떻게 해석해야 하는가?… 그대로 숫자를 세어보라는 의미이다. 그렇다면 영적인 것을 세어볼 수 있다는 것인가?… 만일 그것이 상징적인 의미만 지닌 것이라면 굳이 그것을 세어보라고 할 이유가 없다. 상징이라면 무엇을 어떻게 세어보라는 것인지 납득할 수도 이해할 수도 없다. 세어보라는 의미는 그것이 가시적인 숫자적인 개념을 가지고 있는 것이기 때문에 그렇게 말씀하신 것이 분명하다. 따라서 666이라는 숫자는 악을 상징하는 상징적인 의미를 지님과 동시에 셀 수 있는 가시적 도구이어야 한다."[98]

이정철 목사가 계시록의 상징성에 대해 몰이해하고 있다는 것을 여기에서도 알 수 있다. 저자의 지적처럼 '짐승이나 그 이름의 수 666을 상징'으로 해석하는 것이 맞다. 그리고 '세어 보라'는 의미는 영적이며 상징적인 것보다는 가시적인 숫자라는 것에도 동의를 한다. 그러나 셀 수 있는 가시적인 순수한 아라비아 수(666)를 물체와 같은 전자(베리)칩으로 보는 것은 절대로 동의할 수 없다. 왜냐하면 여기 '표'는 '도구'가 분명하지만 베리칩과 같은 도구가 아니라 숫자의 형태를 지닌 표이며 인증서와 같은 수이기 때문이다.

또한 이정철 목사가 말하는 '가시인 도구'는 문자적인 해석을 도모하여 베리칩으로 666표를 만들기 위한 수작이다. 여기 '가시적 도구'라는 이 한 마디는 종말의 진리를 뒤집어엎을 수 있다. 물론 짐승의 표는 외형으로는 도구로 보일 수 있으나 나타나는 형태는 보이지 않는 '아라비아 수'이지 결코 눈에 보이는 물체가 아니다. 그러나 이정철 목사가 의도하는 것은 이런 것이 아니다. '가시적인 도구'는 곧 눈에 보이는 '베리칩'이다. 여기서도 놀라운 꼼수를 쓰고 있다. 특히 목회자들은 이런 것에 속지 말아야 한다. 목회자가 속으면 바로 설교로 투영될 수 있다. 마지막 때에 적그리스도는 눈에 보

---

98) 「베리칩은 짐승의 표다」, 이정철 저, pp. 57-58

이지 않은 666이라는 수를 가지고 나타나지 결코 칩과 같은 가시적 물체를 가지고 나타나지 않는다.

「베리칩은 짐승의 표다」의 내용은 90%가 이런 식으로 구성되어 있다고 해도 결코 지나친 말이 아니다. 물론 "베리칩을 짐승의 표라고 단정지어 말하는 것은 문제가 있을 수 있다"[99]고 한 마디 던지고 있기는 하지만 필자가 보기에는 전체 내용에서 이 한 마디는, 아주 예민한 비행기의 자동제어장치처럼 자기는 베리칩 종말론자가 아니라는 것을 적당하게 활용하기 위한 제어 장치로 밖에 볼 수 없다. 아니면 자기 방어용 멘트이다.

「베리칩은 666표다」를 쓴 목적은 베리칩 종말론에 포커스를 맞추고 있다. 책 제목부터가 노골적으로 베리칩을 666표라고 하며, 주시는 이유까지 설명하고 있다. 그렇다면 문자적으로 해석했을 때 베리칩을 왼손에 받아도 666표가 되는지 이정철 목사에게 묻고 싶다. 이런 황당한 문자적 해석으로 베리칩이 666표로 변신해 가짜로 만들어진 것이다. 그래서 베리칩은 짝퉁 666표이다. 더욱 한심한 것은 지금 아무리 짝퉁이 판을 치고 있는 세상이라고 하지만, 성경의 종말마저도 짝퉁이 판을 치고 있다는 것은 서글픈 일이 아닐 수 없다. 이런 일은 종말의 때 어린 양으로 모방하여 나타날 둘째 짐승이 할 짓인데, 지금 종말론자들이 선수치며 사단의 장단에 춤을 춰 주고 있다. 그런데 더더욱 한심한 것은 평신도 아닌 목회자들이 이런 일을 하고 있다.

---

99)Ibid. p. 48

(4) 베리칩 유전자설 장죠셉

베리칩 종말론에서 가장 어이없는 황당한 말은 베리칩과 인간의 정신계는 물론 신경계와도 교신하여 감시하며 통제할 수 있다는 소위 '베리칩 DNA 유전자설'이다. 그런데 바로 이러한 황당한 설을 주창한 사람은 놀랍게도 다미선교회 제2인자로 알려진 장죠셉이다.[100] 장죠셉은 이단자 출신답게 가장 황당한 부분을 가지고 베리칩 종말론에 끼어들었다. 뿐만 아니라 「베리칩에 숨겨진 사단의 전략」[101]이라는 책까지 출판하는 대담함을 보이며 적극적으로 활동하고 있다.

본서를 준비하는 과정에서 장죠셉이 다시 등장했다는 소식을 접하고 필자는 관심을 가지지 않을 수 없었다. 왜냐하면 장죠셉의 출현은 장죠셉의 개인적인 문제만이 아니라 종말론의 재등장으로 보기 때문이다. 다미선교회와 신천지 두 단체는 성경이나 신학적 잣대로 굳이 대지 않아도 한국에서 이단 중에 이단이라는 사실을 너무나 잘 알고 있다. 다미선교회는 1992년 10월 28일 예수님의 재림을 예언했다가 불발되자 망신을 당한 후에 대부분은 해체되거나 일부는 지하로 들어가 작은 모임으로 존속하고 있었다. 그런 다미선교회 2인자가 666표라는 베리칩으로 다시 고개를 들었다는 소식은 충격이었다. 그런데 더 충격적인 것은 다미선교회가 다시 한국 교회에 침투하면서 베리칩을 매개로 신천지의 추수꾼의 전략으로 접근하고 있

---

100) 장죠셉은 다미선교회 대표였던 이장림 목사가 사기죄로 구속되자 대신해 휴거 집회를 인도하게 되어 다미선교회 제2인자가 된 것이다. 본명은 장만호이다. 그러나 이름을 장죠셉으로 개명한 것은 다미선교회 사건 이후에 또 다른 변신과 미국 도피하여 사용하기 위해서였다. 지금은 미국 덴바에 있는 찬양의 교회에서 한인목회를 하면서 베리칩 종말을 전하고 있다.
101) 「베리칩에 숨겨진 사단의 전략」, 장죠셉 저. (크리스천리더출판사, 2013.10.15)

다는 보도 때문이다. [102] 다미선교회가 다시 재기(부활)하면서 '추수꾼' 전략을 쓰고 있다면 한국 교회는 경계하며 유의해야 한다. 다미선교회는 종말론을 화두(話頭)로 하는 전문적인 이단 집단이다. 그래서 다미선교회가 다시 고개를 들고 지상에 나타날 때는 반드시 종말의 이슈를 가지고 나타난다. 이것은 진리와 같은 원리이기 때문에 절대로 다른 것을 가지고 나타날 수 없다. 장쬬셉이 다시 출현한 것은 이런 맥락에서 이해하고 한국 교회는 복음적으로 방어해야 한다.

장쬬셉의 종말론 사상은 92년도의 휴거였다. 당시에 많은 사람들이 생중계로 휴거의 현장을 지켜보았는데 애석하게도 휴거된 사람은 한 명도 없었다. 휴거 불발로 그는 변신을 한다. 장쬬셉은 휴거에만 머물러 있었던 것이 아니라 당시 짐승의 표(666)라는 소위 '바코드 종말론' 사상을 접했다. 당시 바코드는 휴거와 맞물려 있기는 했으나 주요 무대는 휴거였기 때문에 바코드는 묻혀 있었다. 휴거가 불발로 끝나기 무섭게 바코드 종말론쪽으로 관심이 쏠렸다.

다음은 '부모님이 정성껏 지어준 자기의 이름을 장만호에서 장쬬셉으로 변신하게 된다. 이름만 보아서는 동일 인물인지 알 수 없다. 지금 장쬬셉으로 활동할 수 있는 것도 실상은 이름을 변신한 덕이다. 다음은 미국으로 건너가 조용히 칩거하면서 아마 한인목회와 베리칩 연구에 몰두한 듯 싶다. 휴거 사건이 잊어질 만한 세월이 지나가자 미국 덴바에서 찬양의 교회를 개척하여 한인목회를 시작했다.

---

102) 신천지 추수꾼들은 기존 교회에 개인적으로 혹은 구역 단위 급으로 들어와서 교인으로 등록을 한다. 처음에는 충성스럽게 봉사하면서 가장 약한 부분, 즉 가장 미혹하기 쉬운 부분을 찾아내어 기존 신자들을 유혹하는 것이 소위 '신천지 추수꾼의 기본전략'이다. 그러나 최종적인 대상은 성도들보다는 목회자들이다. 목회자들의 비리를 알아내어 신자들로 하여금 불신을 갖도록 유도한다. 이 전략이 성공하면 곧 바로 집단적인 행동으로 들어간다. 이것이 신천지 추수꾼의 전략이며 최종적인 목표이다.

그러다가 결국에 「베리칩에 숨겨진 사단의 전략」이라는 책을 집필한 장죠셉은 세미나와 집회를 명목으로 한국에 자주 출입하고 있다.

장죠셉의 종말론 사상은 지상 휴거-바코드-베리칩으로 계속 변신해 왔다. 그래서 잘못된 종말론에 빠지면 이처럼 계속 여운으로 남아 종말론 사상으로 이어지게 된다. 이제 베리칩도 서서히 저물어 가는데 앞으로 베리칩 다음으로 이어질 종말론은 무엇일까? 한편으로는 궁금하며 걱정도 되지만 다른 한편으로 은근히 기대가 된다.

장죠셉은 2013년에 「베리칩에 숨겨진 사단의 전략」이라는 책을 출판한 이후에 한국에 자주 와서 집회한 흔적을 책에서 볼 수 있다. 책표지에 있는 저자의 소개란에 보면, 고신연합총회에서 주최한 목회자 세미나를 인도한 것과 여의도순복음교회 집회 인도한 것이 대표적인 사례이다.

장죠셉 종말론 집회는 한국 교회에서 얼마든지 할 수 있기 때문에 경계해야 할 것을 강조하고 싶다. 한국교계는 조금 늦은 감은 있지만 장죠셉이 변신하여 나타난 것을 감지하고 다양하게 대처한 것은 아주 고무적이라고 할 수 있다. 현대종교(소장 탁지원)에서 총신대 박용규 교수와 기자 간담회를 갖고 그 내용을 다음과 같이 보도했다.[103] 박용규 교수는 이장림 목사로부터 시작하여 당시 다미선교회 맹신자들의 그동안의 동향을 소개하고 있다. "1992년 10월 28일 다미선교회 본부에서 마지막 예배를 인도했던 장만호(장죠셉)씨는 휴거 사건 이후 미국으로 건너가 목회 활동을 펼쳐왔고, 베리칩

---

103) 현대종교 2012년 12월호, pp. 94-98

이 모든 사람들의 몸에 심어지는 2013년부터 2016년 사이에 휴거가 올 것"이라고 주장한 인물로 소개하고 있다. 이런 것으로 보아 장죠셉은 역시 다미선교회 후신임을 알 수 있다.

장죠셉의 현재의 종말론 사상은 그의 저서인 「베리칩에 숨겨진 사단의 전략」에 잘 나타나 있듯이 베리칩 종말론이다. 장죠셉은 「마지막 신호」나 여타의 종말론처럼 프리메이슨과 신세계질서 그리고 베리칩에 관한 것이 전부이다. 그러나 60대인 필자의 시각으로 볼 때에 세상에는 오물을 버리는 쓰레기장이 있는 것은 당연하겠지만 종말의 쓰레기장도 있을까? 의심이 갈 정도이다. 왜냐하면 쓰레기 같은 종말 이야기와 황당하고 어설픈 종말론이 책 속에 가득하기 때문이다. 반면에 젊은 세대가 본다면 퍼즐게임처럼 보일 수 있을 것 같다. 세상에 수많은 정치인과 공무원, 경제인이 한 마디씩 한 것이나, 인터넷에 굴러다니는 온갖 루머들까지 가릴 것 없이 쓰레기같이 한데 모아 놓고 자기의 입맛에 맞는 것으로 맞추어 가는 것은 마치 퍼즐게임 같은 것이기 때문이다.

그러나 한 가지 특징을 굳이 말한다면 '베리칩 DNA 유전자 교신설'이다.[104] 이것은 비로소 다미선교회의 제2인자답다는 생각이 들 정도로 조잡한 종말론의 이야기이다. 장죠셉을 알아가다 보니 직통계시를 선호하는 신사도 운동하는 사람들이 베리칩 종말론에 빠져 맹신한 것은 전혀 이상한 일이 아닌 것 같다.

장죠셉의 변신은 달인에 가깝다. 본인이 변신을 잘 하니까 다른

---

104) 「베리칩에 숨겨진 사단의 전략」 장죠셉 저, pp. 229-239

사람들도 변신을 잘한 것처럼 본 것 같다. 그러나 이것은 넌센스다. "예수님의 명령은 666은 짐승의 표다(계 13:16,17)라고 하셨는데, 미혹된 사람은 짐승의 표는 상징이라고 말을 바꾼다. 666이라는 짐승의 표는 암시성인데도 상징이라고 말 바꾸기를 하고 있다."[105]

이것은 장죠셉이 상징성에 대해 몰이해 하며 하는 말이다. 여기서 짐승은 짐승과 같은 적그리스도로 나타날 사람을 상징한다. 엄밀한 의미에서 짐승−사람−적그리스도로 삼중적 상징성이다. 그리고 적 그리스도가 반드시 666이란 수를 쓴다는 보장은 없다. 이런 의미에서 666이란 수도 상징성을 지니고 있다. 장죠셉은 본인이 여러 모양으로 알게 모르게 변신해 놓고 다른 사람들이 바꾸었다고 말하는 것은 적반하장으로서 상징성에 대해 몰이해를 하고 있기 때문이다.

장죠셉의 변신은 여기서 끝나지 않고 다음과 같은 변신으로 항변한다. "바코드에서 바칩으로, 바칩에서 바이오칩으로, 바이오칩에서 바이오메트릭으로 전문용어 선택으로 인간의 몸에 들어가는 인간 유전자 지도를 만들어냈다. 인간은 유전자로 구성된 '디옥시리보핵산'인 몸에 인간 유전자 코드를 넣어서 세계정부통치자가 원하는 방식으로 바꾸는 것이 짐승의 표 666이다. … 이것은 인간을 컴퓨터로 통치하려는 가장 손쉬운 방법이라 했다. 현대과학의 발달로 컴퓨터가 생산되었고, 그것을 이용하여 생체 측정하는 방법으로 염색체를 연결시켜서 인간의 생각과 말과 행동을 관장하게 하는 기법이다."[106]

여기에 장죠셉의 '베리칩 DNA 유전자 교신설' 사상이 선명하게 드러나고 있다. 성경 어디를 보아도 짐승의 표인 666에는 이런

---

105) Ibid, pp. 127−128
106) Ibid, p. 230

기능이 없다. 여기 666은 실제적인 아라비아 수의 형태이지 물체나 물체의 기능이 아니다. 그런데 장죠셉은 666이라는 수에서 베리칩이라는 물체 혹은 그 기능으로 바꾸어 놓았다. 이 정도면 장죠셉을 변신의 달인이라고 해도 손색이 없다. 이것이 장죠셉의 '베리칩 DNA 유전자 교신설'이며, 베리칩 종말론의 핵심 사상이다. 666 베리칩 종말론은 이런 사람들의 머리 속에서 이런 식으로 만들어졌다는 것을 독자들은 분명하게 알고 베리칩의 공포로부터 벗어나서 자유하기를 바란다.

장죠셉은 '베리칩이 666이라는 명확한 증거'라고 하면서 과학적 증거, 법적 증거, 성경적 증거, 이 세 가지로 제시하고 있지만 어느 것 하나 신뢰할 만한 것이 없다.[107] 여타의 종말론자들이 말해온 것과 다를 것이 없는 아주 유사한 내용으로 황당하기 짝이 없는 것들로 채워져 있다. 그리고 자료가 얼마나 없었는지 2012년 10월에 초판을 내면서 내용의 출처의 대부분이 10여 년 전인 2000-2002년도 사이에 나온 것들이다.[108] 이것은 자료의 신뢰성과 빈약성으로밖에 볼 수 없는 것으로서 아주 구태적인 것들로 꽉 차 있다.

장죠셉의 대한 중요한 정보 하나는 임박한 종말을 주제로 하는 카페 중에서 최고의 회원을 확보하고 있는 '주님을 기다리는 신부들'과 깊은 관련이 있다는 것이다. 끝으로 장죠셉이란 이름을 걸고 하는 '베리칩 종말론 집회나 세미나'는 다미선교회 2인자인 장만호(장죠셉)가 주 강사이므로 한국 교회는 주의하고 경계해야 한다.

---

107) Ibid. pp. 251-268
108) Ibid. pp. 239-250

3. 종말론자들의 대표적인 사이트

종말론자들의 사이트는 프리메이슨과 베리칩을 종말론을 유발시키며 전파하는 일에 일조를 했다. 종말론자들의 사이트 중에서도 '프연모'와 '주님을 기다리는 신부들'이란 두 사이트가 가장 오래된 사이트다. 전자는 2002년에, 후자는 2005년에 개설되었다. 그러나 베리칩 종말론의 모토라고 할 수 있는 「마지막 신호」는 2010년에 초판이 나왔다.

2014년 현재는 수많은 기독교 사이트들이 생겨나서 '666 베리칩 종말론'을 서로 경쟁적으로 전하면서, 새로운 정보 입수에 혈안이 되어 있다. 그러나 지금 현재 가장 뜨고 있는 사이트는 '빛과 흑암의 역사'이다. 이 사이트는 세상의 것을 종말의 정보랍시고 새로운 징조로 만들어 확정하고, 다른 사이트로 전파하는 역할을 한다. 종말을 전문적으로 다루는 3대 사이트는 '프•연•모', '주님을 기다리는 신부들', '빛과 흑암의 역사'이다.

1) 프리메이슨을 연구하는 모임

다음(Daum)카페인 프리메이슨연구모임(프•연•모)은 프리메이슨을 연구하는 목적으로 2002년 6월에 개설되었다.[109] 2014년 6월 현재 18,000명이 넘는 회원을 확보하고 있으며, 하루 방문 수는 수천 명씩 된다. 메이슨을 연구하는 사이트로서는 가장 오랜 역사를 가지고 있으며 다음과 같이 카페를 소개하고 있다.

---

109) 카페지기는 찰리오이며, 카페 주소이다. http://cafe.daum.net/antifreemason

"다음(Daum) 최고의 프리메이슨연구 카페입니다. 각종 음모론과 비밀자료 또는 프리메이슨 자료들을 공유하고 토론합니다. 진실은 가려져 있지만 그 진실을 발견하고 찾아가게 된다면 얼마나 좋을까요? 우린 그런 진실을 파헤쳐가고 싶습니다."

여기 카페에서 논한다는 내용들은 공인(公認)된 것이 아니며 그렇다고 학계에서 인정하는 논문도 아니다. 카페에서 소개한 것처럼 그저 떠돌아다니는 세상의 비밀스런 이야기들이다. 이 사람, 저 사람이 한 마디씩 하면 비밀이나 음모설의 정체가 드러난다. 그러나 맞거나 말거나 식이 여기서 토론된 이야기들이며, 이것이 소위 '파헤친 진실'이다. 물론 여기 토론에 참여한 사람이나 주제들이 모두 음모론이라는 말은 아니다. 그러나 대부분이 「그림자 정부」에서 얻은 힌트나 세계적으로 알려진 예언이나 뉴스를 탄 것이 주를 이루고 있다.

프연모 카페 게시판(프리메이슨자료실)에 들어가면 2004년부터 메이슨의 이야기가 수없이 많이 나온다. 그러나 여기서 다루고 있는 프리메이슨은 전통적인 것이 아니라 음모론적인 내용이 대부분이다. (프·연·모)의 특징 중에 하나는 카테고리가 종교나 기독교가 아니라 '정치, 법률'이다. 그래서 여야, 보수진보 구분이 없어 그려진 바둑판과 같다. 카페는 정치로부터 시작하여 사회 전반적인 내용을 다루고 있다. 바로 이런 곳에서 성경의 가장 민감한 종말론이 다루어지고 있다는 것은 경악을 금치 못할 일이다. 그러나 기독교 전문 종말론 카페가 많이 나와서 그런지 요즘은 뜸한 편이다. (프·연·모)는 전문적인 기독교 카페는 아니지만 사이트로서는 최초로 메이슨과 베리칩을 다루고 있어 3대 사이트에 포함한 것이다.

2) 주님을 기다리는 신부들

다음(Daum)카페 '주님을 기다리는 신부들'은 예수님의 재림을 소망한다는 의미로 2005년 6월에 개설되었다.[110] 2014년 6월 현재 회원이 35,000명이 넘으며, 하루에 수천 명이 방문한다. 종말론을 다루는 카페로는 두 번째이지만 종교와 기독교를 카테고리로 하는 카페로서는 시기적으로나 회원 수로나 첫 번째이다. 그런데 카페의 가장 큰 특징은 예수님이 곧 오신다는 임박한 종말론 사상이다. 마치 1992년 10월 28일 재림을 추구했던 다미선교회와 닮은꼴이다. 물론 재림 일자는 제시 않고 있지만 임박한 종말론 사상으로는 그렇다. 그런데 놀라운 사실은 카페 '주님을 기다리는 신부들'의 영적인 멘토가 다미선교회 제2인자인 장죠셉이다.[111] 그래서 주님을 기다리는 신부 카페와 다미선교회는 쌍둥이 닮듯 닮았다.

카페의 목표는 카페 이름에 나타나 있듯이 우리 세대에 신랑이신 예수님이 오신다는 임박한 종말론 사상이다. 그 징조로 메이슨과 베리칩을 제시하고 있다. 카페지기나 특수회원들이 광적으로 베리칩을 666표라고 집착한 까닭은 바로 이 때문이다. 이것을 알게 되면 카페가 임박한 종말론과 맞물려 베리칩을 마지막 구원처럼 소문내고 있는 것은 전혀 이상한 일이 아니다.

카페에 베리칩 정보를 최초로 올린 사람은 다미선교회 출신인 장죠셉이다. 아마 이 소식을 접한 독자들은 프·연·모에서 666 베리칩 종말론이 처음 나왔다는 소식만큼 놀랄 것이다. 카페 게시판에 '장죠셉 목사님 자료'라는 메뉴가 별도로 있었는데 장죠셉과 관계

---

110) 카페지기는 '영심이'며, 카페 주소이다. http://cafe.daum.net/waitingforjesus
111) '주님을 기다리는 신부들', 게시판, 07.12.30, '666 짐승의 표', 818번, 영심이(글쓴이)

설이 나오자 지금은 삭제된 상태다.

필자가 카페에 회원 등록을 하고, 베리칩은 666표가 아니라는 글도 아닌 서론적인 글을 올려보았는데 얼마 안 되어 '강퇴' 조치를 당했다. 카페가 성경적인 종말론을 다루고 있다면 필자의 글을 삭제할 수 없거니와 원천 봉쇄하는 강퇴 조치는 더더욱 할 수 없다. 이런 조치는 카페가 자기 성향에 안 맞는다기보다는 잘못된 종말론을 지향하고 있다는 증거이다.

카페 주님을 기다리는 신부들은 다음 두 가지 때문에 주의를 요하고 있다. 첫째는 영심이는 다미선교회에 잔류파는 아니라 할지라도 장죠셉의 영향을 받아 666 베리칩과 관련하여 임박한 종말론 사상을 추구하기 때문이며, 둘째는 다미선교회 잔류파들이 이제는 지상으로 나와 인터넷 매체를 통해 득실거리고 있기 때문이다.

3) 빛과 흑암의 역사

다음(Daum) 카페 '빛과 흑암의 역사'는 성경의 종말을 알리기 위한 목적으로 2009년 9월에 개설되었다.[112] 2014년 6월 현재 7,000명이 넘는 회원이 등록되어 있으며, 하루에 수천 명씩 방문하고 있다. 카페지기는 등대지기이다. 본 카페는 베리칩의 삼대 카페 중에서 가장 늦게 개설되었지만, 일일 방문 수는 회원 수의 2배가 넘어 최고의 회원을 가지고 있는 '주님을 기다리는 신부들'을 능가할 정도이다.

'빛과 흑암의 역사'는 카페의 소개 글처럼 '성경을 중심으로 진리

---

112) 카페지기는 장화진이며, 카페 주소이다.(http://cafe.daum.net/aspire7), 카테고리는 종교기독교이며, 개설일자는 2009.9.15이다.

를 탐구하며, 메이슨을 중심으로 한 검은 세력의 신세계질서에 대한
음모설'을 파헤치고 있는 것이 아니라 오히려 필자가 보기에는 잘
못된 종말의 진리를 탐구하여 메이슨과 666 베리칩을 만들어 내는
그야말로 흑암의 역사이다. '빛과 흑암의 역사'는 어린 양으로 모방
하여 나타난 둘째 짐승 같은 짝퉁이며, 그 짐승이 전개할 검은 역사
가 바로 '빛과 흑암의 역사'에 투영되고 있다. 2014년 현재 베리칩
종말론의 자료 생산지는 이곳으로 보면 된다. 그래서 '성경의 예언'
등 여타의 다른 종말론의 카페들은 대부분이 '빛과 흑암의 역사'에
서 글을 퍼온다. 베리칩 종말론은 이런 카페에서 만들어져 전해지고
있기 때문에 아예 '출입금지'가 상책이다.

4) 그 밖의 사이트들

'회복교회', '성경의 예언', '환난날의 도피성', '우자매샬롬하
우스', '주님이 오십니다', '마라나타 사역 연구소(사역회)' [113] 등
은 종말론을 지향하고 있는 대표적인 사이트이다. 이 사이트들은 대
부분이 자료나 정보를 함께 공유하고 있어 유사한 내용들이 많다.
카페지기는 대부분이 메이슨과 베리칩 종말론의 맹신자이다. 특히
카페 '주님이 오십니다'를 운영하는 이현숙 목사는 천국에서 마치
베리칩을 본 것처럼 말한다. 2014년 1월이 지났는데도 불구하고 미
국이 강제로 베리칩을 삽입할 것이라는 글이 버젓이 올라와 있다.

---

113) · 회복교회(http://cafe.daum.net/Restorationjesus), 김관운 전도사, 종교〉기독교, 2011.6.29
　　　· 성경의 예언(http://cafe.daum.net/onlyljc), 이정철 목사, 종교〉기독교, 2007.2.25
　　　· 환난날의 도피성(http://cafe.daum.net/martuis), 김성철 선교사, 종교〉기독교, 2011.7.3
　　　· 우자매샬롬하우스(http://cafe.daum.net/shalomwoosister), 종교〉기독교, 2007.6.4
　　　· 주님이 오십니다(http://cafe.daum.net/JesusisComing), 이현숙 목사, 기독교, 2006.1.3
　　　· 마라나타 연구소 · 마라나타 사역회(http://cafe.daum.net/maranatha777), 박만영 목사, 종교〉기독교,
　　　2009.3.28

카페 '회복교회'를 운영하는 김관운 전도사는 맹신을 넘어 '빛과 흑암의 역사' 운영자처럼 도를 넘었다. '환난 날의 도피성'을 운영하고 있는 김성철 선교사는 베리칩을 거부하는 방법으로 몽골공화국으로 가서 도피성이라는 농장을 운영하고 있다. 박만영 목사는 '마라나타 사역 연구소'(마라나타사역회)와 카페

▲ 부산 해운대에서 베리칩을 온 몸에 감고 전하는 광신자의 모습

를 운영하면서 전혀 근거 없는 주님의 임박한 종말론을 알리고 있다.

평신도도 아닌 목회자들이 종말을 전문으로 하는 카페를 운영하는 웃지 못할 일들이 벌어지고 있다. 성경시대 사도들은 임박한 종말론 사상을 가지고 있었지만 마라나타 운동을 하지 않았다. 반면에 주님의 재림을 묵묵히 기다렸다. 계시록을 기록했던 사도 요한도 마라나타 운동을 하지 않았으며 어떤 여운도 남기지 않았다. 그래서 종말을 화히람 하고 있는 현재의 마라나타 운동은 비성경적이며 잘못된 종말론 운동이다.

그리고 '우자매샬롬하우스' 카페지기 우자매는 '주님을 기다리는 신부들' 카페지기 영심이와 흡사한 노선을 걷고 있다. 데이비드 차, 등대지기, 영심이, 우자매는 대표적인 평신도 종말론자로 분류된다.

여기에 영향을 받은 광신자 종말론자들은 사람이 많이 모이는 지하철이나 해변에 나가 온몸에 베리칩을 알리는 띠를 감고 전파한다. 이 밖에도 666 베리칩 종말론을 전문적으로 전하는 사이트들은 헤아릴 수 없이 많다. 이처럼 인터넷 사이트는 베리칩 종말론과는 떼려야 뗄 수 없다. 베리칩의 근원지는 물론 만들어진 과정이나 결정, 유포까지 어느 것 하나 인터넷 사이트와 연관이 안 된 것이 없다. 그러나 종교와 기독교를 카테고리로 하는 사이트에 베리칩에 관해 올라와 있는 글들을 보면 어설픈 진실이 많이 눈에 띈다. 이렇듯 666 베리칩의 종말론은 성경(진리), 교회(목회자), 신학(신학자)도 모르는 사이에 인터넷에서 만들어져서 유포되고 있다.

4. 베리칩 종말론의 비현실적인 문제들

성경은 존재한다. 고로 종말론은 존재한다. 반면에 흑암의 역사도 있기에 비성경적인 종말론도 있다. 누차 이야기하고 있듯이 본서의 논제는 성경적인 종말론보다는 잘못된 종말론이기 때문에 잘못된 베리칩 종말론에 초점을 맞추고 있다. 이번 단락에서는 베리칩의 비현실적인 문제와 베리칩은 666표가 아니라는 것과 베리칩의 또 다른 허구성에 대해 중점적으로 다루고자 한다.

1) 베리칩의 비현실적인 문제

베리칩은 황당한 논리만 아니라 음모론까지 동원되어 만들어졌다. 그런데 종말론자들은 국가 시책으로 베리칩이 시행되면 개인의 정보가 유출되어 엉망이 될 것이라고 무서운 공포를 유포한다.

종말의 때도 아닌 현재 시판된 베리칩이라도 사람의 몸으로 들어오면 인간의 권리가 상당한 침해를 받으며 최대로 악용될 것으로 본다. 정보 유출로 은행에 예치된 돈은 누가 언제 어떻게 빼 갈지 모르기 때문에 통장에 돈이 들어 있어도 내 돈이 아닐 수도 있다며 마치 666 시대의 서막이 시작된 것처럼 알리고 있다. 그러나 이것은 개똥신학에서나 볼 수 있는 일이다. 베리칩을 시행하는 시대가 오면 경제적인 문제만이 아니라 직장의 문제까지(전효성 목사는 조카가 다닌 회사 직원들에게 정보용 베리칩을 시술한다고 해서 회사를 그만 두라고 권면했더니 조카가 제 인생을 삼촌이 책임질 것이냐고 해서 더 이상 할 말이 없었다는 식으로 베리칩과 직장의 문제까지 실제적으로 문제삼는다) 거론하고 있다.

여기서 전효성 목사에게 묻고 싶다. 조카가 회사에서 베리칩을 시술했다고 해서 지금 우상을 숭배하며 살아가고 있는가? 베리칩으로 정신계가 제압당하며 금융적으로 불이익을 당하고 있는가? 만약에 우상을 숭배하며 살아간다면 베리칩을 시술해서가 아니라 하나님을 떠났기 때문일 것이다. 반면에 조카가 그리스도인으로서 하나님을 잘 섬기고 있다면 베리칩을 시술했어도 멋있는 하나님의 자녀요 천국 백성이다.

국가에서 베리칩 정책을 실시하더라도 베리칩은 베리칩 기능으로서만 활용하게 된다. 만약에 한국에 국민건강관리시스템으로 베리칩 시술 정책이 시행된다면 종말론자들은 짐승의 시대가 왔다며 일제히 일어나 소문을 내며 난리가 날 것이다. 삼성이 베리칩을 30만개 수입했다는 설도 미확인 된 것으로서 이런 맥락에서 이해하면 된다.

베리칩으로 인한 정보 유출로 경제적 손실이 온다면 시행하는 국가는 100%는 아니라도 상황에 따라 90%, 50%, 10% 등 어느 정도의 책임 소재가 따른다. 시행한 국가는 무책임하게 시행만 하고 모든 책임은 국민들에게 돌리는 것은 로마의 노예 시대에서나 통용할 법한 법이다. 지금 세상이 어떤 세상인가? 조금만 불리하면 소송하는 시대이다. 뿐만 아니라 헌법을 상대로 재판까지 하는 시대이다. 그래서 '헌법 재판소'가 있다.

종말론자들이 염려하는 것처럼 베리칩을 시행하는 시대가 오면 어떤 일들이 벌어질까? 금융 관련 소송은 전국적으로 따지면 하루에 수천 건이 될 것이며, 법원은 재판의 대란이 일어날 것이다. 국가가 이런 일들을 전혀 인식하지 못하고 강제로 베리칩 정책만 무차별적으로 시행한다면 종말에 앞서서 국민의 저항을 받을 것이다. 왜냐하면 수많은 국민들은 엄청난 피해를 받고 있는데 시행한 국가가 아무 책임을 지지 않는다면 베리칩 시행법은 보나마나 위헌이 된다. 이 글을 준비하고 있을 때, 마치 한국의 몇 시중 은행에서 정보 유출로 곤혹을 치루고 있다는 뉴스를 접했다. 저 개인적으로도 은행으로부터 공개적인 사과 메일을 받았다. 이번 개인정보 유출 사건으로 정부는 '개인정보유출재발방지 종합대책'을 발표했다.[114] 이 법으로 말미암아 금융서비스 이용자들은 자신의 정보에 대해 다섯 가지 권리(보호)를 보장받을 수 있다.[115] 신용카드 유출만 해도 이 정

---

114) 201년 1~2월에 농협과 국민은행에서 정보 유출로 인한 사과문과 전자금융사기예방서비스 일시확대 시행 안내를 메일로 받은 바 있다. 그리고 정부는 2014년 3월 10일 '개인정보유출재발방지 종합대책'을 발표했다.
115) 금융사에 최초로 제공한 개인정보 조회권으로부터 정보제공 철회, 정보이용 금지, 파기, 보안조치 요구권.

도다. 그런데 종말론자들이 말하는 베리칩 피해는 정보 유출 정도가 아니라 사람의 정신까지 유출되는 것을 말한다. 그동안 독자들은 이런 비현실적이며 허망한 베리칩 종말론의 소문을 들었던 것이다.

정부의 '개인정보유출재발방지 종합대책'에 대한 발표로 종말론자들이 그동안 말해왔던 베리칩으로 인한 정보 유출로 올 수 있는 각종 피해는 거짓된 소문이라는 것을 알 수 있다. 따라서 종말론자들이 말하는 거짓을 인정해 주더라도 정부가 베리칩 시술법을 시행하려면 다음 두 가지 조건이 갖추어졌을 때만이 가능하다.

첫째는 베리칩의 (정보) 안전장치가 현재 사용하는 신용카드 이상의 대책이 마련되어야만 국가 정책으로 시행할 수 있다. 반면에 종말론자들이 말하는 공포들을 그대로 수용하면서 국가 시책으로는 시행할 수도 없다. 둘째는 개인적인 상황에 따라 가능한 일이다. 가족의 치매환자(위치 추적), 어린이 유괴방지(안전용), 의료 전문용(예방과 치료용) 등은 개인적으로 얼마든지 가능하다. 왜냐하면 이것은 종말론자들이 말하는 666표인 베리칩이 아니라 목적이 있는 전문용 베리칩이기 때문에 시술이 가능하다. 여기 베리칩은 정직한 베리칩으로서, 베리칩은 베리칩일 뿐이다.

베리칩 종말론은 성경적으로 뿐만 아니라 과학적으로도 비현실적임에도 불구하고 계속 666표라고 우기고 있다. 이것은 잘못된 종말론이며 무엇보다도 베리칩 공포로 몰아가는 사단에 수작이며, 여기에는 안티기독교인들까지 자리 잡고 있으며, 음모론이 판이 치고 있

신용조회 중지권 등 5개 권리를 2014년 6월부터 보장받을 수 있다.

음에도 불구하고, 종말론에 눈이 먼 평신도들뿐만 아니라 목회자들이 여기에 끼어들어 사단의 장단에 춤을 춰 주고 있다.

2) 베리칩은 666표가 아니다

베리칩은 현실적으로 666표가 아니다. 시중에는「베리칩은 666 표다」라는 책까지 나와 있지만 베리칩은 666표가 될 수 없다.

종말론자들이 어떠한 항변을 한다고 해도 666은 물체가 아니라 숫자가 분명하다. 베리칩이 666표가 되려면 문자적이기 보다는 상징적이 되어야 한다. 왜냐하면 물체가 숫자로 혹은 숫자가 물체로 의미화 되려면 상징적으로만 가능하기 때문이다. 그럼에도 불구하고 종말론자들은 상징적인 의미화는 모르고 베리칩에 생명을 걸고 있다. 그들은 문자적으로 해석해야 할 요소는 상징적으로 해석하며, 상징적으로 해석해야 할 요소는 문자적으로 해석하는 것이 작금의 현실이다. 지금 종말론자들의 문제는 베리칩 자체에 지나칠 정도로 무게를 두고 있다. 아니 성경 이상으로 지나친 반응을 보이고 있다. 이처럼 계시록의 상징성을 몰이해한 나머지 베리칩으로 666표를 만들었기 때문에 현실적으로 베리칩은 666표가 아니다.

그리고 베리칩을 사람의 몸에 이식하게 되면, 리모컨으로 로봇을 조정하듯 사람의 행방은 물론 신경계까지 조정하며, 금융의 위험성은 물론 심지어는 개인적인 프라이버시까지 노출될 뿐만 아니라 심각한 정신적 타격을 받을 것으로 공포심을 조성해 왔다. 그러나 적그리스도가 도래하여 사용하게 될 666표는 성경에 이러한 문제가 언급된 바 없다. 그저 자연스럽게 사용할 표이므로 종말론자들이 말하는 위험성은 결코 현실적으로 나타나지 않는다. 666은 표이긴 하지만 나타나는 형식은 숫자이기 때문에 엄연히 다르다.

짐승의 표는 소유권을 뜻하는 증표이기 때문에 표를 가진 사람만이 매매할 수 있다. 반면에 짐승의 수는 마지막 때에 적그리스도가 활용할 수이지만 또한 사람이 지을 수 없도록 고유번호로 활용하게 된다. 그리고 단순하게 수라고 말하지 않고 그 짐승(사람)의 수, 즉 단수를 사용하고 있다. 여기 '수'는 문자적으로 짐승들이나 사람들이 아니라 그를 지칭하는 특정한 '묘사'이다. 그래서 종말론자들처럼 표를 아무렇게나 적용하는 자체가 문제이다.

666 베리칩은 마치 차례상에 올라가는 과일과 같은 것이다. 사과나 배가 차례상에 올라갔을 때 우상제물이라고 할 수 있다. 반면에 차례상 옆에 있어도 올라가지 않으면 우상제물이라고 할 수 없다. 이렇듯 사과나 배가 차례상에 올라간다고 해서 모든 사과를 우상재물이라고 할 수 없듯이 (우상에게 숭배하지 않고)베리칩을 666표라고 할 수 없다. 만약에 우상에게 숭배하지 않고 의료용 베리칩을 주입했다고 해서 666표라고 한다면 사고나 배가 차례상에 올라간다는 이유로 (차례상에 올라가지 않았어도)그리스도인들은 사과나 배를 먹어서는 안 되는 것과 같다. 그런데 예수 믿는다고 사과나 배를 안 먹는 사람이 어디 있는가? 사과나 배가 반드시 차례상에 올라갔을 때 우상 제물이 되듯이 베리칩도 우상에게 경배했을 때 비로소 666표가 된다. 베리칩이 666표라는 것은 이와 같이 현실적으로 허망한 논리들로 가득차 있다. 이제 진실한 그리스도인들은 종말론자들의 허구성에 더 이상 속아서는 안 된다.

이러한 사례만 보더라도 베리칩은 분명 666표가 아니며 허망한 종말론의 징조이며 실패한 종말론이다.

3) 베리칩의 또 다른 허구성들

베리칩은 종말의 징조를 넘어서 구원의 조건까지 갖추고 있다. 과연 베리칩이 구원의 조건이 될 수 있을까? 만약에 베리칩이 구원의 조건이 된다면 여기에는 또 다른 허구성이 도사리고 있다.

(1) 베리칩보다 더 중요한 것은 생명이다

양(생명)이 안식일(율법)보다 더 중요하다. 예수님은 안식일에 '손 마른 환자'를 고쳐주셨다. 이 광경을 몰래 지켜보던 바리새인들이 고소할 조건(안식일에 병 고쳐 준 것에 대해)으로 시비를 걸어왔을 때, 마가는 당시 예수님께서 "안식일에 선을 행하는 것과 악을 행하는 것, 생명을 구하는 것과 죽이는 것, 어느 것이 옳으냐?"라고 응대(應對)했음을 소개하고 있다(막 3:4; 마 12:11-12).

이 사건은 예수님께서 사람의 생명보다 안식일을 더 중요시한 잘못된 율법 정신을 깨우치려는 교훈을 담고 있다. 예컨대, 국가적 시책으로 전 국민 의료용 베리칩을 시행하는 시대에, 죽어가는 30대 남편의 생명 앞에 의료용 베리칩을 남편에게 이식하느냐 마느냐는 공포에 떨고 있는 부인(성도)에게 예수님이라면 어떻게 하실까? "그래, 네 남편에게 의료용 베리칩은 666표이기 때문에 절대로 이식하면 안 되고 그대로 죽게 해야 한다. 대신에 너는 과부로 살아가면서 아이들을 혼자 키워야지 너의 남편과 너희 가족 모두가 구원받을 수 있다"라고 하셨을 리는 만무하다. 아니면 "내가 사도 요한을 통해 666표는 오른손에만 받도록 지명해 놓았으니 너의 남편은 왼손에 베리칩을 받게 하는 것이 지혜니라"고 하셨을까?

이 가정은 예수님을 믿음에도 불구하고 666표도 아닌 베리칩 따위로 남편의 생명은 물론 온 가족이 구원의 기로에 서 있는 상황이다. 그러나 여기서 베리칩은 지옥에 가느냐 안 가느냐가 문제가 아니라 생명을 살리느냐 죽이느냐의 문제이다. 생명의 중요성을 아신 예수님은 바리새인들에게 안식일보다 생명이 더 중요하다고 응대하신 것처럼 베리칩으로 공포에 떨고 있는 부인에게는 '생명이 베리칩보다 더 귀하다'고 말씀하실 것이다.

그러나 남편에게 베리칩을 이식하려는 것을 강권적으로 막을 자는 짐승(사단)과 데이비드 차나 전효성 목사와 같은 베리칩 전도자와 유사한 종말론자들이다. 여기서 유심히 살펴보면 베리칩 전도자들은 쉽게 이해할 수 있지만, 사단은 쉽게 이해할 수 없을 뿐 아니라 오히려 반문이 생긴다. 왜냐하면 짐승(사단)은 베리칩을 받도록 하는 것이 사명이기 때문에 강권적으로 막는 것은 그의 사역과 모순된다. 표에 대해 잘 알고 있는 짐승은 베리칩을 받지 못하도록 강력하게 대응할 것이다. 이 상황에서 진실은 두 가지다. 첫째, 의료용 베리칩을 받지 않으면 죽지만 베리칩을 받아서 의료 혜택을 받으면 살 수 있다. 사단은 살리는 영이 아니라 죽이는 영이기 때문에 오히려 이런 상황에서는 베리칩을 주입하는 것이 아니라 막는 진풍경이 벌어진다. 이것도 어린 양을 모방한 짐승의 고도의 술책이다. 둘째, 666표와 베리칩은 다르다는 증거다. 짐승은 자기 사명 때문에

666표는 수단과 방법을 가리지 않고 강권적으로 주입하려고 하겠지만 순수한 의료용 베리칩은 생명을 살리는 도구이기 때문에 오히려 주입하지 못하도록 최대한 막을 것이다. 그래서 사도요한은 2000년 전에 이미 이런 환상을 보았기 때문에 둘째 짐승을 어린양 같이 모방하여 나타날 것으로 말한 것이다.

이것은 베리칩은 666이 될 수 없다는 명백한 증거이다. 생명보다 베리칩이 더 귀중할 수 없다. 종말론자들은 이것도 모르고 짐승처럼 덩달아 베리칩을 받지 못하도록 강권적으로 막을 것이다. 그러나 성도들은 짐승을 숭배하는 666표는 받아서는 안 되지만 전문용(의료용, 안전용) 베리칩은 받아도 된다.

(2) 다니엘의 세 친구의 신앙이다

다니엘의 세 친구에게서도 베리칩의 또 다른 허구성을 찾을 수 있다. 계시록이 신약의 예언(종말)서라면 다니엘서는 구약의 예언(종말)서이다. 다니엘서에는 다니엘의 세 친구 '사드락과 메삭과 아벳느고'에 대한 이야기가 나온다.

바벨론의 느부갓네살 왕은 전국적으로 자기 신상을 세우도록 하고 포로만이 아니라 모든 자국민들에게까지 경배하도록 했다. 이것은 비록 포로 신세라고 하지만 유대인들에게는 우상 숭배에 해당하는 행위이다. 그런데 다니엘의 세 친구는 처음부터 아예 우상에게는 경배하지 않겠다는 단호한 태도였다(단 3:19-23). 그래서 세 사람은 결국은 결박되어 평상시보다 일곱 배나 더한 극렬히 타는 불구덩이 속에 들어갔다. 그러나 당연히 죽을 정도가 아닌 세 사람, 부모들이 자기 자식을 분간할 수 없을 정도로 타 버린 세 사람, 뼈까지 녹아버릴 불구덩이 속에서 이 세 사람은 죽었다가 다시 살아난 것도 아니다. 이들은 아예 죽지도 않고 머리카락 하나 상함 없이 살아 있었다.

다니엘의 세 친구가 경험했던 기적의 현장에서 주는 교훈은 어떠한 상황 속에서도 하나님은 자기 자녀(백성)는 구원해 주신다는 것을 보여 준다. 실상은 종말 때에 성도들이 받을 핍박은 다니엘의 세 친구가 받은 핍박만큼은 아닐 것이다. 베리칩을 받지 않았다고 해서 다니엘의 세 친구처럼 화형에 처하지 않을 것이며, 더구나 현대 처형법인 교수형이나 총살형도 없다.

다니엘의 세 친구의 생사의 문제는 불덩어리가 아니라 실상은 우상 숭배에 달려 있었다. 다니엘의 세 친구가 우상에게 경배했다면 불구덩이에서 구원받을 수 없었다. 이처럼 우상에게 숭배를 하지 않았는데, 죽어가는 생명 앞에서 그것도 국가 정책으로 시행한 베리칩을 시술했다는 이유로 자기 자녀를 버리실 하나님이 아니시다. 그러므로 유아용이나 의료용 베리칩을 받는다고 지옥가는 것이 아니다. 여기서도 베리칩은 베리칩이며, 666은 666이라는 사실을 보여 주며, 베리칩의 또 다른 허구성을 극명하게 보여 준다.

하나님의 구원에로의 부르심을 받은 성도들은 마지막 종말 때에 다니엘의 세 친구처럼 하나님이 철저하게 보호하신다. 이러한 사실은 요한이 본 환상에 묵시되어 있다. 계시록 13장은 짐승이 출현하여 사단에게 경배하도록 강요하며 그 증거로 666표를 준다는 기사가 나온다. 그러나 짐승에게 경배하며 표를 받는 자들은 생명책에 기록되지 않는 자, 혹은 하나님의 인침을 받지 않은 불신자들의 소행으로 거듭 밝히고 있다(계 13:8, 17:8, 20:15, 9:4).

여기 하나님의 보호하심은 두 가지 의미를 지니고 있다. 하나는 생명책에 기록된 자들은 하나님이 사단의 행패를 그냥 보고 있지 않겠다는 것이며, 다른 하나는 하나님은 자기 자녀들에게 피할 길을 주신다는 것이다(고전 10:13). 고통은 함께하겠지만 결국은 짐승의 표를 받지 않도록 필할 길을 주겠다는 것이 묵시의 핵심이다. 그렇다고 구원받을 성도들에게는 고통이 전혀 없는 것으로 오해해서는 안 된다. 그리고 피할 길을 주신다는 말은 오른손을 피하여 왼손에 받으라는 것이 아니니 이것 역시 오해해서도 안 된다.

5. 666 베리칩 종말론에 대한 비평

지금까지 베리칩 종말론의 허구성에 이어 종말론자들의 허구성을 살펴보았다. 666 베리칩 종말론은 교회가 아닌 그렇다고 그리스도인들도 아닌 비그리스인들이 운영하는 사이트나 안티그리스도인들에 의해서 시작되었다. 그러다가 장죠셉과 같은 시한부 종말론자들의 눈에 베리칩이 포착되어 변신을 꾀하다가 데이비드 차와 같은 신흥 종말론자의 손을 거쳐 교회 안으로 깊숙이 들어왔다. 이처럼 베리칩 종말론은 성경에서 온 것이 아니기 때문에 당연히 성경적인 종말론이 아니다.

베리칩 종말론은 개통신학(철학) 수준이다. 나이가 60대쯤 된 사람들은 개똥철학이라는 말을 많이 사용했기 때문에 쉽게 이해할 것이다.[116] 베리칩은 총체적으로 성경, 교회, 신학 등 3대 요소가 빠진 종말론이다. 대신에 거짓된 정보, 오바마 케어, 종말의 소문 등 3대 요소가 들어가 있다. 그래서 베리칩은 말도 많고 탈도 많은 종말론이다. 그렇지 않고서 성경의 진리인 종말이 이런 수모를 겪을 수 없다.

예장 합동측(총회장 안명환 목사)은 제98회 총회에서 "666과 베리칩을 동일한 것으로 연관 짓는 것은 잘못된 견해"라고 교단(총회)적으로는 처음 베리칩에 관한 견해를 밝히면서 다음과 같이 평가(비평)하고 있다.[117] "베리칩을 요한계시록 13장의 짐승의 표로 간주하고 그것을 받는 자는 구원에서 끊어진다는 주장은 해당 본문에 대한 오해와 광신이데올로기, 그리고 주관적인 상상력에 지배를 받은 억지스러운 해석의 결과이다. 반면에 베리칩을 비롯해서 바코드, 컴퓨터, 혹은 신용카드 등은 모두 일반은총의 영역에 속하며 기술문명에 속한 그것들 자체는 선한 것으로서, 하나님께서 금하신 것도 아니며 믿음의 도에 어긋나는 것도 아니다." 합동총회는(신학부의 보고서를 그대로 인정하고) 다음과 같이 결의했다. "본 교단은 요한계시록 13장에 등장하는 666과 베리칩을 동일한 것으로 연관짓는 것은 분명히 비성경적임을 확인한다. 따라서 666과 베리칩을 연관지어 활동하는 개인이나 단체는 배격하기로 하다."

---

116) '개똥철학'이란 대수롭지 않은 생각을 대단한 철학인 양 내세우는 것을 얕잡아 이르는 말이나, 이상한 철학적 논리를 비아냥거리는 것을 뜻한다.
117) 합동측 신학부는 98차 총회 때 그동안 연구한 결론을 '총회신학부 보고서' 형식으로 발표했다.

합동총회 신학부(부장:이승희 목사)는 2013년 9월 총회에 앞서 2013년 7월 4일 '총회설립100주년 개혁주의신학대회'에서 '21세기 상황 속에서 성경적 신학과 신앙의 회복'이라는 주제로 세미나를 개최하여 '666과 베리칩에 대한 개혁주의 신학의 입장'을 분명하게 말하고 있다. 연구자인 서창원 목사(개혁주의설교연구원장)는 '요한계시록의 666과 베리칩에 대한 성경적 이해'라는 제목으로 발표했고, 박혜근 교수(칼빈대)는 '베리칩과 666'에 관련한 개혁주의 신학적 입장'을 제시했다.[118]

　서창원 목사는 요한계시록 13장 18절에 나오는 짐승의 숫자인 666에 대한 해석만큼 논란의 소지가 많은 구절도 드물다며, 그동안 개혁주의 교회는 666에 대해 침묵했고, 이런 점 때문에 성도들이 잘못된 종말론에 빠지는 일이 발생했다며 이번 연구에 의미를 부여했다. 이어서 666은 '사람들이 신처럼 섬기는 인간 우상'으로 보았다. 기독교 역사를 봐도 666을 인간으로 설정하고 네로를 비롯한 로마의 황제 등으로 이해한 사례가 많으며, 또한 666을 나타내는 짐승의 표는 '육체의 외적 표시'로 이해하기보다는 '성령의 인치심'처럼 마음에 새긴 낙인을 상징하는 것으로 보는 것이 타당하다고 지적했다. 결국 서창원 목사는 "주님께서 666이 어떤 존재인지 드러내주시기 전까지 인내하며 예수 그리스도를 구주로 그리고 왕으로 섬기는 믿음의 역사를 감당해야 한다"고 강조하고 있다. 또한 베리칩을 짐승의 표라고 인식해 '베리칩을 심으면 구원을 얻지 못

---

118) 기독신문(합동총회신문사) 2013년 7월 10일 1면에 톱기사로 보도된 바 있다.

한다'는 주장에 현혹되지 말아야 한다고 덧붙였다. 구원은 베리칩을 받고 안 받고의 문제가 아니라, 예수 그리스도를 믿는가 안 믿는가로 결정된다.

반면에 박혜근 교수는 미국 교회에서 촉발된 666과 베리칩 논쟁이 무분별하게 한국 교회에 퍼져나갔음을 지적했다. 이어서 "소위 '베리칩 선지자'들은 무선식별장치가 짐승의 표의 일환이라고 확신하고 성도들에게 소문을 퍼뜨렸다는 것이다. 베리칩에서 성경의 객관적인 근거도 갖추지 않은 채 주관적인 상상력을 동원해서 쏟아내고 있다. 이들은 실로 소란스러울 정도가 아니라 짜증스러운 소음"이라고 강하게 비판했다.

박혜근 교수는 베리칩을 짐승의 표라고 주장하는 사람들의 이론을 일일이 비판했다. 예컨대 "베리칩은 인간의 유전자를 조작하는 기능을 갖추고 인간의 뇌를 지배해서 결국 생각과 이성을 통제하게 된다는 주장한 것은 어불성설이다. 또한 계시록의 '짐승의 표'는 '짐승에 대한 배타적인 충성과 숭배를 뜻하는 것'이라고 지적했다. 당시 계시록의 독자인 성도들은 짐승을 황제숭배와 연관해 받아들였을 것이고, 실제로 '표'라는 단어는 당시 '로마 황제의 이름을 명시한 공식 문서에 찍는 인장'을 의미했다"고 설명했다. 이어서 박혜근 교수는 이미 미주한인예수교장로회 신학부에서 내린 베리칩에 대한 비판적 결론을 제시하며, "베리칩을 받으면 구원을 놓치게 된다는 주장은 결국 베리칩이 예수 그리스도의 구속의 은혜를 좌우한다는 의미"라고 강하게 비판했다. 베리칩은 결코 짐승의 표로 간주될 수 없다. 짐승의 표의 본질은 '배교적 복종이다'며 다른 해석의 여지를 두지 않았다.

　서창원 목사와 박혜근 교수(교의신학)의 결론적인 입장은 '666과 베리칩을 동일한 것으로 연관짓는 것' 과 '베리칩은 구속의 은혜를 좌우할 수 없다' 는 것이다.

　종말론자들이 베리칩으로 666표를 만든 조건은 두 가지이다. 하나는 문자적 해석이며, 다른 하나는 오바마 헬스케어에 베리칩 시술법이다. 문자적 해석으로는 베리칩이 666표가 될 수 없다는 것이 성경적으로나 신학적으로 이미 밝혀졌다. 그리고 목회자, 신학자, 교단까지도 비판함으로써 더 힘을 받고 있다. 반면에 오바마 케어에 들어 있다는 베리칩의 허구성은 2013년 3월로 이미 종결되었으며, 문자적 해석으로도 그동안 살펴본 것같이 베리칩이 666표가 될 수 없다는 것으로 종결되었다. 그리고 오바마 헬스케어의 베리칩 종결은 베리칩 전도자 이상남 목사가 더 이상 베리칩 종말론을 전하지 않고 꿀 먹은 벙어리가 되어 은둔했다는 사실만으로도 충분히 입증해 준다. 이처럼 어설픈 진실과 세상에 있는 온갖 징조들을 종합하여 만들어진 것이 바로 베리칩 종말론이다.

　성경의 진리인 종말을 빙자하여 영적이랍시고 불쑥 한 마디(베리칩이 666표라고) 던져 놓고 세월이 지난 후 아니면 마는 식으로 일어나고 있는 작금의 종말의 소문은 마귀의 장난이 아닐 수 없기 때문에 영적인 성도들은 정신을 똑바로 차리고 믿음 안에서 깨어 분별할 수 있어야 한다.

三. '마지막 신호'

「마지막 신호」는 데이비드 차가 쓴 책이다.[119] 이름으로만 보면 교포 2세대처럼 보이나 실상은 종말의 민감성 때문인지 가명을 쓰고 있다. 차 형제는 이 책을 쓴 이후에 한국교계에 유명세를 탔을 뿐만 아니라 두 번째 가라면 서러울 정도로 베리칩 종말론의 선구자이다. 데이비드 차 형제의 특징은 신학을 하지 않은 평신도로서 종말론자로 자리매김을 하고 있다. 그래서 데이비드 형제가 평신도이긴 하지만 '대표적인 종말론자들' 중의 한 사람으로 다루고 있으며, 특별히 「마지막 신호」는 한국교회에 베리칩 종말론을 전파하는데 주도적 역할을 했다. 그래서 본서의 제목을 「잘못된 마지막 신호 666 베리칩 종말론의 허구성」이라고 할 정도로 필자의 관심을 끌었기 때문에 「마지막 신호」는 여타의 종말론자들의 허구성과 함께 다루지 않고 별도로 다루었다.

1. 마지막 신호의 의미

여기서 말하는 '신호의 의미'는 두 가지를 말한다. 첫째는 사전적 의미로서 '신호'란 "소리, 색깔, 빛, 모양 따위의 일정한 부호에 의하여 의사(특정한 내용이나 정보)를 전달하는 일"이다. 신호는 공동체의 질서나 안내, 개인적인 정보 등에 다양하게 영향을 준다. 반면에 신호 중에는 잘못된 신호도 있다. 잘못된 신호는 공동체에 유익

---

119) 마지막 신호, 데이비드 차 저, 예영커뮤니케이션 (1판, 2010.6.30, 3판 13쇄, 2012.3.15)

이 아니라 도리어 혼란과 악영향을 끼치게 되어 적잖은 피해를 준다. 또한 신호는 아주 여유 있게 보내야 할 신호가 있는 반면에 아주 급하며 민감하게 보내는 신호가 있다. 전자의 경우는 비행기가 공항에 착륙하려고 할 때 기장은 관제탑에 여유 있게 신호를 보낼 것이다. 착륙 5분 전에 급하게 신호를 보내는 기장은 없다. 반면에 후자는 아주 긴박한 전투상황에서 보내는 신호이다. 전투상황에서 허술한 신호는 오히려 아군에게 피해를 줄 수 있다. 등대의 일정한 신호는 배의 안전한 항해를 돕는다. 이렇듯 신호는 아무렇게나 보내는 것이 아니라 여유 있는 신호, 긴박한 신호, 민감한 신호, 일정한 신호등 상황에 맞게 적절하게 보내게 된다.

둘째는 종말론적인 신호이다. 마지막 때에는 '종말의 징조' 들이 있다. 그래서 차 형제도 종말의 징조들을 의식하며 「마지막 신호」라는 제목을 붙였을 것이다. 성경의 마지막 신호인 종말의 징조는 아주 민감하다. 차 형제 역시 마지막 신호를 알리는데 단순히 글만이 아니라 저자의 몸부림으로 볼 수 있는 흔적이 역력하다. 그렇다면 신호의 특성상 저자가 보내는 '마지막 신호' 는 기독교 공동체의 득이 되는 신호일까? 실이 되는 신호일까? 이 물음만이 「마지막 신호」에 담겨진 득과 실의 의미를 가름할 수 있다.

「마지막 신호」가 처음 지상에 선을 보였을 때, 종말론자들이 운영한 카페에서 '이 시대에 꼭 읽어야 할 책', 혹은 '꼭 읽으십시오, 깨어 시대를 준비하는 사람이 됩시다.' 라는 홍보의 글을 쉽게 볼 수 있었다. 이 홍보만 보면 「마지막 신호」는 성경의 모든 종말이 들어 있는 대단한 책, 종말의 진수로서 부족함이 없는 책, 마지막 종말의 소식을 전하는 예언서로, 반면에 저자는 마지막 시대의 종말을 전하는 전도자 혹은 선구자인 것처럼 착각이 들 정도였다. 그러나 이러한 홍보들은 「마지막 신호」를 제대로 이해하고 이처럼 홍보했을까? 이 물음만이 「마지막 신호」의 진실과 거짓을 가름할 수 있다.

2. 「마지막 신호」의 주요 내용(사상)

작금의 기독교 종말론의 대세는 프리메이슨과 연관된 신세계질서와 베리칩과 연관된 666표 두 가지이다. 이 두 가지는 수년 동안 음모론자들의 손과 인터넷에서 굴러다니다가 어느 날 데이비드 차 형제의 눈에 포착되었다. 아마 이때부터 차 형제는 관련 자료를 수집하고 성경적으로 꼼꼼하게 살펴본 후에 소위 「마지막 신호」를 쓴 것이 아니라 세상에 나타나는 징조들을 근거로 만들어 내놓은 것이다. 여기 쓴 것과 만든 것은 엄연히 다르다. 그도 그럴 것이 「마지막 신호」는 2010년에 초판이 나왔으나 종말과 관련하여 최고의 회원 수를 가지고 있는 카페 '주님을 기다리는 신부들'은 2005년에 개설되었다. 음모론의 원조라고 할 수 있는 「그림자 정부」는 1999년에 초판이 출판된 것으로 보아서 지레짐작할 수 있다. 「마지막 신호」의 주요 내용은 바로 인터넷 사이트나 「그림자 정부」 내용을 원천적 근거로 한다. 글의 형태나 사진까지도 거의 복사판이라고 할 정도로 흡사하다. 그래서 어떤 비평가는 「마지막 신호」를 70년대에 유행했던 짜깁기한 옷에 비유하고 있다.

필자는 신학을 전혀 하지 않은 데이비드 형제가 성경(신학)에서 가장 민감한 종말을 신학(성경)적으로 알았을 리는 만무하기 때문에 자료 수집에 치중할 수밖에 없었을 것으로 본다. 따라서 「마지막 신호」는 소위 '자료 종말론'이다. 이것은 필자의 생각이라기보다도 차 형제 본인의 생각이다. 차 형제는 공교롭게도 자료 종말론임을 먼저 밝히고 「마지막 신호」를 시작한다.

"이 책은 우리가 살아가고 있는 이 시대가 과연 어떤 정치적, 경제적, 종교적, 지식 시대인지에 대해서 최대한 객관적 입장으로 자료를 정리했으며, 또한 모든 증거 자료는 그 누구도 부정할 수 없는 공문서에 근거를 두었다. 자료의 대부분은 유명한 정계의 명사나 외교관이 쓴 것이며, 신문, 뉴스, 정부 자료 등이다. 이러한 때를 준비하기 위해 오래 전부터 깨어 각종 자료와 영상을 준비한 많은 주의 종들과 자녀들에게 이 지면을 빌어 감사드린다."[120] 이러한 유명인들의 말이나 언론 보도가 메이슨 종말론의 근거나 증거가 된다.

성경에 나오지 않은 '자료 종말론'은 세 가지 문제점을 안고 있다. 첫째는 종말론에 대해 오류와 부정확성은 얼마든지 있을 수 있으며, 둘째는 사람의 머리나 손으로 만들어질 수밖에 없는 종말론이며, 셋째는 여느 이단들과 같이 성경은 종말의 도구로 이용당하고 있다. 「마지막 신호」역시 이 세 가지의 문제가 선명하게 드러난다. 이런 맥락에서 필자는 '마지막 신호는 성경의 종말과 얼마나 일치할까?' 아니면 '기독교 공동체의 득이 되는 신호일까? 실이 되는

---

120) 「마지막 신호」, '이 책을 시작하면서부터' 중에서, p.9.

신호일까?' 라는 의문을 갖지 않을 수 없었으며, 반면에 이러한 생각들을 깊이 고뇌하면서 본서를 집필했다.

「마지막 신호」는 지금까지 소개한 여타의 종말론처럼 프리메이슨, 베리칩, 임박한 종말론 등 세 가지로 구성되어 있다. 특히 임박한 종말론 사상은 그의 저서에 분명하게 나타나 있다. '우리가 살고 있는 세계는 지금(폭풍전야)', '성경에서 말하는 마지막 때와 오늘의 현실', '깨어나라, 일어나 주님의 군대를 준비하라', '마지막 대전쟁을 준비하라' 등의 주제들은 고스란히 차 형제의 임박한 종말론 사상을 말해준다.[121]

메이슨과 베리칩 두 종말론은 2010년 전까지만 해도 지하에서 흘러 다니는 이야기 수준에 불과했다. 그러나 「마지막 신호」가 출간되면서부터 두 종말론은 지상으로 올라와 사람들의 이목을 끌면서 교회까지 깊숙이 들어오게 되었다. 그래서 「마지막 신호」는 누가 뭐라고 해도 베리칩 종말론의 새로운 모티브(motive) 역할을 했다. 필자가 종말과 신학의 연관성에 대해 계속 언급해 온 것은 데이비드 형제를 특별히 의식했기 때문이다. 그러나 데이비드 형제가 신학을 하지 않는 것을 문제삼은 것이 아니라 잘못된 종말을 다룬 것에 대해 신학(성경)적으로 문제를 삼는 것이다. 반면에 필자가 「마지막 신호」에 대해 다룬 것은 데이비드 형제의 인격을 비판하기 위해서가 아니라 잘못된 사상에 대해 비평하기 위해서이다.[122]

---

121) Ibid, p. 15, 173, 227, 239
122) 장죠셉은 목사임에도 불구하고 '장죠셉' 혹은 '장죠셉 씨' 라고 호칭하고 있지만 데이비드 차는 '형제' 라고 호칭하는 것은 바로 이 때문이다.

3. 잘못된 마지막 신호

성경의 종말은 아무리 단순한 자료라도 성경과 일치해야 한다. 이 것을 신학에서는 '원자료'라고 한다. 반면에 자료를 세상에서 가져 오거나 성경을 자기의 도구삼아 인용할 때는 불일치 할 수밖에 없 다. 서두에서 말한 것처럼 「마지막 신호」의 대부분의 자료는 세상에 서 가져온 것들이며, 성경은 종말의 도구처럼 활용하고 있다.

1) 시편 2편 1-3절

「마지막 신호」는 성경의 종말론을 다루고 있다. 그런데 부끄러울 정도로 첫 단추부터 잘못 끼워졌다. 종말을 모토로 하고 있는 「마지 막 신호」는 성경 시편 2편 1-3절을 가장 먼저 인용하고 있다. [123]

시편 기자가 언급한 '세상의 군왕들'은 종말의 때에 신세계 질서 를 만들 왕들이 아니다. 시인은 차 형제와 같은 의식으로 시를 쓰지 않았다. 시편 2편은 메시아의 탄생을 바라보며 어린 아이에게 곧 닥 칠 고난의 묵시이다. [124] 시편 기자가 예언한 대로 예수님은 탄생때 부터 십자가에 못 박힐 때까지 헤롯왕으로부터 시작하여 유대고 지 도자, 총독 빌라도, 로마의 황제(법)에게까지 고난을 받음으로써 시 편 2편은 일점일획도 틀림이 없이 성취되었다. 이 사실을 사도 바울 은 다음과 같이 증언하고 있다(행 13:33). "하나님이 예수를 일으키 사 우리 자녀들에게 이 약속을 이루게 하셨다 함이라 시편 둘째 편

---

123) Ibid, p. 28.
124) 헤롯의 음모와 애굽 피신(마 2장), 이사야 53장, 특히 나이 많은 시므온 선지자는 시편 2편을 인용하면서 이제 막 탄생한 아기 예수가 많은 사람들에게 찔림과 비방을 받을 것으로 보았다(눅 2:35).

에 기록한 바와 같이 너는 내 아들이라 오늘 너를 낳았다" 그러나 차 형제는 종말에 있을 신세계 질서를 운운하면서 뜬금없이 시편 2편을 인용한다. 이것은 신학의 부재로써, 마지막 신호는 사람의 머리와 손으로 만들어진 대표적인 '자료종말론' 이라는 것을 보여준다. 무명의 시인이 먼 훗날 메이슨과 베리칩이 나올 것을 바라보며 쓴 시가 아니다. 그래서 시편 2편은 정치와 경제를 통합하는 신세계 질서와는 무관하기 때문에「마지막 신호」는 잘못된 신호이다.

2) 프리메이슨의 원류(源流)

다윗은 그토록 성전 건축하기를 원했지만 전쟁에서 많은 피를 흘림으로 인하여 하나님께서 허락해 주지 않아서 자기의 소원을 이루지 못했다. 그래서 아들 솔로몬에게 성전 건축이 위임되었고, 솔로몬 왕은 왕위에 즉위하면서 성전 건축 준비에 들어갔다(왕상 5-6장). 솔로몬이 왕이 되었다는 소식을 들은 두로의 히람 왕은 사절을 보내 축하 인사를 전한다.(5:1). 두로 왕에게 축하 인사를 받은 솔로몬 왕은 답례 형식으로 통상 사절단을 보내게 된다(5:2-9). 솔론몬 왕은 답신에서 두로 왕에게 두 가지 사실을 알렸다. 하나는 하나님을 영화롭게 할 수 있는 성전 건축에 대한 이야기이며, 다른 하나는 두로 왕에게 도움을 요청한 것이다. 당시 두로 지역은 산맥이 좋아 산림이 울창했으며, 당시 최고의 목재인 백향목과 잣나무 등이 풍부했다. 두로 왕은 솔로몬 왕의 요청에 흔쾌히 수락하고 서로 약조까지 맺었다(5:7-12).

두로 왕과 솔로몬 왕과의 서신(대화)과 약조에서 프리메이슨의 원류를 전혀 찾아 볼 수 없으나 데이비드 차 형제는 솔로몬 왕이 특별히 초청했던 놋점장 히람[125]을 프리메이슨의 원조로 지목하고 있다. 성전 건축에서 놋쇠를 전문적으로 취급했다는 이유로 현재의 악의 축이라고 할 수 있는 프리메이슨의 원조를 찾고 있는 것은 한 마디로 성경을 모르는 무지에서 나온 발상이다. 따라서 히람을 메이슨의 원조라고 할 수 없는 이유는 다음과 같다.

첫째, 두로와 솔로몬 왕의 서신과 약조에서 악의 축이라 할 수 있는 프리메이슨의 원류를 찾을 수 없다는 것이 첫 번째 이유이다.

둘째, 솔로몬 왕은 부친 다윗으로부터 성전 건축을 위임 받을 때의 상황을 진솔하게 말하고 있는데, "내 하나님 여호와를 위하여 성전을 건축하겠다."는 것이다. 당시 솔로몬은 최대의 지혜를 가진 사람이었고, 그 지혜로 성전을 건축한 것을 지금 우리의 눈으로도 똑똑하게 보인다. 이스라엘 사람들은 광야 생활에 익숙했기 때문에 벌목 기술자가 없었지만, 그래도 이스라엘 노동자들을 레바논으로 보냈다. 그리고 노동자들의 형편을 잘 알고 있었던 솔로몬 왕은 한 달은 레바논에서 벌목 작업을 하도록 하고 두 달은 집에서 쉬도록 했다. 오늘날에도 하루 밤을 근무하고 이틀을 휴무하는 시스템이 많다. 이 제도는 솔로몬 왕이 처음으로 시행한 아이디어로서 솔로몬 왕의 지혜만이 가능하다. 지혜로운 솔로몬 왕이 성전을 건축하는데 사악한 히람의 프리메이슨의 원류를 데려다가 하나님의 성전을 건축하게 할 리가 없다는 것이 두 번째 이유이다.

---

125) 히람 사람으로 솔로몬이 성전건축하는 일을 돕기 위해 히람에서 초청한 놋점장(店匠)이다(왕상 7:13). 부친은 히람 사람이고, 모친은 납달리 지파 과부의 아들이다(7:14). 그는 철을 다루는 기술이 있어서 솔로몬 왕의 신뢰를 받아 성전의 물두멍, 부삽, 대접, 솥 등 많은 기구를 만들었다(왕상 7:40, 45).

셋째, 프리(Free)는 '무료'라는 의미를 지닌 말이다. 두로 왕은 대가 없이 무료로 솔로몬 왕을 도우려고 했다(5:1). 그러나 솔로몬 왕은 두로 왕의 선처는 고마웠지만 한 마디로 도움을 거절하면서 히람의 건축자들에게 임금을 지불하겠다는 약조를 했다(왕상 5:6, 12). 이유는 간단하다. 솔로몬 왕이 돈이 많아서가 아니며, 그렇다고 두로 왕 앞에서 자기 자존심을 세우기 위한 것은 더욱 아니다. 솔로몬 왕은 성전의 건축만은 반드시 내 희생, 곧 우리 민족, 자기 물질의 희생이 들어가야 한다는 의지 때문이었다. 솔로몬 왕은 성전을 프리(무료로)하게 건축하지 않았다는 것이 세 번째 이유이다.

넷째, 프리(Free)라는 말은 '자유로운'이라는 뜻도 가지고 있다. 성전의 근본적인 개념은, "하나님의 거처"를 뜻함으로 하나님의 지상적 임재의 상징이다. 이런 성전을 결코 히람의 기술자들이 자유롭게 건축하지 않았다. 그러므로 성전은 두로의 기술자들이 자기 멋대로 프리(자유롭게)하게 건축할 수 없었다는 것이 네 번째 이유이다.

다섯째, '히람'을 프리메이슨의 원조로 보는 것은 한 마디로 억지이다. 놋점장 히람은 솔로몬이 신뢰할 수 있어 특별히 초청한 사람이다. 히람이 물두멍 등 놋 제품으로 성전 기구들을 만들었다는 말은 직접적으로 두 번 나온다(왕상 7:40, 45). 여기 두 구절 모두 히람이 '솔로몬 왕을 위하여' 성전의 기구들을 만들었다고 말한다. '솔로몬 왕을 위하여'라는 말은 왕이 요구한 대로 정성껏 만들었다는 것이다. 놋점장 히람이 자기 임의로 만들지 않았다. 모름지기 히람도 솔로몬의 지혜를 알고 성전 건축에 참여했을 것이다. 이런 히람이 놋쇠를 취급했다는 단 한 가지 이유만으로 프리메이슨의 원조로 지목하고 있다는 것은 절대로 용납할 수 없다는 것이 다섯 번째 이유이다.

여섯째, 예루살렘 성전은 솔로몬 왕의 감독과 이스라엘 백성들의 헌신과 헌물로 시공부터 준공까지 전혀 하자(결점) 없이 완공되었다(대하 8:16). 그래서 예루살렘 성전은 하나님이 영광을 받으시기에 합당했다. 만약 악의 축으로 상징되는 메이슨이 의도하는 대로 성전 건축이 완공되었다면 하나님은 성전 건축을 통해 영광을 받으실 수 없다. 하나님께서 영광을 받으신 성전 건축에서 악의 축인 메이슨의 원류를 찾을 수 없다는 것이 여섯 번째 이유이다.

성전 건축과 프리메이슨의 관계성은 신학에는 없다. 음모론자들의 글에서 먼저 나왔다. 이것은 잘못된 성전 건축을 통해 하나님을 비하하기 위한 수작이라는 것을 차 형제는 알아야 한다. 그래서 솔로몬의 성전을 악의 축인 프리메이슨이 건축했다는 설은 잘못되었다. 따라서 열왕기상 5-7장(역대하 5-7장)에 나온 성전 건축기사에서 프리메이슨의 원류를 전혀 찾을 수 없다.

솔로몬 왕은 성전을 건축하면서 히람의 왕에게 도움은 받았고, 놋 점장 히람을 초청하여 기술 지원을 받았지만, 계약한 대로 기술자들에게 정당하게 노동의 대가를 지불했으며, 솔로몬 왕은 이스라엘 감독관을 세워 히람의 현장으로 파송했으며, 히람의 기술자들이 성전 건축에 참여했지만, 이스라엘의 감독자를 세워 감독하도록 했다. 그러므로 메이슨의 원류를 성전 건축에서 찾을 만한 근거가 없다.

4. 황당한 마지막 신호

「마지막 신호」에도 여타의 종말론처럼 황당한 논리들이 수없이 많다. 이러한 일들이 「마지막 신호」에서 일어나지 않는다면 잘못된 신호가 아니라 오히려 유익한 신호가 될 것이다.

1) 세계통합공화국의 교육 책임국가는 한국이다

"세계를 통합하기 위해 각 분야별로 책임국가를 정해 신세계통합질서를 만들어간다. 미국은 정치분야의 책임국가이고 EU는 경제분야의 책임국가이며, 한국은 교육분야의 책임국가이다."[126] 차 형제의 이러한 생각은 황당하기가 그지없다. 미국 오바마 대통령이 미국내 어느 중학교를 방문하여 한국인 학생에게 한 번 칭찬한 것으로

▲ 오바마 미국 대통령이 중학교를 방문하여 학생들에게 설명한 모습. 데이비드 차 형제는 이 사진 한 장을 근거로 한국을 세계통합공화국 교육책임국가로 만들었다.

126) Ibid, pp. 73-74

한국은 세계통합공화국 교육책임 국가가 되었다. 오바마 대통령이 당시 언급했던 요점은 한국의 교육 정책이 아닌 어느 학생에 대한 교훈적인 이야기였다. 오바마 대통령이 중학생들에게 한국의 교육 정책을 설명하며 찬사를 보낼 리는 만무하다.그런데 차 형제는 마치 오바마 대통령이 어린 학생들에게 '한국 교육정책을 끝없이 찬사한 것' 처럼 말하고 있다.[127]

한국의 교육 정책은 우리가 잘 알고 있듯이 주무 장관이 바뀔 때뿐만 아니라 시도 때도 없이 바뀐다. 그래서 피해는 학생과 학부모가 고스란히 받고 있다. 자국의 교육의 정책도 갈팡질팡하고 있는 한국이 세계통일국가의 교육을 책임진다는 것은 어불성설이다. 유네스코한국위원회는 2004년부터 '세계화와 교육'에 관한 개괄적 연구에 착수하여, 교육의 세계화를 추구하는 국제기구나 다른 선진국들의 동향을 탐색하는 정책을 펴고 있다. 그러나 데이비드 차 형제가 말한 것처럼 신세계통합공화국 교육을 책임지기 위한 준비가 아니라 한국의 교육정책의 대응을 찾는 국제프로젝트이다. 그리고 한국이 교육담당국가가 된 것은 G8이나 G20회의에서 결정된 것이 아니다. 그렇다고 유엔에서 결정한 것은 더욱 아니다. 그런데 데이비드 차 형제는 너무 터무니 근거로 한국을 세계 통합교육 책임국가라며 그림자 정부와 성경의 종말과 연결시키고 있다. 이런 황당한 내용으로 성경의 종말을 다루는 사람은 아마 임박한 종말론사상이나 광신자 종교인 이외에는 없을 것이다. 그럼에도 데이비드 차 형

---

127)「마지막 신호」, p.75. 데이비드 형제는 '버락 오바마의 끝없는 한국교육 찬사, 중학교를 방문한 오바마' 라고 설명하고 있다.

제는 자기는 헛소리가 아닌 공인된 자료가 그 증거라고 말한다.[128) 당시 오바마 대통령이 중학교를 방문하여 학생들에게 이야기했던 현장 사진을 증거랍시고 책에 실은 담대함까지 보이고 있다. 이런 사진을 보고 감동받은 사람들이 분명 있을 것이다. 이것은 감동받을 일이 아니라 데이비드 차 형제에게 속은 것이며, 「마지막 신호」를 잘못 받은 것이다.

2) 과학의 발전은 제2의 바벨탑 운동이다

데이비드 차 형제는 과학기술의 발달을 제2의 바벨탑으로 보며, 심지어는 록펠러 가문의 기업 경영까지도 '제2의 바벨탑'으로 본다.[129) 이것은 아마 '제2의 선악과설'에서 도입한 듯싶다. 제2의 선악과설도 부족하여 '제2의 바벨탑' 사건까지 운운한 것은 황당하기 그지없다. 과학기술의 발달로 바코드나 베리칩을 제2의 바벨탑 사건으로 본다면 데이비드 형제는 「마지막 신호」를 출간하면서 최소한 바코드만큼은 책에 삽입해서는 안 되며 사양했어야 한다. 데이비드 형제가 과학의 기술을 '제2의 바벨탑 운동'이라고 말하면서 정작 바코드는 거부하지 않고 활용하면 본인부터 바벨탑을 쌓고 있는 것이다. 그러므로 데이비드 형제는 '제2의 바벨탑 운동'에서 자유로울 수가 없다. 이처럼 「마지막 신호」는 황당한 논리부터 바벨탑을 쌓고 있다.

---

128) 「마지막 신호」 '이 책을 시작하며', pp. 8-9.
129) Ibid, p. 28, p. 98.

3) 미국에 베리칩과 관련된 수용소가 있다

"만일의 국가비상사태에 이 칩을 받지 않은 기독교인들을 무정부주의자로 간주하고, 이들을 위한 대거 수용시설을 착공, 이미 미국 전역에 600여 개의 수용시설을 완공하였다."[130] "요즘 FEMA는 첫 손님 맞을 준비로 매우 분주하다 … 대부분의 수용소들은 2만여 명의 인원을 수용할 수 있다 … 알래스카 수용소는 대규모 정신병원 시설로, 최대 2백만 명을 수용할 수 있다. 수많은 역사가 말해 주듯이 이 장소의 마지막 손님은 미국 내 기독교인들의 순교의 장소가 될 것이다."[131]

21세기 미국에서 이런 황당한 일이 이미 벌어졌을까? 앞으로 벌어질 수 있을까? 600개 수용소는 미국에서 베리칩 시술을 시작하

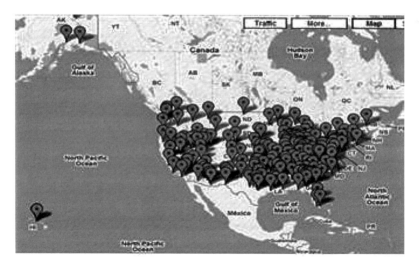

▲ FEMA 수용시설. 21세기에 미국 전국에 600개가 분포되어 있다고 하지만 실상은 베리칩 불발로 거짓으로 판명되었다

---

130) Ibid, p. 142
131) Ibid, p. 170, 여기 'FEMA 수용소'는 미국연방비상관리기구에서 관리하는 수용소를 말한다.

기 전부터 났던 소문이다. 그러나 2013년 3월 베리칩 시술이 불발로 끝나면서 600개 수용시설도 함께 사라졌다. 이것 역시 음모론이었다. FEMA 수용시설이 크다 해도 200만 명을 수용한다는 것은 과장된 뻥튀기이다. 베리칩을 거부하면 수용소로 보낸다는 것은 더 황당하다. 다만 의료보험에 계속 가입하지 않으면 국가적 차원의 벌금은 내겠지만 수용소에는 가지 않는다. 이런 수용소는 정신나간 사람이 만들지 멀쩡한 미국의 정부 관리들이 만들지 않는다. 북한도 아닌 미국에서 21세기에 이런 일이 일어났다고 하니 정상적인 신호가 아닌 잘못된 신호이다. 공상 만화를 그린 것도 아니고 성경의 종말론을 논하면서 이런 터무니 없는 사진을 종말의 징조랍시고 올리고 있다. 종말에 미치지 않고서는 이런 일은 도저히 할 수 없다.

5. 마지막 신호에 대한 비평

누가 뭐라고 해도 데이비드 형제와 「마지막 신호」는 메이슨과 666 베리칩 종말론의 선구자적 역할을 했다. 그러나 「마지막 신호」는 잘못된 신호로 알려지면서 비평이 쏟아져 나왔다. 그럼에도 불구하고 데이비드 형제가 후속타로 「마지막 성도」라는 책을 출간한 것은 마치 마야의 종말론자들처럼 끈질긴 속성이 그대로 묻어 있음을 볼 수 있다. 마야의 종말론자들은 주위에서 그토록 아니라고 해도 그 망상은 불발로 끝날 때까지 멈추지 않았다. 데이비드 형제도 이와 같은 일을 답습하고 있다.

데이비드 형제가 이처럼 멈추지 않고 질주할 수밖에 없었던 것은

「마지막 신호」와 차 형제의 임박한 종말론 사상에 대한 비평이 그동안 없었거나 너무나 희미했기 때문이다. 그러나 비록 늦은 감은 있지만, 이제는 다양하게 관심을 갖고 비평하고 있는 것은 고무적이다. 필자가 보기에는 그동안 「마지막 신호」를 비판한 글 중에서는 합동총회 신학부와 대전신학대학 허호익 교수가 가장 의미 있는 비평을 한 것 같다. 특히 허호익 교수는 마지막 신호야말로 "허황된 음모설로 만들어진 작품이며, 자료에서 나온 망상을 가지고 마치 종말의 계시처럼 착각한 잘못된 종말론"이라고 혹평하고 있다.

1) 마지막 신호는 자료 종말론 수준이다

데이비드 형제는 세상의 각종 자료를 산더미처럼 끌어 모아놓고 대단한 증거물로 제시하고 있지만, 이것은 본의 아니게 자신도 자료 종말론임을 인정한 꼴이 됐다. 유명한 정계의 명사가 하는 말이나

> 이 책은 우리가 살아가고 있는 이 시대가 과연 어떤 정치적, 경제적, 종교적, 지식 시대인지에 대해서 최대한 객관적인 입장으로 자료를 정리했으며, 또한 모든 증거 자료는 그 누구도 부정할 수 없는 공문서에 근거를 두었다. 자료의 대부분은 유명한 정계의 명사나 외교관이 쓴 것이며, 신문, 뉴스, 정부 자료 등이다. 이러한 때를 준비하기 위해 오래 전부터 깨어 각종 자료와 영상을 준비한 많은 주의 종들과 자녀들에게 이 지면을 빌어 감사드린다.

▲ 「마지막 신호」가 자료 종말론이라는 것을 인정하는 대목이다. '마지막 신호', pp. 8–9

국가 공문서 그리고 언론의 보도가 성경적인 종말이라는 것은 도대체 어디에서 나온 근거인가? 데이비드 형제에게 진정으로 묻고 싶다. 필자가 보기에는 모름지기 허호익 교수가 비평한 것처럼 망상에서 나오지 않았다면 이런 언급을 할 수 없다. 그래서 「마지막 신호」는 짜깁기식 종말론이 분명하다. 여기 짜깁기는 두 가지 의미를 말한다. 첫째는 짜깁기의 본래적 의미로서 다른 천으로 아주 말끔하게 메꾸듯이 「마지막 신호」도 다른 것으로 꾸며 만들어졌다는 것이며, 둘째는 짜깁기 하던 시대는 지금이 아니라 옛날 70년대에 했던 것처럼, 「마지막 신호」는 구태의연한 종말론 사상이라는 것을 뜻한다.

「마지막 신호」의 자료는 중국 장춘 태생이며, 대표적인 음모론자이며, 70년대에 중국에서 들었던 왜곡된 역사를 들먹이는 반정신병자적인 이리유카바 최가 쓴 「그림자 정부」에서 80% 이상 유사하다. 「마지막 신호」가 자료 종말론이라는 더 확실한 증거는 성경의 해석은 물론 신학자의 견해(각주)나 목회자의 해석이 전혀 없다. 그 대신 본인이 말하고 있는 것처럼 세상의 명수라는 사람들의 수다한 이야기뿐이다. 마치 TV에서 한때 인기를 끌었던 '미녀들의 수다' 처럼 말이다. 그래서 「마지막 신호」는 자료 종말론 수준에 불과하다.

2) 세계통합공화국은 망상자들이 만들었다

신세계 질서통합공화국 건설은 데이비드 형제를 비롯한 종말론자들의 망상에서 나온 그림자 정부이다. 여기에 음모론까지 겹쳐 세계통합공화국은 자리 잡고 있다. 데이비드 형제는 음모론과는 전혀 무관하다고 밝히지만,[132] 지금까지 살펴본 것 같이 데이비드 형제 역시 음모론에서 자유할 수 없다. 왜냐하면 「마지막 신호」는 세계적인 음모론으로 알려진 「그림자 정부」에서 자료들을 가져왔으며, 허호익 교수가 혹평한 것처럼 세계단일정부촉진기구(WFM-IGP)는 유엔과 전혀 무관하며, 뿐만 아니라 미국은 정치분야, 유럽연합(EU)는 경제분야, 한국은 교육분야를 책임진다는 것도 전혀 근거 없는 망상에 불과하다. 더 나아가 '신세계 질서를 준비하는 조직과 사람들' 조차도 밑도 끝도 보이지 않는 허망한 것이다.

데이비드 형제는 G8 회의(세계단일 화폐를 선보임)와 G20회의 (2010년)에서 마치 '세

▲ 「마지막 신호」에 들어 있는 G8회의에서 선보였다는 단일화폐 견본이다. 그러나 단일화 화폐는 진행되고 있지 않다.

계단일화폐시스템으로' 결정한 것처럼 말하고 있다. 이것도 꿈의 나라에서나 볼 수 있는 허망한 것이다. 물론 근거는 제시하고 있지만, 단일화폐 견본사진 한 장과 졸릭 세계은행 총재가 했던 한 마디뿐이다. 그런데 이 말을 한 지 5년째가 접어들었어도 졸릭 총재나 세계 어떤 은행도 후속 조치를 취한 바 없다. 이쯤이면 한국은행도 준비가 완료되어 있어야 한다. 이런 허망한 것으로 「그림자 정부」나

---

132) Ibid, p. 23. '이 책은 단순한 흥미와 음모설(陰謀說)을 주장하는 것이 아니다.

「마지막 신호」가 만들어져 가고 있다는 것을 독자들은 잊어서는 안 된다.

종말론자들은 WCC가 종교를 통합하는 주체라고 떠들어 되지만, 백 개 이상의 교단을 가지고 있는 작은 땅 덩어리 한국도 하나로 통일하지 못하는 주제에 세계종교통합이라는 것은 망상 예외는 설명할 수 없다. 한국 민족은 데이비드 형제가 말하고 있는 것처럼 마지막 때 주님의 군대로 준비되어 쓰임을 받으면 좋겠지만 데이비드 형제 같은 잘못된 종말론 사상과 세계에서 가장 이단이 많고 사이비가 판을 치고 있는 한국이 쓰임은커녕 버림을 받지 않을까 염려스럽다.

여기서 데이비드 형제에게 아주 중요한 정보 하나를 알려주고 싶다. 세계통합공화국은 사단의 나라이기 때문에 사단의 몫인 것 같지만 실상은 사단도 이룰 수 없는 나라이다. 데이비드 형제를 비롯한 종말론자들이 그토록 소망하고 있는 세계통합공화국은 때가 되면 하나님의 방법으로 하나님이 만드신다. 데이비드 형제가 기회가 있어 다시 종말론에 관한 글을 쓴다면, 세상에 자료만 끌어오려고 하지 말고 이 정보 하나만 잘 활용해도 종말의 글은 완전히 달라질 것으로 사료된다.

종말의 때와 방법은 사단이 결정할 수 없다. 하나님의 허락이 없이는 종말의 때에 잠간 있을 악의 나라는 사단도 이룰 수 없다. 지금 신세계 질서, 그림자 정부, 메이슨 등을 운운하는 것은 하나님의 때를 모르고 떠벌이는 망상이다.

3) 성경은 '마지막 신호' 의 도구이다

성경은 마지막 신호의 도구로 사용되었다. 이 말은 두 가지 의미를 담고 있다. 하나는 앞에서 언급한 대로 「마지막 신호」는 '자료 종말론' 이라는 분명한 증거이며, 다른 하나는 '마지막 신호' 는 성경적인 종말론이 아니라는 확실한 증거이다. 성경의 종말론을 다루려면 먼저 종말에 관한 성경 구절을 설정해 놓고 설명해야 한다. 그런데 「마지막 신호」는 250페이지 중에서 한 번도 그런 사례를 찾아볼 수 없다. 그리고 추천서는 그런다 치더라도 참고문헌 하나도 소개된 바 없다. 대신에 세상에서 굴러다닌 정계의 유명한 명사가 하는 말이나 사진을 먼저 실정해 놓고, 가뭄에 콩이 나듯 성경 한두 구절 인용하고 있다. 마치 시편 2편처럼 얼토당토 아닌 자의적으로 인용한 성경 구절이 허다하다.[133] 이것이 성경의 종말을 다루고 있는 마지막 신호의 실상이요. 잘못된 종말의 신호이다. 뿐만 아니라 성경은 「마지막 신호」의 도구로 사용된 것이요. 자료 종말론이라는 증거이다. 여기서 독자들이 진실로 알아야 할 것은 「마지막 신호」가 이런 식으로 쓰여졌다기 보다는 666 베리칩 종말론이 이렇게 만들어졌다는 사실을 알아야 한다. 「마지막 신호」에 나타나는 총체적인 문제는 저자의 신학적인 부재로 온 것이다. 그래서 지금까지 신학과 종말의 관계와 문제점을 거론한 것이며, 가장 전문성을 지닌 의사의 영역을 비유로 설명한 것도 바로 이 때문이다.

---

133) 「마지막 신호」에는 37회 정도 성경 구절이 들어있지만 대부분이 자기 임의대로 인용하고 있다.

4) 마지막 신호는 십자가를 모욕하고 있다

▲ 십자가가 거꾸로 서 있는 마지막신호 표지이다. 반면에 십자가를 모멸하는 모델이기도 하다.

「마지막 신호」 표지에 십자가가 나온다. 그런데 놀랍게도 거꾸로 세워진 십자가이다. 거꾸로 세운 십자가는 나치 심벌마크인 꺾어진 십자가만큼 치욕스런 표현이다. 이것마저도 신학의 부재로 보아야 하는가? 검증할 수 있는 출판사도 있기 때문에 우연한 실수도 아닌 것 같다. 데이비드 형제는 이런 비판을 의식했는지 후편으로 쓴 「마지막 성도」는 십자가를 바로 세웠다. 십자가가 바로 서 있다고 해서 「마지막 성도」는 성경적인 종말론이라는 말은 아니다. 필자는 여기서 「마지막 성도」는 일체 다루지 않았다. 그것은 여타의 종말론과 유사하여 일고의 가치도 없을 뿐만 아니라 「마지막 신호」 하나로도 족하기 때문이다.

5) 마지막 신호는 그림자 정부의 복사판이다

「그림자 정부」는 프리메이슨과 종말론을 핵심적으로 다루었다. 「그림자 정부」는 허무맹랑한 이야기들이며, 세계 최대의 음모론까지 겹쳐 마치 정신병자[134]수준이 아니면 이런 글을 쓸 수 없을 것이라고 혹평했다. 「마지막 신호」에 나온 주제나 사진들은 「그림자 정부」에서 복사판처럼 실려 있다. 심지어는 이리유카바 최와 데이비드 차는 이름까지도 기가 막힐 정도로 흡사하다.

6) 미국 1달러의 미스터리

"미국 1달러짜리 뒷면에 'ANNUIT OOEPTIS' 라고 쓰여 있는 이 글은 '신은 우리에게 번영을 약속했다' 라는 뜻이다. 그리고 그 아래에는 'Novos ordo seclorum' 라고 적혀 있는데 이는 라틴어에서 온 말이며, 영어로는 'New World Order', 우리말로는 '세계질서'로 번역될 수 있다[135] … 이 문구는 1934년 미국연방준비제도 이사회를 만드는 일의 성공을 기념하여 피라미드와 함께 적어 넣은 것이다."

차 형제는 이 말도 「그림자 정부」에서 인용하고 있다(각주 6번). 그러나 미국 1달러에 왜 이런 문구가 들어가

▲ 미국 1달러, 피라미드와 전시안(좌)

있는가에 대해서는 아직까지는 미스터리이다.

---

134) "「그림자 정부」 저자인 '이리유카바 최'나 빛과 흑암의 역사 '카페지기'에 대해 정신병자 같다"고 한 것은 정신병에 걸린 환자라는 말이 아니라 종말론이나 음모론에 관한 글이 정신병자의 수준에서 쓴 것 같다는 말이니 오해 없기를 바란다.
135) 「마지막 신호」, pp. 27-28

안신 교수는 그의 논문에서, "미국의 1달러 지폐의 뒷면에 있는 미합중국의 국새 디자인이 프리메이슨의 상징들을 토대로 디자인되었다는 주장이 있기는 하지만, 아직까지 실증된 바는 없다. 음모론 이론에 따르면, 독수리가 부리에 물고 있는 천에 새겨진 라틴어 '많은 것 중에 하나는 프리메이슨을 의미하고 피라미드 아래에 있는 '새 시대의 질서'는 프리메이슨이 지향하는 세계의 질서를 뜻한다고 한다. 그러나 이러한 부정적인 평가들과 프리메이슨은 사회에 긍정적인 기여를 함으로써 그 이미지를 변화시켰다."

필자는 밑도 끝도 없는 '그림자 정부'나 '마지막 신호'보다는 미국에서 공부하며 프리메이슨을 직접적으로 체험하고 논문을 쓴 안신 교수의 말에 신뢰성을 두면서, 견해를 피력하겠다. 첫째는 '아직까지 실증된 바는 없다'는 말은 공개적으로 밝혀진 사실이 없다는 것으로서 종말론자들이 말하는 미국 1달러는 미스터리이다. 그 이상은 음모론에 해당된다. 그리고 화폐의 가장 중요한 요소는 화폐 안에 무슨 그림이 있느냐가 아니라 위조를 막기 위한 방책이다. 중국은 위조 화폐의 천국이다. 그래서 100元뿐만 아니라 돈의 희소가치가 별로 없는 10元짜리까지도 위조한다. 그러나 미국 달러는 거의 위조를 못하고 있다. 달러가 외국돈이라서가 아니라 기술적으로 하기 힘들기 때문이다. 따라서 미국 달러는 세계적인 화폐이기 때문에 위조를 못하도록 기술적으로 잘 만들어졌다는 것을 반영한다. 둘째는 여기서 말하는 프리메이슨은 악의 축을 말한 것이 아니라 전통적으로 순수한 평화를 상징하는 프리메이슨이다. 셋째는 차 형제는 이어서 "1달러에 나온 전시안의 빛은 일루미나티가 세상을 지배한다는 뜻이고, 구체적으로 세계정부를 수립해(1달러) 1인 독재하는 것을 나타낸다."고 말하고 있다. 그러나 필자가 보기에는 1달러에 이런 정치적 야망은 소설에 불과하다. 반면에(미국은 정치적으로 독재자가 나타나 세계를 제패한 일은 없지만) 미국의 달러는 세계를 제패하고 남음이 있다. 지금 영어가 세계의 통용어이듯이 미국의 달러는 세계의 화폐이다. 다시 말해서 미국의 달러가 세계에 화폐가 된 것이지 미국 정부가 세계를 통폐합한 것이 아니며 또한 그럴 수도 없다. 따라서 달러의 의미는 그 이상도 이하도 아니다.

화폐의 미스터리는 미국의 1달러에만 있는 것이 아니라 대한민국의 10원짜리 동전에도 있다. 10원짜리 동전(1983-2006) 뒷면 다보탑 속에 불상을 새겨 넣어 당시 노태우 대통령을 당선(1987년 12

▲ 십원 동전의 다보탑에 있는 사자상. 신전(좌,2006년), 구전(우,1983년) 동전은 작아졌으나 다보탑과 사자상은 그대로다.

월 대선)하는데 일조했다는 유언비어가 한국의 정치 바람과 함께 휩쓸고 지나간 적이 있었다. 민주화가 좌절된 반감의 표출인지 아니면 그저 말하기 좋아하는 사람이 얄팍한 재미의 표현으로 했는지 모르겠지만 정녕 그러한 시절이 있었다. 그러나 실상은 불상이 아니라 불국사 다보탑 위에 놓여진 사자상(獅子像)이다. 성도들은 당시 십 원짜리를 호주머니에(돌로 만든 사자형상) 넣고 예배를 드렸으며, 심지어는 헌금까지 했다. 이것은 하나님이 가장 싫어하시는 일이다.[136] 미국 1달러의 피라미드와 전시안 보다 훨씬 큼직한 일이다. 그럼에도 십 원짜리 동전은 화폐로서 가치를 지닌다. 더 이상 확대하여 해석할 필요가 없다. 화폐의 글이나 그림을 지나치게 확대하여 해석하면 유언비어가 되며, 목적을 두고 해석하면 음로론이 될 수 있다. 미국 1달러도 확대 해석해서는 안될 이유는 바로 이 때문이다.

7) 히람은 석공도 메이슨도 아니다

데이비드 차 형제는 프리메이슨의 원류는 석공이며 그의 이름은 히람이라고 한다. 그래서 차 형제는 마지막 신호에서 프리메이슨의 원류를 '석공이란 뜻의 메이슨의 역사는 삼천 년 전 솔로몬이 성전을 건축할 때부터 시작된다.'고 서술하고 있다.[137] 그러나 성경에서 말하는 두로의 히람은 석공이 아니라 놋쇠(구리나 아연으로 그릇이나 장식물 만든)기술자이다(왕상 7:14). "히람이 또 물두멍과 부삽과 대접들을 만들었더라"(왕상 7:40). "히람이 솔로몬 왕을 위하여 여호와의 성전에 이 모든 그릇을 빛난 놋으로 만드니라"(왕상 7:45).

---

136) 2006년에 새롭게 만든 동전은 무게(4.06→1.22그램)는 줄었으나 사자상의 크기는 변동없이 그대로다.
137) 마지막 신호, 1. 프리메이슨의 원류, p. 185

성경에서 말한 히람은 석공(메이슨)이 아니다. 물론 두로의 석공들이 성전 건축에 참여는 했다(왕상 5:18). 그러나 차 형제가 말하는 석공은 돌을 다루는 것이 아니라 구리를 다루는 히람을 말한다. 왜냐하면 차 형제는 "두로의 후람왕은 솔로몬에게 히람 아비프라는 메이슨을 보내는데 그가 성전 건축의 책임자가 된다."며 '히람'의 이름을 지명하고 있기 때문이다.[138] 성전 건축에 참여한 두로의 기술자 중에서 석공의 이름은 한 사람도 나오지 않고, 구리를 다룬 기술자 히람뿐이다. 구리를 다루는 기술(대장장이)과 돌을 다루는 기술(석공)은 예나 지금이나 엄연히 다르다. 석공도 아닌 사람을 메이슨이라고 한 것은 모순 중에 모순이므로 히람은 석공도 메이슨도 아니다. 차라리 무명의 석공(메이슨)이라고 했어야 했다.

차 형제를 비롯한 종말론들이 메이슨의 원류를 솔로몬 성전에서 찾는 것은 마치 오바마 케어에 베리칩 시술이 없는데도 찾는 것과 다를 바 없다. 이것은 비평이라기보다는 마지막 신호의 현실이다. 그래서 다른 것은 제쳐 놓더라도 이 한 가지 사실로만 보더라도「마지막 신호」는 잘못된 신호이기 때문에 폐기 처분되어야 마땅하다.

「마지막 신호」가 마야의 종말론처럼 허구임에도 멈추지 않고 계속 질주한 것은 그동안 건전한 비판이 희미했기 때문이다. 그러나 이제는 목회자와 신학자들뿐만 아니라 교단 차원에서도 비평하고 있기 때문에 그나마 데이비드 형제는 주춤하고 있다. '짜깁기 종말론, 허황된 음모설, 자료 종말론, 어설픈 진실, 소문 종말론의 모터

---

138) Ibid p. 185

브, 망상적 계시', '광신 이데올로기' 라는 비평들이 쏟아지고 있다.

이처럼 「마지막 신호」는 허구라는 사실이 선명하게 밝혀졌는데도 불구하고 데이비드 차 형제가 메이슨과 베리칩을 가지고 다시 종말의 마지막 신호처럼 고집하며 전파한다면 사이비나 다름이 없다.

「마지막 신호」는 성경적인 종말론이 아닌 잘못된 종말론이며, 복음으로도 전할 수도 없는 비성경적인 종말이며, 현실적으로는 어설픈 종말론 사상이며, 성경적으로는 종말의 주관자이신 예수님이 보낸 신호가 아니라 어린 양을 모방한 짐승이 보낸 짝퉁 신호이다.

데이비드 차 형제에게 진심으로 묻고 싶다. 「마지막 신호」 출간한 지가 5년이 되었다. 그 내용들 중에 구체적으로 후속 조치가 되고 있으며, 어느 것 하나 제대로 실현된 것이 있는가? 2013년 3월 이후에 미국의 기독교인들이 베리칩을 받지 않았다는 이유로 무정부주의자로 간주되어 FEMA 수용소로 끌려간 사람이 있는가? 그리고 미국 전역에 있는 FEMA 수용소 600개를 미국 정부에서 아직 관리하고 있는가? 한국은 세계통합공화국 교육책임 국가로써 대통령께서 총리나 교육부장관에게 준비하도록 지시한 사실이 있는가? 세계단일화 화폐는 착실하게 준비되고 있는가?

「마지막 신호」에 총체적인 문제는 저자의 신학적인 사상의 문제라기보다는 신학의 부재이다. 그래서 데이비드 차 형제는 성경적인 종말론을 다루려면 집회가 우선이 아니라 신학에 입문하는 것이 우선이다. 앞으로 자료 종말론이 아닌 성경적인 종말론을 다루는 선구자가 되기를 권면해 주고 싶다.

제3장
베리칩 종말론에 대한 종합적인 평가

　지금까지 세상의 종말론과 성경의 종말론을 다루었다. 전자는 1999년 종말론과 2012년 종말론을 중점적으로 다루었으며, 후자는 프리메이슨과 베리칩 종말론을 중점적으로 다루었다. 양자의 종말론 사상이나 길은 서로 다르지만, 종말론자들이 추구하고자 하는 욕망과 방법은 너무나 흡사하다. 그러나 필자가 다루고자 했던 것은 후자였다. 처음에는 세상의 종말론은 생각하지 않고 글을 시작했다. 「마지막 신호」를 탐독하면서 세상의 종말론과 너무 흡사하다는 것이 필자의 눈에 들어오게 되어 양자를 대조하는 차원에서 세상의 종말론은 나중에 삽입하였다. 글을 마치려 하면서 생각해도 이것은 참 잘한 것 같다.

　그러나 종말론의 종합적인 평가에서는 다음 두 가지 주제만 다루려고 한다. 첫째는 프리메이슨과 베리칩 종말론에 대해 총체적으로 요약하여 평가를 하고 있으며, 둘째는 성경적인 종말을 준비하는 자세를 간략하게 다루고 있다.

1. 프리메이슨과 베리칩 종말론

종말론자들이 추구하고 있는 것은 세계단일정부의 모체가 될 '그림자 정부'와 종교를 통합할 '세계단일종교통합'이다. 여기에 핵심적으로 다루는 주제들이 소위 "프리메이슨, 베리칩, 로마교황청, 단일화폐, 기후협회" 등이다.

1) 그림자 정부

종말론자들은 그림자 정부가 상당히 진행되고 있는 것처럼 호도하고 있지만 실상은 정부 형태보다는 표현적 수준이다. 그 이상은 종말론자들이 꾸며낸 음모론이다. 세계단일정부가 만들어지기 위해서는 정치, 군사, 경제, 헌법, 금융 등등 선제적으로 해결해야 할 일들이 수백, 수천 개가 된다. 오천 만 인구를 가진 한국만 보더라도 정부종합청사가 몇 개나 된다. 정치적 선언만으로 세계단일정부가 결코 만들어질 수 없다.

먼저 '단일화폐' 문제이다. 데이비드 차는 그의 저서인 「마지막 신호」에서 'G8회의에서 나온 단일화 화폐'와 '2010년 G20회의 결과 세계단일화폐 통화시스템으로'라는 주제로 단일화폐에 대해 다루었다.[139] 당당한 건지 뻔뻔한 건지 모르겠지만 단일화폐 견본까지 책에 실었다. 단일화폐의 근거는 한 토막의 신문 기사이다. 그런데 누가, 어디서 세계단일화폐 통화시스템을 주도한다는 것인지 전혀

---

139) 「마지막 신호」, pp. 53–56

말도 없이 뜬 구름잡기식이다. 그런데 고작 하는 소리는 졸릭 세계은행 총재의 "변형된 금본위제"도입 제안이다. 거두절미하고 2010년부터 세계단일화폐 통화시스템으로 전환되었다면, 2014년은 4년째 접어든 시기다. 그러나 이후에 그 누구도 '세계단일화폐 통화시스템'에 대한 후속 조치를 취한 바 없다. 차 형제의 견해라면 4년이 지났기 때문에 세계단일화폐는 상당한 진전이 있어야 한다. 한국도 이 정도면 시중은행은 아니래도 최소한 한국은행만큼은 준비가 완료되어 있어야 한다. 그리고 '세계단일화폐 통화시스템'은 한국뿐만 아니라 어느 나라도 처음부터 지금까지 제로(0) 상태다.

전효성 목사와 같은 극단적 종말론자는 곧 종이나 동전 화폐는 없어지고 베리칩으로 대처될 것이라고 서슴없이 설교하고 있다. 차 형제는 그의 저서를 통해 졸릭 세계은행 총재의 말을 빌어 곧 세계단일화폐가 나올 것처럼 말하고 있다.

다음은 '기후온난화' 문제이다. 차 형제는 2009년도에 〈미래한국〉에 나온 기사를 인용하여 '지구온난화의 허구성'을 논하면서 '국제 유대인 금융세력의 목표는 세계중앙은행을 만들고 완전히 지배한다.' 그것을 구체화하기 위한 여러 방법들 가운데 하나가 바로 '환경감시운동'이다. 그들은 이미 엘 고어 전 미국 부대통령을 앞세워 세계적인 환경네트워크를 형성해 캠페인을 벌렸고, 조만간 '지구온난화 방지'라는 명분 아래 각종 탄소세[140]를 거둬들일 것이다. 결론적으로 지구온난화 문제는 환경문제가 아니라 정치 문제였으

---

140) 탄소세란 이산화탄소를 많이 내뿜는 각종 화석 연료의 사용량에 따라 부과하는 세금. 지구 온난화를 방지하기 위해 생겨난 것으로, 1991년 유럽 공동체에서 최초로 합의되었다.

며, 그 원인은 이산화탄소 때문이 아니라 태양의 '흑점 활동'으로 말하고 있다.[141]

차 형제의 요지는 '지구온난화 방지'라는 명분으로 탄소세를 받아 그림자 정부의 조달 자금으로 쓰겠다는 것이며, 지구온난화는 처음부터 환경 문제가 아니라 정치적이었다는 것은 그림자 정부의 당위성을 말하기 위함이다. 그러나 이것은 근거 없는 낭설이며 음모론이다. 그리고 지금 세계 각 나라는 환경문제를 해결하는데 있어서 (자연환경의 중요한 기본 요소인 공기, 물, 토양, 생태환경에 적대 요소인) 이산화탄소를 없애는데 실제적으로 예산을 많이 사용한다. 결코 태양의 흑점활동에 많이 쓰지 않는다. 그러나 차 형제는 '지구온난화' 문제까지 종말론으로 끌고 들어왔다. 그러나 2013년 11월 서울신문에 '태양이 고요해졌다 … 흑점 사라진 미스터리 현상'이라는 기사가 다음과 같이 실렸다.

"우리 태양이 지나치게 조용해졌다. 태양의 흑점 활동 주기는 11년이며, 가장 최근의 최대주기는 지난 2013년이었다. 비록 올해 태양 활동이 최고치에 달하지는 않았으나, 과거보다 놀라운 활동성을 보여(한국 미래창조과학부는 3단계 태양흑점 폭발현상이 일어났으나 이른 아침에 일어나 전리층 교란 현상 등 피해는 발생하지 않았다) 전문가들의 이목을 끌었다. 하지만 이런 태양이 최근 조용해졌다. 몇 주 전까지 쉴 새 없이 폭발하던 흑점이 흔적을 찾아보기 어려운 상황이다."[142]

---

141) Ibid, pp. 48–52
142) 서울신문 미디어 다음(Daum) 2014.7.21/송혜민 기자

여기서 주목할 것은 태양의 흑점에 대한 '미스터리 현상'과 '탄소세'이다. 전자는 알 수 없는 원인으로 태양의 흑점 활동이 갑자기 멈추었다. 이것은 지구온난화 문제는 차 형제가 말한 태양의 흑점 활동(지구외부 문제)보다는 지구 자체 내부 문제가 더 심각하다는 것을 말한다. 반면에 탄소세는 지구환경을 위해 온난화 방지를 위해 내는 일은 있어도 '지구온난화 방지'라는 명분 아래 각종 탄소세를 내는 일은 없을 것을 말한다. 그리고 차 형제는(2009년 회의한 내용을 2010년에 책을 내면서) 조만간 각종 탄소세를 낼 것으로 보았다. 그러나 지금 4년이 지나도 그림자 정부는 물론 어느 나라에서도 탄소세에 대해 재차 강조한 일이 없으며 더구나 탄소세를 내는 나라는 없다. 이것이야말로 마지막 신호는 거짓 신호라는 것을 알 수 있으며, 종말론자들이 만든 그림자 정부의 실체이다.

2) 세계종교통합운동

다음은 종교단일통합운동이다. 차 형제는 이어서 '통합되는 종교'라는 주제로 다루고 있다.[143] 여기서 "신세계 질서 정책 중에서 기독교는 정치와 금융, 지적 통제(생체칩을 통한 인류의 정보를 통제하는 기술)와 함께 신세계 질서 구축의 4대 핵심정책에 속한다." 그러나 종교를 통합하는 주체는 눈을 씻고 봐도 없다. 종말론자들은 세계종교통합 운동의 주체를(계시록 13장의 두 짐승의 출현을 근거로) 로마 가톨릭 교회나 WCC로 두 단체로 보고 있으나 차 형제는 이 두 단체에 대해서는 언급조차 없다. 세계종교를 통합한다는 주제

---

143) Ibid. pp. 117–131

(3장 '통합되는 종교')는 거창하게 설정해 놓았지만, 진작 세계종교를 통합하는 주체나 내용은 아예 없거나 빈약하기 짝이 없다.

로마 가톨릭 교회는 그동안 이 모양 저 모양으로 기독교를 박해해 왔다. 그리고 앞으로도 박해는 하겠지만 세계종교를 통합한다는 것은 모래 위에 집짓는 것과 같다. WCC는 진보냐 보수냐는 신학적 기류로 보는 것이 가장 적합한 표현이다. WCC 회원 교회나 (개인)회원 중에는 복음적 성향을 가진 목회자들이 대부분이다. WCC은 같은 사상적 종교통합은 가능하겠지만 세계단일종교통합은 불가능하다. 이 두 단체 외에 지상에 있는 어떤 기관이나 단체라도 세계단일종교로 통합하는 것은 어림도 없다.

반면에 차 형제는 세계 종교를 통합할 단체를 UN과 세계단일종교협회로 보고 있다. 그리고 UN은 UPF라는 산하기구를 두고 세계종교를 통합하는 일을 하고 있는데, 여기에 통일교 교주 문선명의 넷째 아들 문현진이 UPF 의장 자격으로(GPF, 세계평화축제 이름으로)추진하고 있다는 것이다.[144] 만약에 통일교가 이런 일을 주도하고 있다면 통일교를 세계화 하려는 것이지 세계의 모든 종교를 통합하는 것이 아니다. 이단들 단체 외에는 통일교가 세계종교를 통합한 일에 동조하는 교단이나 교회는 아마 하나도 없을 것이다.

종말론자들이 메이슨의 분파로 자주 들먹이고 있는 로마 교황청과 관련된 단체들 역시 왜곡된 정보들이 수다하다. 특히 예수회는 16세기 로욜라가 창립한 가톨릭 내의 결사 단체로 종교개혁으로 몰

---

144) Ibid, pp. 128

락해가는 로마 교회의 권위를 다시 세우고, 가톨릭 내에서 교황청의 권력을 옹호하며, 기독교를 핍박하고 견제하기 위해 세워졌다. 종말론자들이 몰아가고 있는 메이슨의 정체나 음모에 대한 것은 역사 신학에도 없는 것들이다. 여기 역사 신학에 없다는 말은 메이슨에 관한 논문하나 없다는 것으로써 역사신학에서 조차 메이슨은 주목받지 못했다는 것을 시사해 준다. 그러므로 메이슨을 성경의 종말과 연관시키는 것은 가당찮다.

종말론자들은 오바마 케어와 베리칩 시술 때문에 적그리스도의 나라를 미국으로 지목해 왔으나 베리칩 시술이 불발로 끝나 물 건너 갔다. 하나님의 심판의 역사를 보면 악을 상징하는 대국을 활용하셨다. 그러나 미국은 150년 이상 세계 선교를 주도해 왔다. 이런 미국을 악의 축으로 사용하기 보다는 앞으로 세계의 경제를 장악하여 새로운 대국으로 부상할 나라를 심판의 도구로 사용할 수 있다. 종말론자들은 유럽을 메이슨의 본국으로 보며 영국이 세계에서 가장 큰 컴퓨터를 가지고 있다고 떠들어 대지만 실상은 중국에서 보유하고 있으며, 경제와 인민폐의 가치는 미국의 경제와 달러를 앞설 수 있는 기미를 보이고 있다. 군사적으로도 중국은 러시아는 물론 곧 미국을 앞설 수 있는 잠재력을 충분히 지니고 있다. 어떠하든 간에 중국이 세계를 향해 나아가고 있는 것은 여러모로 심상치 않다. 그럼에도 불구하고 중국을 적그리스도의 국가로 함부로 지목해서는 안된다. 이런 의미에서 적그리스도의 국가를 미국이나 로마 교황청으로 지목하고 있는 종말론자들의 작태를 지적하지 않을 수 없다.

3) 계시록의 상징성

사도 요한은 밧모섬에서 종말에 있을 마지막 징조에 대한 계시와 환상을 주님으로부터 직접 받아 기록했다. 그러나 요한이 보았던 종말의 징조는 임박한 종말의 현상은 아니었다. 그래서 상징적인 표현을 많이 사용했다. 반면에 1세기 계시록을 받아 본 수신자들은 상징성에 대해 이해할 수 있었다. 만약에 수신자들이 상징성을 이해할 수 없었다면 요한은 계시록의 해석서를 별도로 50장이나 100장 다시 써서 보내야 했을 것이다. 다만 2000년이 지난 오늘날 우리만 잘 모르고 있기 때문에 다양한 해석이 분부하다.

NIV적용주석을 집필한 크레이그 키너는 "하나님은 우선 책의 말씀들을 들을 수 있고 또한 가혹하고 무서운 상징들을 상상할 수 있는 문화 속에 살고 있는 사람들에게 요한계시록을 주셨다. 마찬가지로 우리들도 이 책의 풍부한 영향력에 지배를 받아 공포 이미지를 이해하는데 상상력을 사용해야 한다. 요한계시록은 아무런 생각 없이 읽는다든지 혹은 저 알코올 음료를 마시듯 대충 읽어서도 안 된다. 요한계시록은 이 책의 말씀을 듣는 사람들에게 하나님을 반역하는 이 세상에 임할 심판 문제로 고심하도록 권고하기 위해 주어진 말씀이다."[145]

계시록이 상징적인 표현이 많다고 해서 종말 자체는 상징이 아니라 언젠가는 이 지상에 실현될 종말이다. 성경의 종말은 예수님의 가르침대로 소문에 있는 것이 아니라 실제적이며 역사적으로 도래한다. 2000년 기독교 역사에서 종말만큼 민감한 사항은 없었다. 그

---

145) NIV적용주석(요한계시록), 크레이그 키너 저, 배용덕 역, '서론' p. 25

래서 종말에도 유행을 타는 어처구니없는 일들이 일어나곤 했다. 초대교회부터 종말의 유행을 열거하자면 아마 끝이 없다. 종말은 유행을 탄 것으로 끝난 것이 아니라 혼란과 공포를 동반하며 나타난다. 그러나 절대적으로 확언하건대 성경의 종말은 소문이나 유행을 타고 오지 않는다. 더구나 성경의 종말은 종말론자들이 떠들어 댄다고 오는 것이 아니며, 「마지막 신호」처럼 땅의 징조를 가지고 아무리 근거를 제시한다고 해서 오는 종말도 아니다. 그래서 지금 유행하고 있는 메이슨과 베리칩 종말론은 여타의 종말론에서 볼 수 있는 혼란이라면 혼란, 불안이라면 불안, 공포라면 공포의 종말론이다.

4) 베리칩의 허구성과 666

이런 일은 절대로 없겠지만, 종말론자들이 말하고 있는 것처럼, 베리칩이 설사 인간의 생각이나 정신 등을 유전자로 조정하여 사람을 통제하고 병신으로 만든다고 하더라도 하나님이 선택할 수 있도록 주신 자유의지까지는 빼앗아 갈 수 없다. 실상은 아담이 선악과를 먹을 때도 하나님은 아담의 자유의지를 빼앗지 않으셨다.

사단은 영적 존재이기 때문에 사람들을 시험하며, 직접적으로 터치할 수는 있다. 반면에 절대적으로 터치할 수 없는 부분도 있다. 왜냐하면 사단이 아무리 영적인 존재로 능력을 가지고 있어도 하나님이 허락하지 않으면 터치할 수 없는 영역이 있기 때문이다. 이것은 욥의 시험에서 볼 수 있으며, 또한 마지막 종말 때에도 마찬가지이다(계 9:4, 13:8, 17:8). 사도 바울도 아무리 사단이라고 할지라도 성령의 인침을 받은 하나님의 자녀들에게 함부로 침범할 수 없는 영역이 있음을 말하고 있다(고후 3:17). 그래서 성경은 하나님만이 참 신이요, 신 중의 신이요, 신들을 다스리는 능력의 하나님이라고 증언하고 있다(삼하 7:22; 왕상 8:60; 출 12:12 등).

요한이 보았던 짐승의 표는 666이라는 수의 형태가 분명하다. 비록 요한의 당대에는 지금처럼 숫자가 그리 중요하지 않았지만 미래의 세상은 숫자의 정보시대로 돌입할 것을 요한은 환상을 통해 보았다. 그럼에도 불구하고 초대교회 성도들은 별 어려움이 없이 계시록의 상징성을 이해했다. 특별히 예수님의 재림이 임박한 종말 때는 적그리스도가 바로 이 수의 정보를 가지고 세상 사람들을 미혹하여 자기편으로 만들려고 하는 계략도 함께 본 것이다. 요한이 2000년 전에 본 그대로 현대는 숫자의 식별과 정보의 홍수 가운데 사는 시대가 되었는데 이것은 요한이 본 환상대로 실현된 것이다.

이처럼 베리칩과 666은 성격상 다른 것이다. 여기서 성경적인 666표를 통해 베리칩의 허구성을 알 수 있다.

5) 어설픈 베리칩의 음모론

베리칩에는 허구성만이 있는 것이 아니라 음모론까지 도사리고 있다. 요한이 환상으로 본 666 수를 물체로 둔갑시켜 베리칩 종말론으로 만든 것은 마치 유대 종교지도자들이 예수님의 시체를 제자들이 훔쳐갔다는 소위 도적설로 음모를 꾸민 것처럼 어설프기 그지없다. 마태는 당시 유대 종교지도자들의 음모론을 다음과 같이 소개하고 있다.

"그 이튿날은 준비일 다음 날이라 대제사장들과 바리새인들이 함께 빌라도에게 모여 이르되 주여 저 속이던 자가 살아 있을 때에 말하되 내가 사흘 후에 다시 살아나리라 한 것을 우리가 기억하노니 그러므로 명령하여 그 무덤을 사흘까지 굳게 지키게 하소서 그의 제자들이 와서 시체를 도적질하여 가고 백성에게 말하되 그가 죽은 자 가운데서 살아났다 하면 후의 속임이 전보다 더 클까 하나이다 하니 빌라도가 이르되 너희에게 경비병이 있으니 가서 힘대로 굳게 지키게 하거늘 그들이 경비병과 함께 가서 돌을 인봉하고 무덤을 굳게 지키니라"(마 27:62-66).

도적설로 음모론을 꾸미려면 무덤 입구를 큰 돌보다는 누구나 출입할 수 있도록 허술한 것으로 막든지, 무기를 가진 경비병보다는 무기가 없는 허수아비로 위장하여 세워놓고 도적을 맞았다면 사람들은 어느 정도 수긍할 것이다. 왜냐하면 무덤은 누구나 쉽게 출입할 수 있으며, 허수아비는 말이 없기 때문이다. 그런데 사람들이 거의 출입할 수 없도록 큰 돌로 무덤 입구를 막아 놓고, 무장한 로마 병정을 경비하도록 해놓고 도적을 맞았다면 누가 믿겠는가? 이것이 바로 어설픈 음모설이다. 반면에 제자들은 예수님의 시체를 몰래 빼돌려놓고 부활했다고 속이기는커녕 그런 용기도 없어서 거의 다 도망치고 말았다. 이런 제자들에게 어떤 것을 기대하는 것은 한 마디로 난센스다. 그래서 음모설 치고는 너무나 어설프다는 것이다.

베리칩 종말론도 이런 어설픈 음모설이 상당히 들어 있다. 마치 양파처럼 껍질을 벗길수록 허구성이 계속 벗겨져 나온다. 그래서 필자는 그동안 베리칩을 다루면서 음모설, 모방설, 짝퉁설, 자료설 등으로 묘사한 것이다. 이처럼 부활이나 종말이 진짜가 아닌 가짜로 조작하려고 하면 어설픈 것들이 눈에 띄게 마련이다.

지금 누가 베리칩을 666표라고 속이고 있는가? 베리칩은 누구 때문에 교회까지 들어오게 되었는가? 반면에, 교회 안으로 이미 들어온 베리칩을 666표가 아니라고 누가 말하고 있는가? 베리칩 종말론의 허구성을 누가 지적하고 있는가? 부산 해운대에서 베리칩을 전하는 광신자는 누구에게 속아서 이러는가? 이제 독자들이 진실과 거짓을 판단하기를 바란다. 필자가 그동안 베리칩 종말론을 연구하다보니 베리칩 종말론에 빠진 사람들은 다음과 같이 두 가지 유형이 있는 것을 발견하게 되었다. 베리칩이 666표라고 믿고 빠진 사람들과 속고 빠진 사람들이 있다. 물론 이 두 가지는 피장파장이지만, 잘못된 교리나 종말론은 믿어서도 안 되고 속아서도 안 된다.

6) 베리칩의 거짓된 진상

다음은 거짓된 베리칩의 진상(眞相)이다. 첫째, 베리칩 안에 리튬 전지가 들어 있다는 말은 거짓이다. 리튬 전지가 들어가려면 현재의 베리칩으로는 크기(모양)나 기능적으로 전혀 현실성이 없다. 베리칩 안에 리튬 전지가 전혀 들어 있지 않는 것을 종말론자들이 뻥튀기하여 들어 있는 것처럼 알려져 있다. 둘째, 베리칩의 배터리가 체온의 변화로 충전된다는 말도 거짓이다. 이것은 한 번 주입하면 제거할 수 없다는 것을 말하기 위한 수작이다. 셋째, 베리칩과 인공위성 간에 통신이 가능하다는 말도 거짓이다. 처음부터 이런 기능이 없다. 만약에 인공위성과 통신을 하려면 지금의 베리칩 안에 안테나의 기능으로는 역부족이다. 넷째, 베리칩 안에는 GPS칩이 들어 있다는 말도 거짓이다. 지금 베리칩의 기능으로 보았을 때, 외부와 가장 쉽게 교신할 수 있는 기능은 GPS칩이다. 그런데 사람의 신경(정신)계와 교신할 수 있는 기능은 GPS(베리칩) 안에는 없다. 다섯째, 베리칩을 주입하면 악하고 독한 종기가 나는 것은 리튬전지 때문이라고 한 것도 거짓이다. 베리칩에는 리튬 전지가 현재는 들어 있지도 않지만, 설사 리튬 전지가 장착된다고 해도 상처를 낼 말한 것은 아니다. 그리고 여기 종기는 계시록 16장 2절을 지지한답시고 하는 것이지만 잘못된 해석이다. 여기 '악하고 독한 종기'는 실제적인 상처가 아니라 우상에게 경배한 자들에게 하나님의 무서운 심판이 있을 것을 상징적으로 보여 준 것이다. 여섯째, 유전자(DNA) 정보를 넣을 메모리가 있다는 것도 거짓이다. 베리칩으로 인간의 신경계를 조정하지 못하며, 유전자는 더더욱 바꿀 수 없다. 장죠셉은 다미선교회의 2인자답게 새퉁맞은 거짓을 말하고 있다. 일곱째, 바이오칩이라는 것도 거짓이다. 장죠셉은 인간 유전자 코드의 변천에 대해 설명하면서 바이오칩을 말하고 있으나,[146] 베리칩에는 유전자(DNA) 정보를 넣을 메모리가 없다는 것이 전문가들에 의해 거짓임이 드러났다. 여덟째, 베리칩 개발자로 알려진 칼 샌더스도 거짓이다. 칼 샌더스의 진실공방은 이미 끝난 게임이다. 아홉째, 오른손과 이마에만 베리칩을 받을 것이라는 말도 거짓이다. 666표는 좌우의 문제가 아니라 우상을 경배하는 문제이기 때문에 왼손에 맞아도 666표

---

146) 「베리칩에 숨겨진 사단의 전략」, 장죠셉 저, p. 230

가 된다. 종말론자들은 국가에서 강제적으로 오른손이나 이마에만 칩을 주입할 것이라고 겁을 주지만 국가는 개인이 칩을 이식할 위치까지 강탈할 권한이 없다. 열 번째, 메이슨과 베리칩은 마야인의 달력을 소재로 하는 '2012년' 종말 영화나 조지 오웰이 쓴 「1984년」의 미래 소설과 같은 것이다. 그래서 베리칩은 666이 아니며 될 수도 없다.

이처럼 베리칩 종말론은 입에 담을 수 없는 거짓투성이다. 그래서 베리칩의 거짓된 진상을 말하지 않을 수 없다. 이것은 또한 666 베리칩 종말론은 거짓으로 만들어진 종말론이라는 것을 확언한다.

이쯤에서 베리칩 종말론자들은 '리플릿(leaflet) 증후군'을 앓고 있다는 생각이 문득 든다. 리플리 증후군은 허구에 세계(그림자 정부)를 진실이라고 믿고 거짓된 말과 행동을 반복하는 인격 장애를 말한다. 특히 베리칩 전도자 이상남 목사는 3년 동안 미국 전 국민은 오마바 케어를 근거로 베리칩 곧 666표를 시술한다는 거짓말을 했으며, 잘못된 마지막 신호를 마치 종말의 신호처럼 속이며 책을 팔아먹은 데이비드 차 형제나 자기 조카가 업무용 베리칩을 받은 것을 마치 666표를 받은 것처럼 세계로 다니면서 나팔을 불고 있는 전효성 목사나 베리칩은 666표라고 노골적으로 표현하며 책을 쓴 이정철 목사 등은 리플리 증후군의 증세가 있는 듯싶다.

이처럼 베리칩 종말론자들은 우리와 같은 시기와 같은 공간에서 같은 성경을 보고 있다. 그럼에도 성경의 종말론이 우리와 다른 것은 단순한 문제가 아니라 영적인 정신(인격)질환의 문제이다. 그럼에도 이에 대한 회개(반성)은 커녕 낯 뜨겁게 카페를 통해 자기들의 주장을 굽히지 않고 있으며, 개정판뿐만 아니라 제 2탄으로 책을 출간하고 있다. 이들이 '리플릿 증후군'을 앓고 있지 않는다면 성경의 종말을 가지고 도저히 이런 일을 할 수 없다.

7) 종말론의 선구자

종말론에는 선구자가 없다. 하나님은 그 누구에게도 종말의 사도나 선지자로 부르셨거나 허용하지 않으셨다. 초대교회 사도들에게도 허용한 일이 없다. 심지어는 계시와 환상을 본 사도 요한도 종말의 사도라고 할 수 없다. 왜냐하면 종말의 가장 관건이라고 할 수 있는 '때'에 대해서 모르고 있기 때문이다. 그런데 하물며 장화진, 우자매, 영심이, 데이비드 차, 전효성, 장죠셉, 이상남, 박만영, 이현숙, 김관운 등에게 종말의 사도로 사명을 주었다는 것은 착각이라면 착각, 오버라면 오버, 환상이라면 환상이다. 종말론자들 중에 평신도는 그렇다 치더라도 목사와 선교사의 직함을 갖고 이런 일을 하고 있다는 것은 성도들 앞에 부끄럽기 짝이 없는 노릇이다. 이러한 현상을 볼 때, 종말론자들이 베리칩으로 종말의 탑을 쌓다보면 현대판 바벨탑이 되지 않을까 오히려 염려스러워 하는 말이다.

세상의 종말은 거짓된 종말론이기 때문에 오류를 범하거나 유행을 타도된다. 그러나 성경의 종말은 단 한 번이라도 오류를 범하거나 유행을 타서도 안 된다. 성경의 종말이 유행을 탔다는 것은 그 만큼 거짓 교사가 득실거렸다는 것을 말한다. 그러나 성경의 종말은 영원한 진리이기 때문에 오류가 있을 수 없으며, 한 번이라도 잘못

전해도 안 된다. 바코드 종말론의 유행이 엊그제 같은데, 바코드들도 부족해서 이제 베리칩이 유행을 타고 있다. 마치 '세월이 약'이라는 유행가의 가사처럼 말이다.[147] 베리칩으로 말미암아 성경의 종말은 세월을 지나보아야 아는 한심한 종말이 되어 버렸다. 종말은 결코 세월이 말해주는 것이 아니라 하나님의 때가 말해 준다.

8) 사도와 종말론자의 마라나타 운동

사도들은 임박한 종말론적인 사상을 가지고 있었지만 어떤 사도도 '주 예수여 오시옵소서'를 의미하는 마라나타 운동을 하지 않았다. 사도들은 오직 복음을 전하면서 묵묵히 재림의 주를 기다렸다. 현대판 종말론을 주창하는 사람들과는 사뭇 다르다. 계시록을 마무리하면서 '주 예수여 오시옵소서'라고 요청한 사도 요한도 마라나타 운동으로 볼 수 없다. 왜냐하면 '진실로 속히 오리라'는 그리스도의 재림에 대한 응답이요(계 22:7, 12, 20) 당시에 온갖 고난과 핍박 속에서 인내하며 구속을 바라보고 있는 하나님의 백성들, 즉 초대교회 모든 그리스도인들을 위로하기 위해서 요청하고 있기 때문이다.

제자들의 종말 신앙은 예수님의 재림 신앙이었고 결코 시한부(임박한) 종말론 신앙이 아니었다. 재림 신앙과 임박한 종말 신앙은 엄연히 다르다. 재림 신앙은 항상 사모해야 하지만, 임박한 종말 신앙은 사모할 성격이 아니다. 만약에 아무도 모르게 임박한 종말이 도래한다면 노동현장에서 맞이하면 된다(마 24:36, 41). 찬송가(349장) 가사처럼 '내 모습 이대로 주 받으옵소서' 이것은 단순한 찬송가 가

---

147) 가수 송대관 씨가 불렀던 노래 제목이 '세월이 약이겠지요'이다.

사만이 아니라 임박한 종말을 맞이하는 진정한 신앙의 자세를 말한다. 그러나 종말론자들이 제자들의 재림 신앙을 임박한 종말론으로 바꿔치기 하면서 현대판 마라나타 종말 운동이 일어났다. 베리칩이 666표가 아니듯 마라나타 운동 역시 성경적인 종말 사상이 아니다. 그러므로 본 절을 가지고 마라나타 운동으로 본다거나 성경의 근거로 제시하는 것은 오히려 성경을 오해한 비성경적인 종말론 운동이며, 이단들처럼 성경을 자기 도구로 활용하는 우를 범한 것이다.

9) 종말론자들의 회개와 책임

프리메이슨과 베리칩 종말론은 성경적, 신학적, 교회적으로 인정할 수 없는 잘못된 종말론이다. 그렇다면 그동안 메이슨과 베리칩이 666표라고 거짓된 종말을 전파한 것에 대해 종말론자들은 어느 정도 책임을 져야한다.[148] 그래서 감히 다음과 같이 제안하고 싶다. 먼저 하나님께 회개하고, 한국교회 앞에 공객적으로 사과하며, 다음은 자기가 쓴(메이슨과 베리칩과 관련된 종말론) 책 중에 판매된 것은 수거하여 과감하게 배상하며, 재고는 소각 처리해야 한다. 특히 '마지막 신호, 베리칩은 666표다, 베리칩의 숨겨진 사단의 전략' 이 세 권은 첫 단추부터 잘못 끼워진 종말론이기 때문에 폐기되어야 한다. 프리메이슨의 원류를 솔로몬의 성전 건축에서 찾고 있는 마지막 신호는 더욱 그래야 한다.

그리고 본인들이 운영하는 카페에 메이슨과 베리칩에 관한 글들

---

148) 책의 배상 방법이다. 판매한 서점을 통해 수거하여 삭개오처럼 4배는 아니라 할지라도 또한 판매 금액에 (100%는 못 미친다하더라도) 50%를 배상해야 한다. 만약에 이러한 결단을 하면 하나님은 영광을 받을 것으로 확신하며, 교회는 용서와 사랑의 띠로 하나가 될 것으로 보기 때문에 감히 제안하는 것이다.

은 삭제해야 한다. 방법론은 아래 각주 146번을 참고하기 바란다. 이것이야 말로 내려놓음과 겸손의 원리이며, 멋있는 그리스도인의 모습이다. 이런 모습을 보인다면 앞으로 그 누구도 종말론자라고 비판하지 않을 것이며, 또한 할 수도 없다.

사도 요한은 종말의 묵시를 다 기록한 후에 예언에 대한 해석의 견해를 남기며 끝을 맺고 있다. "내가 이 책의 예언의 말씀을 듣는 각 인에게 증거하노니 만일 누구든지 이것들 외에 더하면 하나님이 이 책에 기록된 재앙들을 그에게 더하실 터이요. 만일 누구든지 이 책의 예언의 말씀에서 제하여 버리면 하나님이 이 책에 기록된 생명나무와 및 거룩한 성에 참여함을 제하여 버리시리라"(계 22:18-19).

이 말씀은 요한의 견해라기보다는 주님의 경고성으로 보는 것이 더 타당하다. 그렇다면 이것을 상징적으로 해석해야 하는가? 문자적으로 해석해야 하는가? 666을 문자적으로 해석하여 베리칩으로 만들려고 목말라 하는 종말론자들은(이 말씀에 대한 깊은 의미를 알면) 계시록을 마음대로 해석하여 예수님이 경고하신 종말의 소문을 함부로 퍼뜨려서는 안 된다. 이런 요한의 경고를 귀담아 들은 다면 메이슨과 베리칩 종말론을 퍼뜨려 잠시나마 주님의 교회에 혼란과 공포심을 조성한 것에 대해 종말론자들은 무거운 책임을 느껴야 한다. 그래서 필자가 제안한 책임성을 심사숙고하여 단호히 결심했으면 좋겠다.

그러므로 메이슨이나 베리칩 따위로 종말의 징조요 666이요 구원을 좌지우지하는 것처럼 함부로 말할 수 없다. 역으로 베리칩으로 구원을 말하다가 오히려 더 큰 재앙이 임하지 않을까 염려된다. 이런 의미에서 종말론자들은 에스더에 나오는 하만의 사건을 교훈삼아야 할 것이다. 하만은 왕의 명령에 따라 자기에게 절하지 않았던 모르드개에게 괘씸죄를 적용하여 죽이기로 작정했다. 그러나 하만은 분이 쉽게 가시지 않아 모르드개만이 아니라 포로로 잡아온 모든 유대 민족을 몰살시키기로 마음을 바꾸었다(에 3:2-6). 그러나 하만은 모르드개를 매달기 위해 준비해 놓은 나무에 결국은 자기가 매달려 죽었다. 이와 마찬가지로 베리칩으로 지옥을 운운하다가 정작 자기가 베리칩 때문에 지옥에 가지 않을까 싶어서 하만의 사건과 회개와 책임에 대해 말한 것이니 십분 이해해 주기를 바란다.

10) 실패한 종말의 예언들

"공중 재림설, EU 연합설, 10.28 재림설, 바코드, 베리칩" 등은 지금 우리가 살고 있는 세기에 패션처럼 유행을 탔던 종말론이다. 그러나 그토록 유형을 탔던 종말은 도래하지 않았다. 이러한 현상은 종말의 때는 하나님이 준비하신다는 것을 모르기 때문이다. 따라서 성경의 종말론이 유행을 탔다는 것은 실패한 예언이라는 말이다. (종말론자들은 베리칩은 아직 진행 중에 있다고 생각할지 모르겠지만) 베리칩 종말론은 2013년 3월 이후로 실상은 종지부를 찍은 실패한 종말론이다.

베리칩 종말론의 3대 축이라고 할 수 있는 「마지막 신호」는 실패한 신호요, 「베리칩은 666표다」는 잘못된 666표이며, 「베리칩에 숨겨진 사단의 전략」은 그야말로 사단의 전략이다. 일본 사람들이 독도를 아무리 자기네 땅이라고 우겨도 독도는 일본 땅이 아니며, 또한 될 수 없듯이 종말론자들이 베리칩을 666표라고 아무리 우겨도 베리칩은 666이 아니며 또한 될 수 없다. 독도는 한국의 땅이듯 666은 666이며 베리칩은 베리칩이다.

결론적으로 메이슨은 그림자 정부의 주체들인가? 베리칩이 666 짐승의 표인가? 라는 질문에 대해 필자는 분명하게 "아니다"라고 답한 것이다. 왜냐하면 이러한 모든 것은 조작된 음모설이며, 진리의 말씀인 계시록을 가지고 극단적 세대주의자들이나 시한부종말론자들이 가상 시나리오로 또 다른 계시록을 쓰고 있기 때문이다.

기록된 성경말씀을 건성으로 보면서 미확인된 인터넷 자료들을 덮어놓고 믿는 것은 맹신이며, 다른 복음이나 이단사상에 빠져들게 되는 위험성의 시초이다. 베리칩은 받아도 되지만 짐승의 이름의 수 곧 사람의 수인 적그리스도로 상징되는 666표는 절대로 받아서는 안 된다. 반면에 666표는 받아서는 안 되지만 치료나 보안을 위한 전문용 베리칩은 받아도 무방하다. 짐승의 표인 666 수를 받으면 지옥 가지만 반면에 의료용, 보안용, 금융용 베리칩을 받는다고 지옥에 가는 것이 아니다.

종말의 때가 오면 지금 베리칩이 666표가 아니라고 하는 모든 목회자들은 일어서서 비로소 적그리스도의 나라 곧 666표 시대가 왔다고 한목소리를 낼 것이며, 교회(교단)적으로 공포할 것이다. 이때가 비로소 성경적인 종말론 시대이다. 사도 요한도 2000년에 두 증인이 일어나 복음을 선포할 것을 말하고 있다(계11장). 여기 두 증인에 대해서는 정확하게 할 수 없지만, 대부분의 주석가들은 두 사람을 말하는 것이 아니라 입에서 강력하게 불이 나올 정도로 복음을 전하는 두 구룹(교회 지도자와 성도)으로 본다. 마지막 때는 성경의 종말을 아는 목회자들이나 성도들이 결코 잠잠하지 않을 것이다. 그러므로 지금 많은 목회자들이 메이슨과 베리칩에 대해 침묵하고 있는 것은 비겁한 침묵이 아니라 메이슨과 베리칩은 종말이 아니기 때문에 당연한 침묵이다.

　필자는 메이슨의 공포, 베리칩의 유혹, 잘못된 종말론으로부터 한 사람이라도 돌아온다면, 특히 한 목회자가 돌아와서 성경적인 종말론을 바르게 전하며 가르친다면 본서를 쓴 보람을 갖게 될 것이며, 또한 그것으로 만족한다. 본서의 논제는 성경적인 종말론이 아니라 잘못된 종말론을 제시하고 있다. 그래서 데이비드 차 형제가 보낸 「마지막 신호」는 잘못된 신호이며, 메이슨과 연관된 그림자 정부는 실체가 없는 그야말로 그림자 정부일 뿐이며, 베리칩은 잘못된 종말론이라는 사실이 이제 필자의 마음으로부터 떠나 독자들의 마음에까지 전달되었으면 한다.

11) 베리칩 시책과 기독교의 대책

　앞으로 전자칩은 정보의 수단으로 우리 생활가운데 깊숙이 들어올 것은 자명한 일이다. 국가는 건강관리나 신분증 대용으로 칩을 정책 사업으로 추진할 것이며, 은행이나 회사는 관리나 편의성 때문에 추진할 수 있다. 이런 일이 추진된다면 베리칩 종말론자들은 박수를 치며 우리의 때가 왔다면 일어설 것이다. 이쯤되면 한국교회는 베리칩 때문에 소용돌이에 휘말려 들어갈 것이다. 그럴 것이 태평양 건너 미국에서 베리칩 시술을 하느냐 마느냐를 가지고 3년 동안 승강이를 벌였던 한국교회가 자국인 한국에서 신분증 대용으로 칩을 사람의 몸에 이식한다면 이들이 불난 집에 불구경하듯 그냥 구경만 하고 있겠느냐는 것이다.

지금은 베리칩 띠를 온 몸에 감고 사람이 많이 모이는 지하철이나 해변으로 나가고 있지만 베리칩 정책이 시행된다면 종합청사나 시청으로 '베리칩 반대'라고 소리 지르며 몰려들 것이다. 그리고 종말론을 카테고리로 하는 사이트들은 하루 검색수가 장난이 아닐 것이다.

이렇게 되면 문제는 기독교는 국가 시책에 방해꾼이 된다는 것이며, 안티기독교인들은 교회를 노골적으로 비판할 것이다. 베리칩 시술은 일정(日程)때에 있었던 신사 참배하는 것과는 완전히 다르다. 그래서 교회적으로 반대할 영역도 아니며, 이유도 없다. 왜냐하면 지금까지 필자가 말한 것처럼 베리칩은 하나님의 일반 은총에 속한 과학의 산물이며, 베리칩 자체가 짐승의 표가 아니기 때문이다. 여담으로 베리칩이 겁이 나면 왼손에 이식하면 된다. 종말론자들이 생명을 걸고 말하는 것처럼, 문자적으로 해석하더라도 이마와 오른손을 피하면 666표가 될 수 없다.

아마 정부도 그때 가면 기독교인들은 왼손에 칩을 이식해도 된다는 재미있는 홍보를 할 것 같다. 정부가 미쳐 이런 생각을 못한다면 필자가 본서를 주무부서에 주면서 아이디어를 제공해 줄 것이다. 국가의 칩 정책과 성경에 나온 666는 별개의 문제이기 때문에 가능한 일이다.

반드시 간과해서는 안 되는 것은 국가에서 칩 정책을 실제적으로 시행한다면 기독교는 이에 따른 대책이 있어야한다. 왜냐하면 혼란의 영을 받은 저 무지한 종말론자들이 그냥 있지 않기 때문이다. 아이러니 하는 것은 국가와 싸움이 아니라 기독교 안에서 서로 (영적) 싸움판이 벌어지기 때문이다.

여기서 기독교 대책이란 다른 것이 없다. 오직 한 가지이다. 목회자들이 바른 종말론 의식을 가지고 성경적인 종말론과 잘못된 종말론을 동시에 바르게 가르쳐야 한다. 그래서 본서는 베리칩 종말론의 지침서로서 충분한 역할을 할 것이다.

2. 성경적인 종말론 준비

본서는 종말론에 관한 책이 아니라 잘못된 종말론을 다루고 있기 때문에 여기서는 잘못된 종말론을 분별할 수 있도록 간략하게 서술하고 있다.

1) 예수님의 가르침

제자들에게 종말의 징조에 대한 질문을 받은 예수님은 주로 종말을 준비하는 자세에 대해 답변하고 마친다(마 24:44-51). 첫째는 '깨어' 준비하는 것이다. 여기 '깨어' 라는 말은 종말의 징조들도 분별하라는 의미보다는 영적인 잠에서 깨어나라는 것이다. 둘째는 '지혜' 있는 준비이다. 여기 '지혜' 는 종말의 소문에 미혹되지 말 것과, 노동의 현장에서 최선을 다해 일할 것을 말한다. 우리는 지금 다른 때보다 종말의 혼동과 불안에 직면해 있다. 이때에 예수님의 말씀대로 (종말)사설에 미혹되지 않은 것이 최고의 지혜이다. 반면에 지혜로운 사람은 절대로 허망한 것에 미혹되거나 추구하지 않는다. 세 번째는 불충한 종처럼 준비하지 말라는 뜻으로 주인과 종의 비유이다. 보편적으로 불충한 종은 일하기를 싫어하며 반면에 소문에는 아주 민감한 반응을 보인다. 전자 두 가지는 적극적인 준비라면, 후자는 저런 식으로 준비해서는 안 된다는 것이다. 우리는 666 베리칩의 종말론자들을 보면서 예수님이 말씀하신 교훈을 거울삼아야 하며, 반면에 그리스도인들은 성경적인 종말을 준비하는 자세를 견지해야 한다.

2) 하나님의 종말의 때

종말론자들은 베리칩, 메이슨, 그림자 정부에 포커스를 맞추면서 임박한 종말론을 주장한다. 그러나 종말은 하나님의 때와 허락과 방법 세 가지가 핵심이다.

(1) 하나님의 때

하나님의 역사 속에는 반드시 때가 있다. 창조의 때, 아브라함을 부르신 때, 출애굽할 때, 가나안을 정복할 때, 예수님이 성육신한 때, 십자가를 지실 때, 부활과 승천하실 때, 오순절에 성령이 임할 때 등 모든 것은 하나님의 때에 이루어졌다. 지혜의 왕 솔로몬은 인생사에도 때가 있음을 말한다. "날 때가 있고 죽을 때가 있으며, 심을 때와 뽑을 때가 있으며, 죽을 때와 치료받을 때가 있으며, 울 때가 있고 웃을 때가 있으며 …"(전 3:1-8). 하물며 가장 민감한 종말에 때가 없겠는가? 하나님의 때가 아닌 것을 마치 종말의 때나 징조처럼 말한 것은 성경을 앞서가는 행위이다. 종말론자들은 지금이라도 베리칩 종말론의 망상으로부터 벗어나기를 바란다. 하나님이 앞으로 진행할 종말의 때는 아무도 모른다. 종말론자들이 베리칩으로 임박한 종말의 징조라고 소문내고 있는 것은 하나님의 때를 잘못 알리고 있는 신호이다.

(2) 하나님의 허락

예수님이 재림하기 전에 짐승으로 상징된 적그리스도가 세상을 장악한다. 짐승은 바알의 선지자들도 하지 못했던 하늘에서 불을 내릴 수 있는 능력을 가지고 대단한 일들을 마지막 때에 할 것이다. 그러나 아무리 영적 존재이며, 하늘에서 불을 내릴 수 있는 능력이 있으며, 악의 수장인 사단이라고 해도 종말의 진행은 스스로 할 수 없고 반드시 하나님의 허락이 있어야만 가능하다. 이것은 사단이 아무리 영적인 존재라고 하지만 사단의 능력의 범주에서 벗어난 한계이다.

욥기 1장에 욥이 당한 고통과 시험을 우리는 익히 알고 있다. 사단이 욥을 자유롭게 시험할 수 있었던 것은 하나님이 허락했기에 가능했다. 하물며 예수님의 백보좌 심판 전에 있을 짐승의 활약이 하나님의 허락 없이 가능하겠는가? 어림도 없는 말이다. 예수님은 하늘을 나는 참새 한 마리라도 아버지의 허락 없이는 땅에 떨어지는 법이 없다고 하셨다(마 10:29). 종말론자들이 베리칩으로 임박한 종말의 징조라고 한 것은 하나님의 종말의 때를 농락하는 행위이다.

(3) 하나님의 방법

계시록에 의하면 다양한 종말의 징조, 곧 종말의 현상들이 예언되어 있다. 이러한 종말의 징조들은 인간의 이성뿐만이 아니라 과학적인 논리로도 이해할 수 없는 것들이 수두룩하다. 그러나 단 한 가지 가능성이 있는데 그것은 하나님의 방법이다.

하나님의 '때, 허락, 방법'은 종말의 핵심 요소이다. 필자는 이것을 종말의 '3대 조건'이라고 말하고 싶다. 성경에서 말하는 우주적인 종말은 바로 3대 조건이 충족되었을 때 도래한다. 그래서 그 누구도 종말의 때와 징조에 대해 함부로 말할 수 없다.

3) 교회적인 종말의 준비

성경적인 종말을 대비하는데 있어서 다음 두 가지를 전제하면 그리 어렵지 않다는 것을 알 수 있다. 첫째는 성경적인 종말은 성경에서 찾아야 한다. 그런데 작금의 실태는 소문에서 종말을 찾고 있다. 둘째는 성경적인 종말은 쉽게 대비할 수 있다. 종말의 소문을 듣고 유혹받지 않고 두려워하지 않으면 누구나 종말은 대비할 수 있다. 종말을 어렵게 생각하지 않으면 반대로 쉬운 것이 된다.

(1) 목회자들의 종말에 대한 의식이다

종말을 대비하기 위한 첫 번째 요소는 누가 뭐라고 해도 '목회자의 종말에 대한 의식'이다. 목회자가 종말에 대한 의식이 없다는 것은 역으로 종말에 대한 대비를 전혀 하지 않고 있다는 증거이다. 그러므로 종말에 대한 대비는 목회자의 의식으로부터 출발해야 한다. 목회자가 성경의 종말을 바르게 의식하고 있다면 설교와 교육을 통해 가르쳐야 한다. 설교를 통해서는 종말의 기본적 이해와 유형 그리고 계시록을 중심으로 연속적으로 전해야 하며, 반면에 교육은 종말에 관한 성경학습이나 전문 강사를 초청하여 집회나 세미나 등을 통해 가르친다. 그러므로 목회자가 성경적인 종말을 바르게 가르쳐야 할 명제는 다음 세 가지이다. 첫째는 성경은 종말에 대한 모든 것을 준비해 두었다. 둘째는 예수님과 사도들은 종말에 대해 가르쳤다.[149] 셋째는 성도들에게 종말을 성경적으로 준비할 수 있도록 하기 위해서다. 그러므로 목회자들은 종말에 대한 바른 의식을 가지고 직간접적으로 가르쳐야 할 명제를 안고 있다.

(2) 종말에 대한 성도들의 관심이다

종말을 대비하는데 두 번째 요소는 성도들의 개인적인 준비이다. 종말은 성경의 진리임을 알고 매 시대마다 신앙적으로 관심을 갖고 준비해야 한다. 그러기 위해서는 목회자가 가르친 종말에 대한 교육을 받아야 한다. 성도들이 종말에 대해 듣지 못했다면 목회자들이 전하지 못한 책임이지만 목회자들이 전했음에도 불구하고 성도들이 모르고 있다면 이것은 성도들의 책임이다. 그러므로 성도들은 성경적인 종말에 관심을 갖고 깨어 기도하며 준비해야 한다. 반면에 베

---

149) 예수님(마 24장), 사도 바울(살전 5장), 사도 베드로(살후 3장), 사도 요한(계시록)

리칩과 같은 소문난 종말에 대해 유혹을 받지 않는 것도 깨어 있는 준비이다.

(3) 종말은 누구나 대비할 수 있다

성경의 종말을 대비하기 위한 세 번째는 성경적인 종말은 그리스도인이라면 누구나 대비할 수 있다. 반면에 소문에 의한 종말은 누구나 대비할 수 없다. 혼란(금식, 재산파산, 무노동, 잘못된 집회 등)은 오히려 종말을 대비할 수 없도록 한다. 여기 '누구나'는 성도뿐만 아니라 주일 학생들도 알 수 있다는 것을 말한다. 종말의 때가 오면, 총명한 어린 자녀는 아직 모르고 있는 자기 부모에게 종말의 이야기를 해주는 광경이 이곳저곳에서 있을 것이다. 그리고 '대비할 수 있다'는 말은 다음 세 가지로 설명이 가능하다. 첫째는 종말은 성경에 모두 준비해 두었기 때문에 성경에서 찾으면 누구나 대비할 수 있다. 둘째는 목회자의 종말의 설교와 가르침이 있기 때문이다. 그래서 교회에서 성경적인 종말론을 부단히 가르치면 성도들은 바른 종말론으로 대비할 수 있다. 셋째는 반드시 총회(교회)적인 선포가 있을 것이다. 이 선포가 있을 때 모든 그리스도인들 역시 일어나서 다 같이 종말을 준비하면 된다. 종말의 때에 성도의 바른 신앙의 자세는 시대의 징조를 보고 두려워하는 것이 아니라 종말의 때와 기한과 징조는 하나님께 맡기고 말씀과 기도로 주님과 동행하며 성령의 열매를 맺으며, 반면에 복음으로 주님의 나라를 예비하는 것이다. 결코 베리칩이 다시 오실 주님을 준비하는 것이 아니다. 그러므로 하나님의 때가 오면 누구나 종말을 대비할 수 있다.

(4) 종말의 소문에 미혹되지 않는다

성경의 종말을 대비하기 위한 네 번째는 '종말의 소문을 듣고 미혹되지 않는 것'이다. 오순절에 성령의 임재로 성령의 시대가 임했지만 사단이 주도하는 악도 함께 공존한다. 그래서 바코드나 메이슨, 베리칩과 같은 잘못된 소문을 듣고 미혹되지 않는 것이 종말을 준비하는 것이다. 성경의 종말은 패션처럼 유행을 타고 2000년 전부터 소문이 들려왔지만 아직 종말은 오지 않고 있다. 자기 임무를 성실하게 수행할 때, 각자가 처한 현장에서 그리스도의 강림을 맞이하게 된다. 그러므로 어떤 종말의 소문이 들려 와도 두려워하거나 미혹되지 않는 것이 종말을 대비하는 것이다.

네 가지 중에 두 번째가 가장 단순하여 쉽게 지킬 것 같지만 또한 가장 지키기가 힘들다. 왜냐하면 목회자가 아무리 교육을 했다하더라도 인터넷과 같은 매체를 통해 종말의 소문을 듣고 미혹되는 사례가 있기 때문이다. 이것은 목회자의 의지와 관계없이 벌어질 수 있다. 성도들이 인터넷에 들어가서 잘못된 자료나 666베리칩의 글과 그럴싸한 동영상을 보고 종말론에 빠져들면 목회자도 어쩔 수 없다. 반면에 목회자의 가르침을 잘 받으면 특정한 사람만이 아니라 누구나 종말을 대비할 수 있으며, 어떤 종말의 소문에도 유혹되지 않는다.

4) 종말은 하나님이 준비하신다

종말은 실행에 앞서 준비를 하게 된다. 종말의 준비는 사단이 하는 것이 아니라 하나님이 친히 하신다. 그러므로 종말론자들이 준비한 베리칩은 666표가 아니며 프리메이슨은 그림자 정부의 주체가 아니다. 여기서 종말론자들은 이렇게 항변할 수 있다. '그렇다면 적 그리스도로 상징되는 짐승을 출현시킬 나라(그림자 정부)는 없다는 말인가?' 이 물음의 요지는 이렇다. 종말이 상징이 아니라면 실제로 종말을 준비하며 주도해 나갈 주체는 있어야 한다. 이 말에는 필자도 어느 정도 공감을 하면서 마지막으로 풀어야 할 과제이다.

마지막 때에 하나님은 적그리스도를 어떤 방법으로 출현시키실까? 여기에 종말의 3대 조건인 '하나님의 때, 허락, 방법' 등이 모두 들어있다. 실상은 이것을 모르기 때문에 잘못된 종말론을 추구하게 된다.

하나님은 아들 예수를 세상에 보내기 위해 특별한 방법으로 하셨다. 동정녀 잉태, 요셉의 수용, 호구제도, 베들레헴 탄생 등 어느 것 하나 보편적으로 이루어진 것이 없었다. 누구도 예기치 않게 하나님의 때에 하나님이 허락하시고 순전히 하나님의 방법으로 하셨다. 이와 마찬가지로 다시 오실 재림도 초림과 같은 방법으로 그 누구도 예기치 않게 준비하실 것이다.

(1) 마리아 잉태 사실은 누구도 몰랐다

요셉과 마리아는 결혼을 앞둔 약혼기간 중이었다. 그런데 어느 날 갑자기 두 사람은 천사로부터 수태고지를 통보받았다. 요셉은 약혼자 마리아가 불륜한 것으로 오인한 나머지 약혼을 파혼하기로 했으나 천사의 설득으로 결국은 수용하여 마리아와 결혼하여 메시아 탄생을 준비했다. 반면에 마리아는 얼마나 충격이 컸는지 약혼자 요셉이 있음에도 불구하고 '나는 남자를 알지 못하는데 이런 일이 어찌 일어날 수 있는가?' 천사에게 항변을 했다. 그러나 마리아 역시 천사의 설득에 순복하여 메시아 잉태 사실을 수용하고 탄생을 준비했다.

메시아 잉태는 요셉, 마리아 본인들도 전혀 예기치 않게 날벼락을 맞은 것처럼 순식간에 있었던 일이다. 두 사람의 충격적인 반응에서 충분히 감지할 수 있다. 여기서 놓여서는 안 될 것은 요셉과 마리아 두 사람이 순복했기에 잉태된 것이 아니라 이미 잉태된 사실을 천사가 일방적으로 통보한 것이다.

메시아 잉태는 하나님의 때에(갈 4:4), 마리아의 태를 허락하셨기(눅 1:31) 때문에 가능한 일이며, 천사가 두 사람에게 일방적으로 통보한 것은 하나님의 방법이다(눅 1:27). 이처럼 하나님은 누구도 예기치 않게 독생자 아들 예수를 세상에 보내실 계획을 하셨다.

(2) 호적제도와 베들레헴 탄생도 예기치 않았다

요셉과 마리아는 아기 예수 탄생 10일 전까지만 해도 베들레헴이 아닌 나사렛에서 출산하려고 준비하고 있었다. 그런데 어느 날 갑자기 로마 황제 아구스도는 속국으로 있는 모든 나라에 '호적제도'를 만들라는 칙령을 내렸다(눅 2:1). 당시 황제의 칙령을 어긴다는 것은 사형 선고를 받는 것과 마찬가지이다. 그래서 마리아는 어쩔 수 없이 만삭된 몸을 이끌고 나사렛에서 베들레헴까지 가게 되었다.

로마 황제의 칙령이 없었다면 요셉과 마리아는 나사렛에서 베들레헴으로 절대로 이동하지 않았다. 마리아가 나사렛에서 베들레헴으로 이동한 것은 출산을 위한 것이 아니라 호적을 위해서였다. 만약에 마리아가 출산을 위해 이동을 했다면 해산을 며칠 앞두고 임박하게 이동하지 않았을 것이다. 아주 여유 있게 이동을 하여 베들레헴에 이미 도착하여 출산 준비를 완료하고 기다리고 있을 때이다.

당시 상황은 메시아가 베들레헴이 아닌 나사렛에서 출산할 위기였다. 로마 황제의 칙령은 단순한 호적제도만은 아니었다. 호적제도는 바로 이런 긴박한 상황을 암시하고 있으며, 기적을 예고하고 있다. 아무리 성령으로 잉태된 하나님의 아들이라고 할지라도 베들레헴이 아닌 나사렛에서 출생하면 메시아가 될 수 없다. 메시아가 나사렛에서 탄생할 수밖에 없는 긴박한 상황 속에서 해결할 수 있는 길은 오직 기적뿐이며, 또한 해결하실 분은 하나님뿐이다. 하나님은 나사렛에 있는 마리아를 베들레헴으로 긴박하게 이동시키기 위해 당대 최고의 권력자인 로마 황제를 활용하셨다.

마리아의 출산을 며칠 앞두고 로마 황제가 공교롭게도 호적제도를 실시한 것은 우연의 일치라고 볼 수 있겠지만, 이것은 우연의 일치가 아니라 하나님의 타이밍이며 방법이다. 호적제도는 로마 황제가 한 것 같지만 실상은 (메시아가 나사렛이 아닌 베들레헴에 출생시키기 위해) 하나님이 하셨다. 다시 말하면 호적제도는 하나님의 기적의 도구로 사용되었다는 것 밖에는 설명할 길이 없다. 이런 일은 나사렛 촌장이나 유대 분봉 왕인 헤롯의 권력으로도 역부족했기 때문에 하나님은 당시 최고의 정치봉인 로마 황제를 활용한 것이다.

이 두 사례만 보더라도 초림과 같이 재림(종말)도 하나님의 때에 하나님이 허락하시고 하나님이 친히 준비하신다. 메시아 탄생은 마리아를 통해 10개월 전에 준비하셨지만 소문내며 준비한 것이 아니라 은밀하게 준비하셨다. 그렇다고 탄생 때에도 천사가 마리아를 업어 베들레헴으로 옮기는 기적을 베풀지 않았다. 지극히 우리생활(인생사)가운데서 이루어졌다. 메시아 탄생은 평범한 생활 속에서 기적적으로 이루어졌다는 것을 말한다.

초림의 현상은 종말에 관한 예수님의 말씀과 사도들의 가르침과 일치한다. 예수님은 "종말의 '날과 때'를 모른다고 하셨으며, 공포가 아닌 노동의 현장에서 휴거가 있을 것을 의식하며 두 여자가 '맷돌질'(혹은 밭에서)을 하다가 한 사람은 휴거되고 한 사람은 버림을 당할 것이며, 다음은 재림 신앙을 염두하며 '이러므로 너희도 준비하고 있으라 생각하지 않을 때에 인자가 오리라'고 말씀하셨다(마 24장)." 반면에 사도 베드로와 바울은 서로 입을 맞추듯 '주의 날이 도적같이 오리라'고 말한다(벧후 3:10, 살전 5:2-4).

이러한 말씀들은 메시아 탄생이 조용히 순식간에 준비되었듯이 재림(종말)도 이와 유사하게 준비될 것을 암시하고 있다. 종말은 베리칩 종말론들이 떠들어 댄 것처럼 유별나게 준비되지 않는다는 것이 예수님과 사도들의 가르침이다.

필자는 베리칩 종말론을 연구하면서 종말의 준비는 하나님의 준비, 사단의 준비, 종말론자들의 준비 세 가지 유형이 있다는 것을 알게 되었다. 사단도 실상은 하나님의 허락이 없으면 종말을 준비할 수 없다. 마치 하나님이 욥을 사단에게 시험하도록 허용한 것처럼 말이다. 그러나 종말론자들은 하나님의 허락은 안중에도 없고 막무가내로 고집을 부리며 메이슨과 베리칩으로 몰아 부치고 있다. 이것은 우주적으로 흩어져 있는 하나님의 교회에서는 도저히 수납할 수 없다. 그래서 필자는 베리칩은 666표가 아니며 베리칩은 잘못된 종말론이라고 지금까지 고집스럽게 같은 논지를 펴왔다.

프리메이슨과 베리칩은 다양한 각도에서 잘못된 종말론이라고 지적하고 있음에도 불구하고 종말론자들이(문자적으로 해석하여 종말이 어떻게 상징이 될 수 있느냐?) 계속 억지를 부린다면, 단지 현상에만 집착하는 1차원적이고 근시안적인 접근이다.

그동안 프리메이슨과 베리칩 종말론 거짓에 사로잡혔거나 공포나 두려움을 경험한 바 있다면 이제부터는 베리칩 종말론의 두려움이나 공포로부터 자유하기를 바란다. 프리메이슨과 베리칩의 종말론의 허구성은 여기서 종지부를 찍었으면 좋겠다는 생각을 해보면서 2년 여 동안 준비한 잘못된 베리칩 종말론은 끝을 맺고자 한다.

참고문헌

〈성경주석〉

1. 호크마 종합주석(마태복음, 계시록; 기독지혜사, 1993.4.10)

2. NIV적용주석(계시록), 크레이그 키너 저, 배용덕 역, (솔로몬, 2012.12.21)

3. 요한 계시록, 박윤성 저 (기독신문사, 2002.5.31)

4. 베이커리 성경주석(계시록), 로버트 터그 저, 장귀복 역 (기독교보사, 1988.4.30)

5. 내가 속히 오리라, 이필찬 저, (이래서원, 2014. 4. 30)

6. 요한계시록 솔로몬 편집부 (솔로몬, 2003.6.30)

〈계시록 전문서적〉

1. 계시록 난해의 창의적 새 해석(한국장로교출판사, 2011.6.30)

2. 구원론 • 종말(내세론), 조영엽 저 (미스바, 2004.1.20)

3. 요한 계시록 강해, 서달석 저 (생명의 서신, 2012.7.15)

4. 요한 계시록, 김형종 저 (솔로몬, 2012.8.24)

5. 요한 계시록, 이광진 저 (대장간, 2012.2.16)

6. 계시록 어떻게 읽을 것인가, 이필찬 저 (성서유니온선교회, 2013.5.23)

7. 쾌도난마 요한계시록2, 송태근 저 (지혜의 샘, 2013.12.25)

〈프리메이슨(베리칩) 전문서적〉

1. 마지막신호, 데이비드 차 저 (예영커뮤니케이션, 3판 13쇄, 2012.3.15)

2. 베리칩은 666표다, 이정철 저 (충인출판사, 2013. 2. 7)

3. 베리칩에 숨겨진 사단의 전략, 장죠셉 저 (크리스천리더, 개정판 2쇄, 2013.10.15)

4. 그림자 정부(정치편), 이리유카바 최(해냄출판사, 2013.7.30)

5. 그림자 정부(경제 개정판), 이리유카바 최(해냄출판사, 2008.4.20)

6. 그림자 정부(미래사회 개정판), 이리유카바 최(해냄출판사, 2005.4.25)

7. 세계를 속인 200가지 비밀과 거짓말, 데이비드 사우스웰, 안소연 역(이마고, 2007.7.10)

8. 미궁에 빠진 세계사의 100대 음모론, 데이비드 사우스웰, 이종인 역(이마고, 2007.12.10)

9. 음모는 없다, 데이비드에러너비치 저, 이정아 역 (시그마북스, 2012.2.6)

10. 세깅의 음모론, 제이미 킹 저, 이미숙 역 (시그마북스, 2013.2.15)

11. 프리메이슨 비밀의 역사, 진형준 저 (살림출판사, 2013.3.19)

12. 프리메이슨 코드, 재스퍼 리들리 저, 송은경 역 (문화수첩, 2009.12.30)

13. 타작기, 이형조 저 (세계제자훈련원, 2012.3.10)

14. 2012 지구 종말, 이경기 저, (김&정, 2010.2.1)

15. 1984년, 조지 오웰 저, 김병익 역(문예출판사, 1999.06.20)

〈기타 참고서적〉

1. 아카페 성경사전 (아가페, 2판 7쇄, 1996.12.30)

2. 세계 최고의 부자 록펠러, 그랜트 시걸 저, 전은지 역 (베다니 출판사, 2003.5.6)

3. 예수 그리스도의 계시, 한원석, 김영진 공저 (장로신문사, 2012.7.10)

〈연구 논문〉

1. 신종교연구논문, 안신, '한국프리메이슨의 역사와 특징' (배재대학교, 2010년)

2. 석사논문, 윤석환, '프리메이슨종교와 기독교 칼빈주의의 수호' (광신대학교, 2010년)